本书得到河南省高校科技创新人才支持计划（人文社科类）、黄河文明传承与现代文明建设河南省协同创新中心、河南大学文学院·语言科学与语言规划研究所，以及国家社科基金资助。

汉语空间量标指演变研究

刘永华 ◎ 著

中国社会科学出版社

图书在版编目(CIP)数据

汉语空间量标指演变研究 / 刘永华著 .—北京：中国社会科学出版社，2017.12

ISBN 978-7-5203-1611-8

Ⅰ.①汉⋯ Ⅱ.①刘⋯ Ⅲ.①汉语-名词-演变-研究 Ⅳ.①H146.2

中国版本图书馆 CIP 数据核字(2017)第 288407 号

出 版 人	赵剑英
责任编辑	任 明
责任校对	周 昊
责任印制	李寡寡

出　　版	中国社会科学出版社
社　　址	北京鼓楼西大街甲 158 号
邮　　编	100720
网　　址	http://www.csspw.cn
发 行 部	010-84083685
门 市 部	010-84029450
经　　销	新华书店及其他书店
印刷装订	北京君升印刷有限公司
版　　次	2017 年 12 月第 1 版
印　　次	2017 年 12 月第 1 次印刷
开　　本	710×1000　1/16
印　　张	23
插　　页	2
字　　数	322 千字
定　　价	98.00 元

凡购买中国社会科学出版社图书，如有质量问题请与本社营销中心联系调换
电话：010-84083683
版权所有　侵权必究

序

　　空间量问题既关涉人类的认知结构，更涉及人类的语言结构。从语言的角度看，既与词汇有关，也与语法有关。根据李宇明（2000），"空间量是计量事物的长度（包括长短、高低、深浅、远近、粗细等）、面积、体积（包括容积）以及事物间距离的量范畴"（李宇明《汉语量范畴研究》40页，华中师范大学出版社，2000年）。在现代汉语中，空间量表达的基本要素有数词、量词（度量衡单位词）、标指词语。如"三尺高"，"三尺"是数量短语，表明具体数值以及用于计量的单位；"高"是标指词语（简称"标指"），用于表明所要计量的维度或方面。现代汉语空间量的标指词语比较丰富，李宇明（2000：41）分为三类：（A）"面积""体积""长度""宽度"等一般名词；（B）"大小""粗细""远近""方圆"等反义形容词性语素构成的词；（C）"大""长""宽""高"等无标记的形容词。不过，A、B两类都是唐代以后产生的，即使是C类，古汉语在表达空间量的时候也未必都要用到。如《诗经·周南·卷耳》："采采卷耳，不盈顷筐。""不盈顷筐"意思不满一斜筐，这是对体积的计量，但是并没有表示体积的标指。其实这里不仅标指词语没有出现，数词"一"也是隐含的，该空间量的表达只有"筐"这么个计量单位词。类似不用标指的表达方式在古汉语中是很常见的，而且往往既与时代有关，也与维度有关。一方面，时代越往上，不用标指的现象越常见，这说明标指是比较晚起的，同时也是比数词和度量衡单位词更为抽象的范畴；另一方面，维度越低，不用标指的现象越常见，这主要与表达的明晰性有关。当涉及一维的长度、高度时，不用标指也不太容易引起误解，如《论语·子张》："夫子之墙数仞。"这里说的是墙的高度。《韩非子·功名》："故立尺材于高山之上，则临千仞之溪，材非长也，位高也。""千仞之溪"指的是深度。但是当需要同时涉及多维的长宽高之类时，则需要有标指词的出现，否则就不容易表达清楚。如《周礼·考工记》："车人为车，柯长三尺，博三寸，厚一寸有半。"那么，从先秦到现在标指词语都有哪些？在形式和意义方面有什么变化？变化的规律以及动因机制是怎样的？在句法结构方面古今有什么不同？诸如此类的问题都是很值得深入考察的。

永华教授的新著《汉语空间量标指演变研究》对这些问题进行了专门的研究。该书系统地考察了古代文献中近三百个汉语空间量标指词语，对这些标指词语的词形来源、词义发展，以及所在句子的句法结构的变化进行了全面的描写和解释；着重描写了标指词的语义域演变过程、在动态句与静态句中的意义演变、从低维到高维语义的演变、音节形式的演变、组合与聚合关系的演变，以及时长表距离的发展等。这对于我们了解具体概念域中词汇的兴替、词义的变化，以及相关句法结构的发展演变等具有重要的意义。

书中的一些发现尤其值得关注，如该书注意到，汉语空间量标指是一个层级系统，其中的核心成员从古至今变化不大，而边缘成员一直处于变动替换之中；标指的概念化和词汇化的过程与维度有关，总倾向是由低维向高维的发展、由具象向抽象的演变，这恰恰是人类认知规律的体现。在句法表现上，空间量标指词的位置相对于数量词来说，经历了后置与再次后置的过程，而第二次后置是因为受到了外来语言的影响和推动。该书对一些具体标指词语的考释也下了很大的功夫，得出了许多令人耳目一新的结论。如"见方"的来源与发展过程；"由旬"的来源，及相关的时长表距离的表达方式与梵语影响的关系等。

永华教授学术兴趣广泛，转益多师，而且很刻苦、很踏实。他硕士论文做的是近代汉语词汇研究，其后考取了中国人民大学的博士生，选题转向语法学史，专攻《马氏文通》，后来出版了《马氏文通研究》（巴蜀书社，2008年）一书。与此同时，他还致力于王念孙《广雅疏义》的校注，这是一项既需要时间又需要功力的工作，一般人不敢染指。然而经过几年的努力，厚重的两大本著作《〈广雅疏义〉校注》（社会科学文献出版社，2015年）最终面世，并且获得了河南省社会科学优秀成果一等奖的殊荣。在短短几年里有这样的收获着实很令人震惊，其间付出的辛劳可想而知。

现在呈现在大家面前的《汉语空间量标指演变研究》是永华教授的博士后出站报告，也是他主持的国家社科基金的结项成果。永华关注空间量问题已经有一段时间了，最初他是对"见方"这个词感兴趣，写了篇论文希望考察其成词过程。初稿写成后寄给我征求意见，我跟他进行了反复讨论，后来他的文章以《"见方"的意义、用法和成词过程》为题发表在《语言研究》（2012年第2期）上。虽然永华的文章主要是偏重词汇，但是在讨论中我也受益匪浅、深受启发，最直接的结果就是我从句式演变的角度写了一篇文章《从"形+数量"到"数量+形"——汉语空间量构式的历时演变》，专门讨论汉语空间量语法结构的历史演变。拙文所涉及的标指词数量有限，着重从语法结构的角度展开讨论，而永华该书则是尽数搜罗所有标指词，力图一网打尽。而且在论题上既有词汇问题，也有语法问题，还有认知问题，涉及内容十分广泛。

永华教授最近跟我说，这本书写完之后，他要下功夫进一步研读国内外重要的形态句法学方面著作，要尝试做一些比较纯粹的形态句法研究。我们期待着永华教授又一个领域的最新研究成果。

杨永龙

2017年8月于北京

前　言

　　本书以"长""宽""高"等近 300 个汉语空间量标指的历时演变为研究对象，侧重讨论能与数量短语组合的度量名词的意义和用法演变，也涉及"小""短短"等表示比较的形容词、"去""距"等表示距离的动词或介词、"日行""日程"等距离单位词、"开平方""宽广面积"等相关短语的意义和用法演变。

　　本书以描写为主，着重描写了空间量标指词的语义域演变过程、其在动态句与静态句中的意义演变过程、从低维到高维语义的演变过程、音节形式的演变过程、组合与聚合关系的演变过程，以及时长表距离式的发生发展过程等。

　　本书主要发现：

　　（一）汉语空间量标指是一个层级系统。有替换关系的词多数是空间量标指中的边缘成员，核心成员古今中外都不会发生太大变化，符合类型学的特征。

　　（二）标指词形与词义由低维向高维的发展，空间量表达构式由具象向抽象的演变，体现了人类认知世界的一般规律。

　　（三）"见方""见圆""开方""开阔""开广""大""粗""厚"等一系列空间量标指词的意义及历时演变与现有辞书和文献阐述有一定差异。

　　（四）现代汉语空间量标指相对于数量词的主流分布，是经历了后置与再次后置的结果，第二次后置受到了欧洲语言的影响和推动。

　　（五）汉语以时长表距离的表达形式的形成与梵语的传入和影响有关。

　　本书写作过程中，得到了杨永龙、张生汉等先生的指导，杨永龙先生和韩陈其先生分别惠赐了序和跋，致以最衷心的谢意！

目 录

绪论 ……………………………………………………………（1）
第一章 源域与拓展域 …………………………………………（6）
　第一节 源域 …………………………………………………（13）
　　一 汉语标指源域 …………………………………………（13）
　　二 英语标指源域 …………………………………………（16）
　　三 英汉源域比较 …………………………………………（18）
　第二节 拓展域 ………………………………………………（20）
　　一 汉语标指拓展域 ………………………………………（21）
　　二 英语标指拓展域 ………………………………………（65）
　　三 英汉拓展域比较 ………………………………………（68）
　第三节 去方位化 ……………………………………………（72）
第二章 动态与静态 ……………………………………………（75）
　第一节 动态 …………………………………………………（78）
　　一 先发标指 ………………………………………………（78）
　　二 负向标指 ………………………………………………（79）
　第二节 静态 …………………………………………………（83）
　　一 后发标指 ………………………………………………（84）
　　二 无动态标指 ……………………………………………（93）
　第三节 两态俱全 ……………………………………………（95）
　　一 动态在前 ………………………………………………（95）
　　二 静态在前 ………………………………………………（105）

第三章　低维与高维 …………………………………………… (117)

第一节　一维到二、三维 …………………………………… (117)
一　一种形式三种意义 ………………………………… (117)
二　高维的多种形式 …………………………………… (125)

第二节　一维到二维 ………………………………………… (136)
一　边长、直径表面积 ………………………………… (136)
二　周长表面积 ………………………………………… (157)
三　长度、宽度表面积 ………………………………… (175)

第四章　单音、双音与多音 ……………………………………… (186)

第一节　双音节化 …………………………………………… (186)
一　常序词 ……………………………………………… (188)
二　逆序词 ……………………………………………… (198)

第二节　多音节化 …………………………………………… (204)
一　三音节 ……………………………………………… (204)
二　四音节 ……………………………………………… (212)

第三节　单音节化 …………………………………………… (224)

第五章　聚合与组合 ……………………………………………… (227)

第一节　替换与补充 ………………………………………… (227)
一　替换关系 …………………………………………… (227)
二　补充关系 …………………………………………… (230)

第二节　两次后置 …………………………………………… (237)
一　第一次后置 ………………………………………… (237)
二　第二次后置 ………………………………………… (243)

第三节　句式的复杂化 ……………………………………… (249)
一　句式杂糅 …………………………………………… (249)
二　双标指 ……………………………………………… (253)
三　标指前置于名词 …………………………………… (256)
四　双量词 ……………………………………………… (256)

第四节　起点与终点 …………………………………………（257）
　　第五节　时长表距离 …………………………………………（271）
　　　一　中土文献中的"日行" ……………………………………（273）
　　　二　汉传佛经中的"日行" ……………………………………（276）
　　　三　"日行"的衰落 ……………………………………………（280）
　　　四　"日程"的发展 ……………………………………………（287）
　　　五　余论 ………………………………………………………（291）

第六章　特殊标指 ………………………………………………（292）
　　第一节　见方 …………………………………………………（292）
　　　一　计算义获得 ………………………………………………（293）
　　　二　成词过程 …………………………………………………（298）
　　　三　词化原因 …………………………………………………（304）
　　第二节　厚 ……………………………………………………（307）
　　　一　标指地位 …………………………………………………（308）
　　　二　语义特征 …………………………………………………（310）
　　　三　历时演变 …………………………………………………（316）
　　　四　相关标指 …………………………………………………（317）
　　第三节　粗 ……………………………………………………（317）
　　　一　标指地位 …………………………………………………（317）
　　　二　标指意义 …………………………………………………（318）
　　　三　历时演变 …………………………………………………（320）
　　　四　相关标指 …………………………………………………（323）
　　第四节　袤 ……………………………………………………（330）

跋　在远阔深高的视界中展现汉语空间量标指演变
　　——言意象及其象思维的反思和正思 ………………………（334）

索引 ………………………………………………………………（339）

绪　　论

物质存在总占据一定的空间，表现出物理上可度量的线性特征，一维线段进而组成二维平面和三维立体。两个物质之间的距离也具有可度量的线性特征。语言中总有标记空间量的成分。李宇明（1999）把汉语中用以指称空间量的各种维度标记如"大""长""高""面积""见方""立方"等叫作"空间量标指"[①]。

根据李宇明先生的描述，汉语空间量范畴由以下要素组成：

空间量词：米、平方米、立方米等。
标指词语：长度、面积、体积、容积、大小、粗细等。
比较表达：大、长、小、短、广阔、矮小等。
距离表达：离、隔、相距等。

标指词语与数量词组合一般表示精确量，如"一米长"。另有以下情况表示模糊量：

儿尾名词：碗儿、小鞋儿。
形容词重叠或受副词修饰：远远的、很远、不远。
比况式：碗口大、一竿子高。

空间量标指按来源可分为：

[①] 李宇明：《论空间量》，《语言研究》1999年第2期。

名词性：面积、体积、长度、周长等。
形容词性：长、深、粗、大等。
反义形容词对举：大小、粗细、方圆等。

在斯瓦迪士（Swadesh）20世纪中期提出的核心词表中，100词和200词范围内分别包含以下空间量标指：

100词范围内：big、long、wide、thick、small、short、narrow、thin。
200词范围内：big、long、wide、thick、small、short、narrow、thin、round、near、far。

理论上，上述核心词满足两个假设：越是核心的空间量标指越倾向于为全人类语言共有；空间量标指是分层级的，向下仍能分出次级核心词和次次级核心词等不同层次。[①]

汉语空间量标指词语，未收入斯瓦迪士的二百核心词表的，尚有近300个。这些标指按音节数量可分为单音节、双音节、三音节和四音节：

单音节：矮、博、度、方、崇、粗、高、环、亘、低、广、阔、积、径、巨、浅、峻、袤、深、回、幂、绵、矢、竖、遥、围、细、狭、弦、斜、修、延、周、隔、距、去、离、至、到。（39个）

双音节：地方、广方、广亘、广径、短短、广宽、对径、广阔、半径、对心、广轮、广袤、方广、方幂、广围、穿径、方

[①] 杨永龙先生指出：英语空间量标指除了形容词外还有专门的名词，如 length/longitude, height/altitude, width 等，二百词里没有。说到底，空间量标指概念应该不太核心，比较后起。

面、广狭、穿心、方围、广延、广衍、方圆、粗径、广圆、粗细、广运、长宽、幅员、广长、广周、长短、广纵、长方、过心、长亘、长广、长径、横亘、长袤、高矮、横经、高低、横径、高耸、横阔、高经（径）、高下、大径、高圆、厚薄、大小、环地、亘长、环亘、环绕、回环、宽圆、绵长、回圆、宽窄、面方、面积、阔广、阔径、阔狭、面径、积方、面幂、见方、进深、立方、盘亘、平方、经纬、立幂、立圆、径方、径高、平幂、径广、连亘、平面、径过、连环、平圆、径阔、连袤、径围、连绵、径心、连延、径圆、轮广、蔓延、浅深、开方、袤亘、全径、开广、袤广、开阔、袤延、袤长、袤纵、弥亘、深峻、深浅、宽广、绵地、绵亘、绵历、四围、宽阔、四转、宽细、绵延、耸高、周环、周回、体积、通径、周径、团围、延长、周阔、椭圆、周轮、遥亘、周袤、员幅、周围、垣周、围大、围方、围亘、圆大、围径、圆方、围圆、圆高、圆广、围长、圆径、周旋、圆阔、周垣、圆袤、周圆、圆幂、周匝、圆围、圆周、周遭、周长、纵广、心径、匝围、修径、窄小、纵横、窄窄、直径、延亘、纵经、纵径、延广、周递、纵阔、延袤、周广、纵袤、日行、距离、口径、见圆、见宽、见长。（178个）

三音节：方广径、方广周、穿心径、方圆大、广圆方、方圆径、面积方、积方里、立方积、立方面、立方体、平方幂、平方积、平方面、立圆积、立圆径、平圆积、平圆径、开立方、开立幂、开立圆、开平方、开平幂、开平圆、纵横径、周围大、周围阔、周遭径。（28个）

四音节：广轮延袤、广袤方圆、广袤圆方、广袤周轮、方围宽阔、广衍横纵、方圆广阔、方圆纵广、广长周匝、幅员面积、幅员纵横、长围周亘、横纵广衍、高下周旋、面积方里、平方面积、平圆面积、袤延方圆、袤延广纵、袤延圆方、宽广长袤、绵历围绕、延袤方圆、延袤横直、延袤长亘、周回连延、周回纵广、延袤周遭、周围方里、周围宽广、周围阔径、周围阔长、围圆粗细、周围连环、周匝广长、周匝纵广、纵广方圆、纵广高下、纵横开广、纵横袤亘、延亘周围、宽广面积。（42个）

以上单音节词，有的是与核心词不同的维度，如"高""低""粗""深"；有的是词汇替换问题，如"方"产生于先秦，"广袤""纵广""方广""方圆"产生于汉代，"方面"产生于南北朝，"纵横"产生于隋代，"幅员"产生于唐代，"平方"产生于宋代，"见方"产生于明代；有的是语体方面的问题，如"方"是普适的，而"方广"主要用于地理书，"纵广"主要用于佛经，"方面"主要用于数学，"见方"主要用于工程，"平方"主要用于数学和天文；从频率看，"方""广袤""方圆"比"方广""方面""纵广""纵横"等词语用频高很多；从数量特征来看，"方"能兼表确数、约数和大小尺度数据，而"幅员"和"纵广"多表约数和大尺度数据，"方广"和"见方"多表确数和小尺度数据；从引申情况看，"方圆""幅员""方面""纵横""方广"均引申出范围义，而"纵广"和"广袤"则引申出宽广义；从分布位置看，"纵广""纵横""方面"等只能位于数量词前，而"方""方圆""平方""立方"等可自由分布于数量词的前、中、后三个位置。

多音节标指从语素来源看，有的是两个源语素义的加合，如"周长"；有的是两个源语素义的融合，如"纵横"；有的是一个语素表形状而第二个语素表量，如"立方"；有的是逆序词，如"方围""围方"；有的是反义关系的两个形容词组成，如"深浅"表深度；有的是偏义复词，如"弥亘"为一维标指、后语素为主，而"绵历"为一维标指、前语素为主。

非核心词中，"高""低""深""浅""粗""细""周""径""方""积"等十个标指词语比较重要，一方面它们是某种空间量的典型代表词语，另一方面在汉语中它们是通用的和常用的词语。这些词与核心词的共同点是：一般是成对出现，标志不同维度①。与核心词的不同点是：非核心词在世界上多数语言中并非一定存在。

目前关于空间量标指的研究性论著已有不少，如邢福义（1988）对于现代汉语中空间量标指"高""重"等词的词性判别的研究②、李宇明（1999）对于现代汉语中空间量表达系统的构建、汪维辉（2010）对于古代汉语十组形容词性空间量标指替换的描写③、杨永龙（2011）对于汉语空间量构式的历时变化的描写与解释等④。这些研究主要包括以下方面内容：标指的意义发展和来源、标指相对于数量词的分布、标指的词汇替换等。但总体上看，尚缺乏更全面的论述，有些认识仍有待于深入讨论。

本书拟从汉语史角度研究汉语空间量标指的来源、语义拓展、与数量词组合的意义及相对于数量词位置的变化等，试图对汉语空间量标指演变作出较为全面的描写和解释，以深化对于汉语空间量标指系统的认识。

本书强调空间量标指的量化特征，认为凡是能与数量词组合的才能算作标指词，否则不算。例如，存在"身矮一尺"的说法，与"身高一尺"同义，因而"矮"是标指词。不存在"身矬一尺"的说法，因而"矬"不是标指词，而只是普通的形容词⑤。

---

① "方"和"圆"对待，"周"和"径"对待。
② 邢福义：《"高三尺"之类说法中"高、重"等词的词性判别》，《语言学通讯》1988年第3期。
③ 汪维辉：《汉语中的十组表量形容词》，见《量与复数的研究》，商务印书馆2010年版。
④ 杨永龙：《从"形+数量"到"数量+形"——汉语空间量构式的历时变化》，《中国语文》2011年第6期。
⑤ "矬了一尺"是比较用法，"矬"不指总高度。

第一章

源域与拓展域

李宇明指出:"空间是把握社会、认识社会的重要基础,也是表达各种认知成果的基础。空间范畴和空间关系在人类的文化心理中,是一种十分活跃的图式,是探讨人类认知奥秘的锁钥。同时,通过对空间及其隐喻规律的认识,也有助于认识词汇意义引申、语法格式等语言现象。但是,目前我们对于人类是如何获得这些空间图式的、人们的空间图式与客观世界的关系如何、人们是如何使用空间隐喻的等等饶有趣味的问题,还知之甚少,需要作深入的研究。"① 莱考夫与约翰逊(Lakoff & Johnson,1980)指出:"空间隐喻不是随意产生的,而是根植于我们的物理和文化经验。"②

故本章以隐喻理论为根据,讨论21个主要空间量标指的词源及其语义拓展,以对李宇明先生提出的"如何获得空间图式""如何使用空间隐喻"等问题作出初步的考察。

隐喻和转喻本为古老的修辞学概念,分别对应于比喻和借代。修辞旨在提升语言表达的美感,因而修辞学多在句子层面关注隐喻和转喻。雅克布森(Jakobson)等结构主义者将隐喻和转喻扩大到篇章层面,讨论篇章意义的各种生成关系。

莱考夫(Lakoff)等认知语言学者提出了"心寓于身"的体验哲

---

① 李宇明:《空间在世界认知中的地位——语言与认知关系的考察》,《湖北大学学报》1999年第3期。

② Lakoff & Johnson, Mark, *Metaphors We Live by*, Chicago & London: The University of Chicago Press, 1980.

学，超越了笛卡尔为代表的心身二元分割的认识论。体验哲学包括三个原则：心智体验性即人类认识来源于对世界的体验，不存在脱离人类体验的认识；认知无意识性即认知规律无须人类意识自主控制而自行运作，绝大部分思维在表层意识之下进行；思维的隐喻性即隐喻是概念化的主要途径，人类通过身体感知形成经验意象，来描绘未知主观体验①。因而，体验哲学擅长于讨论人类如何在无意识状态下通过隐喻获得对于世界的概念化认识。故隐喻理论非常适合于讨论语义和语法形式的创新与形成原因。

很显然，认知语言学者不关注语言如何优美使用，而主要关注语义和语法形式如何通过隐喻得以形成。这就为探索语言演变和创新提供了一种实用的方法和可行的路径，才算是真正语言学意义上的隐喻研究。

根据认知语言学观点，空间概念是人类较早通过自身体验获得的基本经验，是基本源域，抽象的目的域概念由具象的或不太抽象的源域概念映射表达。这种由已知域理解和表现未知域的跨域操作方式就是隐喻。如果操作仅限于同一认知域内，则是转喻。

转喻与隐喻并不相互割裂，而是相互作用，构成连续体。事实上不妨以隐喻涵盖转喻，视转喻为一种特殊形态的隐喻。例如，"顶峰"以人体的方位体验"头顶部位"诉之于外在对象"山体"，属于空间转喻；而"人生顶峰"则由空间域转向评价域，属于隐喻；该隐喻以之前的空间转喻为基础，又包含了之前的空间转喻，即可由隐喻回溯到之前的转喻。

因隐喻和转喻是多义词不同义项产生的认知机制，所以探讨词义隐喻与转喻是一种描述和解释多义词不同义项产生根源的可靠方案。"目前，认知词汇语义学多义词的个案研究不可或缺的两大步骤是：一确定辐射式词义结构，二分析义项之间存在什么样的隐喻或转喻关

---

① 刘正光：《认知语言学的哲学观——认知无意识、体验心智与隐喻思维》，《湖南大学学报》2003年第3期。

系，或是分析义项所表达的概念之间存在什么样的经验相关性。"[①]

认知域是人类认识感知世界所形成的总信息库的各个子集，兰盖克（Langacker）认为任何语义均可以认知域加以描述。认知域按等级可分为基本域和次级域。基本域没有束缚，无法由其他概念进行推导再分析，如空间、时间、实体是基本域；次级域则包含实体所具备的行为、等级、颜色、数量等，以及其引起的主观心理、言语评价等域。这些域表现为基本域的某些表现形态和侧面，由这些域可以追溯到相关的语域，如颜色、数量一定依附于实体。认知域按物我关系分，可分为主观域和客观域。客观域如时间、空间等，主观域如心理、言语、逻辑推理等。主观与客观有交互关系，如时空也可为主观感受认知之时空，而言语、推理也可以倾向于客观主义的方式呈现。认知域按向心能力可分为中心域、中间域和外周域。离心力越强的语域，在聚合关系和组合关系中出现的可能性和频率越低。

研究空间量标指认知域的文献经常提及的次级认知域包括：规模、范围、社会地位、等级、性质、年龄、排行、品质、强度、程度、声音、颜色、政策、经济、状态、智力、容器、方向、行为、气味、现象、知识、情感、程度、味觉、质量、性格、言语、抽象量、心胸气量、篇幅、内容、能力、数量、评价、心理、温度、压力、视觉、触觉、味觉、听觉、逻辑推理等。

语义矩阵在格雷马斯（Greimas）的结构主义叙事分析中，指由对立关系的符号组成的叙事单元的语义模型。兰盖克（Langacker）把这一概念引入认知语义学，指一个概念所涉及的多个相关认知域的集合。例如，通过辞书和语料的考察，把汉语的"大""小"和英语的"big""small"所涉及各域与各种义项，包括"大""小"在甲骨文中的义项，进行整理、归并，可得到"大""小""big"和"small"的语义矩阵如表1-1所示。

[①] 李雪：《概念隐喻、概念转喻与词汇研究》，《外语学刊》2012年第4期。

表 1-1　　　"大""小""big""Small"的语义矩阵

	空间	时间	评价	行为	心理	范围	状态	言语	数量	经济
大 (甲骨文： 范围/强度 速度/强度 数量/强度 程度深 等级高 专名中语素)	体积 容积 周长 面积	长久 长者 先生	骄傲 善好	张大 夸大 光大	尊重 敬辞	广		宏大	概略	
Big (本义： 地位高)	尺寸 监狱 感化院	长成	重要 慷慨 丰盛							企业 商品
小 (甲骨文： 空间小 速度/强度 数量/强度 等级低 专名中语素)	体积 面积	年幼 短暂 年轻	恶者 谦称 狭隘 低微 精细 便宜 爱称	使小	以小		将近 稍略 不足		琐碎	
Small (本义： 低级 地位低者)	尺寸 瘦 细长 窄	年轻 小孩 小动物	渺小 不重要					闲聊	少	财产 贸易

说明：该表中的"长者""先生""小孩""小动物"等着眼于时间的实体，本应归入实体域，限于表格容量，放在时间域中。

这个矩阵中，首行为各义项所属认知域，按汉语"大"在各语域中的出现时代为顺序排列，各域纵列从上到下也按出现时代顺序排列。该矩阵有助于直观地了解特定词汇的语义系统的历时发展，可借此探求该词语的语义演变的某些特征。同时，因空间、时间、等级和评价四域为"大""小""big"和"small"共有，所以该四域是这四个标指词语的中心域；因范围、状态和数量都只有一个标指词语进入其中，或有两个进入的，并不成对出现，所以它们是这四个标指词语的外周域；行为、心理、言语和经济域都有"大"和"小""big"和"small"成对出现，因而它们是这四个标指词语的中间域。通过这种研究范式的操作，可以对尽可能多的典型空间量标指词语进行分析，进而可总结出典型空间量标指词语的语义矩阵。该矩阵模型可以为词典编纂提供改进方案，如为辞书释义、编写提供一种方法和思路，进而可以改善人们对于词语语义系统的认识。

因认知域分类是主观的，这种研究的结论也不可避免地带有主观性色彩，但大体上形成基本共识的可能性还是存在的。

空间量标指是空间表达的核心要素之一，研究空间量标指的学者不约而同地运用到隐喻理论。认知域和语义矩阵相结合的描写方法是目前较为先进与有效的语义描写方法，因而本章采用隐喻理论对空间量标指词语的意义及其发展进行全面的描写、系联和探究。方法如下：

（一）标注空间量标指的义项所属认知域。利用辞书和语料库对空间量标指的义项进行全面整理，对每个义项所属语域进行标注，并按语域不同进行归并和分析。

（二）排比域内转喻和域间隐喻的时间与逻辑层次。本章属历史语义学范畴，因而强调语义发展的时间和逻辑层次，每个语域的每个义项，均按其时间顺序排比，并探求义项间的转喻和隐喻的逻辑关系。

（三）探讨义项所表达概念之间的经验相关性。探讨义项发展的理据，尽量对语义发展的时间和逻辑层次作出解释。为增强普遍性，本章对英语空间量表达的对应标指也进行了语域标注、排比和解释。

辞书是人们对语义的经典性阐释的汇编，具有示范和指导作用，因而人们对词义的认识集中体现在辞书中。辞书封闭式的释义范围及非语域的描述语义方式使得辞书编纂有必要借鉴认知域和语义矩阵的研究成果，这样可以增强辞书编写的科学性，更加便于读者理解词义，增强辞书利用的有效性。以空间量标指词语为例，现存辞书未按照认知域和语义矩阵的精神原则编写，导致一系列问题出现。例如：

（一）把不同语域的概念混在一起，无法对词义进行精确区分，从而造成义项与例句不能对应现象的产生。例如，《汉语大词典》"高"字下有"增高、升高、抬高"义项，此三词虽在"使高"的义核上是一致的，但各自搭配并不相同。例如，"虚高人禄命以说人志

（《史记·日者列传》）"和"命高其价以籴之（《本朝政要策·边籴》）"，这两句话中的"高"，归在"增高、升高、抬高"义之下，混在一起并不合适。原因在于上句卜者故意把人的俸禄和寿命往多里说，是言语域的概念，偏重于心理上对对方的取悦，事实上并不能使对方俸禄和寿命得到真实的提高；下句哄抬物价是经济域的概念，偏重于实际价值数量的多少，确实使物价有了抬高。这种语义与该义项下其他例句如"高高，封崇九山也（《史记·日者列传》）"和"高其垣（明 刘基《郁离子·牧豭》）"两例不同，后两例是空间域的概念，的确使空间中的实体高度有了增高和升高。相比之下，"虚高人禄命"一例并非"使高"之义，应从此条中剔除。

（二）把不同语域的引申义混在一起，无法讲清语义的引申链条及其来源。例如，《汉语大词典》"近谓朝臣（汉 赵岐《孟子·离娄》注）"中，"近"指帝王亲近的人，该义的来源为"距离小——接近——亲近——亲近的人"。在"接近"义阶段，又有时间域"接近"的意义，如"只是近黄昏（唐 李商隐《乐游原》）"。但在时间域内，本有"距今不远——当初——接近"的语义发展链条。两个语义链对比，分别属于空间域和时间域。故而同为"接近"，分属两个语域。把两个语域的"接近"混同在一起，至少认识上不太清晰。

（三）把同一语域的概念分散解说，造成各义项之间逻辑混乱与例句重复。如《汉语大词典》"浅"字条，空间域的上下或外内距离"小""宽""窄小""不高""微小"，状态域的"不多""不深厚""不长""不大"，时间域的"时间短少""初期""年幼"，各义项没有经过系统整理，连时间顺序都未遵循，而是分散交织在整个"浅"的各义项之中，令人眼花缭乱。"浅"字条下"轻""不重"义项，共收以下四个例句："鸣浅殃万物（《水经注》）""水声繁，丝声浅（唐 李贺《后园凿井歌》）""浅发江南调（宋 张先《苏幕遮》）""你们真骇得我们不浅（郭沫若《星空·广寒宫》）"。这四个例句，前三个用于声音域，指声音轻；最后一个用于程度域，指程度低。前三个相同语域例句太多，造成不必要的重复；最后一个例句与前三者语域不同，可以分立。再如"粗"字条下，收录"大"和"与'细'相对"两个义项，指大的如"其器高以粗（《礼记·月令》）"。郑玄注："粗，犹大也。"但这个"大"指周长较长，因为有垂直维度"高"，所以这个"大"不指体积，又因"器"无法也无须切个剖面以观其大小，因而也不指面积。"粗"与数量词组合时能明显看出是指周长，如"社榆粗十围（《全唐诗》卷零二七八）"。"与'细'相对"义表示的也是周长，如"细了一围（《西游记》第三回）"。故而"与'细'相对"义项可删除。

（四）不按语域分析，会造成反义词存在相对义项不能收录现象的发生，这是由分析方法缺陷而造成的漏收现象。例如《汉语大词典》"大"字条有言语域的"夸大"义项，如"刘季固多大言（《史记·高祖本纪》）"，而"小"字条下未收对应的言语域"琐碎"义项；"长"字条下有空间域的"篇幅大"义项，如"长篇小说"，而"短"字条下无对应的"篇幅小"义项；"细"字条有声音域的"轻微"义项，如"夫声无细而不闻（汉《韩诗外传》卷六）"，而"粗"却未收对应的反义义项"粗声"。"粗"用于言语域有"粗疏"义项，如"故愚者之言，芴然而粗（《荀子·正名》）"。但"细"却未收对应的"细致"义项。"浅"有言语域的"大略""浅显"二义项，分别如"田骈犹浅言之也（《吕氏春秋·执一》）""喻深以浅（《论衡·自纪》）"。"深"字下未收对应的"详尽""深刻"义项。这种疏漏只有进行语域比对才能发现。事实上，通过反义词同域义项的对比，我们还能发现某些义项释义的不妥之处，如"大言"释为"夸大"义，似于义未安，释为"宏大"则更贴切。因为"刘邦大言"之"大"一般不应为难以实现的"夸大"，再者"大言"与"小言"相对时，把"大言"释为"宏大言论"才能与"小言"的"琐碎言论"相对。

鉴于此，本章尝试通过对主要空间量标指的源域、目标域等认知域和语义矩阵作出分析归纳，以求对李宇明先生提出的"如何获得空间图式""如何使用空间隐喻"做出一些描写和解释工作，在实践方面或可加深对空间量标指词义系统历史演变的认识,并为词典释义和编纂提供一些视角。

第一节　源域

本节主要考察"大""小""长""短""宽""窄""厚""薄""远""近""圆"11个核心空间量标指和"高""低""深""浅""粗""细""周""径""方""积"10个非核心空间量标指的隐喻源域。同时,将汉语空间量标指与对应英语空间量标指隐喻源域作对比①,以探索两者源域的异同。

一　汉语标指源域

大体上,按汉语空间标指出现的时间层次排列,人体源域的标指出现最早,器物、建筑、农耕、自然物和行为源域的依次稍晚。这可能暗示了中国古人对于空间维度感知的先后顺序,以及各标指由近至远、由具体至抽象的形成过程。尽管核心空间量标指是空间表达的中心角色,但它们的源域却大多与人体无关,而只有最重要的标指"大""长"与人体有关。其他的则与器物、建筑物、自然物等具体事物甚至行为有关。非核心空间量标指用于标志核心空间量标指之外的空间维度。它们的源域一般与人体无关,而多与建筑物、自然物、农耕和行为有关。非核心标指的来源比核心标指的少了人体、器物隐喻两种,这两种源域出现都较早。可见因非核心标指起源较晚,隐喻路径同时也表现出越来越抽象的倾向。

---

①　黄树先先生"比较词义"的方法,以不同语言核心词的词源和引申义类型比较,寻求词义演变的共同模式。参见黄树先《比较词义与文献释读》,《语文研究》2012年第3期。本书对英汉空间标指的源域和拓展域作比较,是对这种方法的粗浅尝试。

人体源域

汉语空间量标指词"大"与"长"与人体部位相关,这与空间语法所称人类由认识人体自身这个容器而向外拓展的路径相同。

大,与人体正面形象有关。徐中舒《甲骨文字典》:"象人正立之形。"

长,与人的长发有关。徐中舒《甲骨文字典》:"象人长发之形。"

器物源域

人体并不具备与"圆"和"短"相类的部分,古人以生活中常见人造器物来转喻,这两字起源于人类会制作器物之后。

圆,"员"为其初文,与鼎有关。徐中舒《甲骨文字典》:"象鼎正视圆口之形。"

短,与箭有关。《说文解字》:"有所长短,以矢为正。"

建筑物源域

"宽""厚""高""径""方",古人以建筑物来转喻。建筑物比人造器物跟人的距离稍远,这五个字的起源应在"圆"和"短"之后。

宽,与房屋有关。《说文解字》:"屋宽大也。"

厚,与墙有关。徐中舒《甲骨文字典》:"会垣墉之厚意。"

高,与房屋有关。徐中舒《甲骨文字典》:"象高地穴居之形。"

径,与小道有关。《说文解字》段注:"此云步道,谓人及牛马可步行而不容车也。"《玉篇》:"小路也。"《集韵》:"行过也。一曰直也。"岳麓书院藏秦简《数》已有"半径"术语,并有以半径求面积的算式,说明"径"在秦时已由人行步道转喻直径的意义。

方,与船有关。《说文解字》:"并船也。"段注:"并船为本义,编木为引申之义。又引申之为方圆,为方正,为方向。""方"之并船义今字为"舫"。郭璞注《尔雅》:"舫,并两船。"《太平御览·卷七七〇》:"遂解舫为单舸。"

农耕源域

"周"借助农业生产现象表达,起源于农耕时代。

周,与种庄稼的农田有关。徐中舒《甲骨文字典》:"象界划分明之农田,其中小点象禾稼之形。"甲骨文中多用于地名和国名,周边、周长义相对后起。

自然物源域

"厚""大""宽""高"等可以进入"多X"格式表示绝对量,也可进入"X了多少"格式表示相对量。但其反义词"薄""小""窄""低"一般只能进入"X了多少"格式用来表示相对量,这些表比较的标指意义稍微复杂,出现相对稍晚,借助自然物表达。"深""浅"以水的上下易贯穿性表达,"粗""细"为汉语特有的标指词,都借助于自然物表达。

薄,与树林有关。《说文解字》:"林薄也。"段注:"林木相近不可入曰薄。"又:"凡物之单薄不厚者亦无间可入,故引申为厚薄之薄。"①

小,与细微物有关。徐中舒《甲骨文字典》:"以散落细微之点表示微小。"

窄,从"穴",与洞穴有关②。《广雅》:"窄,陋也。"《龙龛手镜》:"窄,狭也。"

低,与山有关,本义为将要滑坡的山体。《说文解字》:"低,下也。从人氐,氐亦声。"又:"氐,至也,本也。"又:"氐,巴蜀名

---

① 案,今河南上蔡方言中,"薄"可指以高粱秆并列,用细草束编织成的约一丈见方的平面,可作草房房顶内衬、吊顶,或作室内隔断,或多层叠起做床板,或平摊开晾晒粮食、红薯干等。用的应是"薄"的隐喻义。

② "窄"当是"仄"的后起同源字,"仄"中古音庄母职部入声开三、"窄"庄母铎部入声开二,音近义同。"逼窄",又写作"逼仄"。"斋室逼窄(三国魏《华山亭碑》)","逼仄何逼仄,我居巷南子巷北(杜甫《逼仄行赠毕曜》)"。"窄",《说文解字》未收;仄,《说文解字》"侧倾也,从人在厂下"。《汉书》"险道倾仄"之中为狭窄义。

山岸胁之旁著欲落堕者曰氏，氏崩，闻数百里。象形，乀声。"段注："小徐本有此二字①，氐为本，故柢以会意。徐书无'低'字。底，一曰下也。而'昏'解云：'从日，氐省。'氏者，下也。是许说'氏'为高低字也。"又："姓氏之字本当作'是'，假借'氏'字为之。姓者，统于上者也；氏者，别于下者也。""氏""氐"较早见于金文，"低"较早见于篆文。

深，有深浅义，与"穴"相关。《说文解字》："深水，出桂阳南平，西入营道。"段注："罙、深，古今字。有穴而后有浅深，故字从'穴'。"

浅，与水有关。《说文解字》："浅，不深也。"段注："不深曰浅，不广亦曰浅。"

粗，与米之精粗有关。《说文解字》："粗，疏也。"段注："疏者，通也。引申之犹大也。故粗米曰疏。凡物不精者皆谓之粗。"

细，从糸，与丝有关。《说文解字》："细，微也。"《广雅》："细，小也。"

行为源域

"远""近"从"辵"，以行走义表距离。如"近取诸身，远取诸物（《易经·系辞》）"。这与其他核心标指以形体形状、性质转喻或隐喻不同，是语言抽象化的一个表现。"远""近"是相对后起的词汇。

远，从"辵"，与行走有关。《说文解字》："远，辽也。"

近，从"辵"，与行走有关。《说文解字》："近，附也。"

积，与庄稼、粮食堆积有关。《说文解字》："积，聚也。"段注："禾与粟皆得称积。引申为凡聚之称。"

二 英语标指源域

英语空间量标指词语的词源在目前各语言中做得也比较深入，往往追溯到原始印欧语与中古欧洲各语言。对英语标指语源和演变

---

① 指"氐，至也，本也"中"本也"二字。

的探索，一定程度上代表了印欧语标指的状况。而其他语言标指的词源和演变一般不如英语做得好，较少有可资利用的材料，所以本节选用英汉空间量标指词语进行对比，基本上代表了汉语与印欧语的大体状况。

根据《牛津英语词源词典》、*Online Etymology Dictionary*、*Merriam-Webster's Vocabulary Builder* 等辞书的描述，英语对应核心空间量标指大致有以下来源：英语中的"big"在14世纪初的英格兰北部方言中是"有力""强壮"的意思，可能源自斯堪的纳维亚语，例如挪威语"bugge"就是"伟人"的意思。"long"，源自于原始印欧语的词根"del-"，语源不明。"round"一词可能源于拉丁语"rotundus"，意为"像一个轮子""循环""圆"。"short"可能源于原始印欧语词根"(s)ker-"，意为"切""被切断的东西"。"wide"可能源于原始印欧语词根"wi-"，意为"分离""离开的""一半"。"thick"源于原始印欧语词根"tegu-"，语源不明。"narrow"源于西日耳曼语"nar-waz"，语源不明。"thin"源自原始印欧语词根"ten-"，为"伸展"义。"small"源自原始日耳曼语"smal-"，为"小兽""小"的意义。"far"源于原始印欧语词根"per"，有"通过""向前"与"超越"等义，语源不明。"near"源于原始日耳曼语"nekh-"，语源不明。

英语对应非核心空间量标指大致也是这几类来源：英语中的"high"在14世纪的英格兰北部方言中是"很高的高度""身高""显著升高""崇高的""尊贵的""高级的"等义，源自原始日耳曼语"haukhaz"，可能与立陶宛"kaukar（山）"有关。"diameter"，源自于希腊语词根"dia-"和原始印欧语词根"me-"的组合，前者为"通过""在整个"的意义，后者为"测量"的意义。"square"在13世纪中期是"直角测量工具""木工矩尺"的意义，源于拉丁语词根"ex-"和"quadrare"的组合，前者为"得出"的意义，后者为"测方"的意义。"low"源于原始印欧语词根"legh-"，即"躺"的意义。"deep"源于原始印欧语词根"dheub-"，意为"深""空心"，语源不明。"shallow"可能源于原始日耳曼语词根"skala-",语源不明。英语中"周长"有"circumference""perimeter""girth"三个词语,"circumference"源于原始印欧语词根"(s)ker-"与"bher-"的组合,前者意为"转向""弯曲",后者意为"忍受""承担"。"perimeter"源于原始印欧语词根"per-"与"me-"的组合,前者意为"向前""全部",后者意为"测量"。"girth"源自原始日耳曼语词根"gher-",意为"抓着""围起"。英语中"面积"主要由"area"表达,可能与拉丁语"arere"有关,意为"变干"。"体积"主要由"volume"表达,源自于原始印欧语词根"wel-",意为"转向""旋转"。数学中的积"produce"由原始印欧语词根"per-"和"deuk-"组成,二者分别为"向前""全部"和"导出"的意思。

英语中可考的空间量标指按隐喻源域类型可分为:

人体源喻:big(强人)。

器物源喻:round(轮子)。

自然物源喻:small(动物)、high(山)。

行为源喻:short(切)、thin(伸展)、wide(分离)、far(通过)、square(画方形)、diameter(测量)、low(躺)、circumference(承担)、perimeter(测量)、girth(围起来)、area(变干)、volume(旋转)、produce(引导)。

三 英汉源域比较

把可考的汉语与英语空间量标指源域列表,用"●"和"○"分别代表汉语和英语存在该种源域,如表 1-2 所示。

表 1-2　　　　　　英汉空间量标指源域比较

	人体		器物		建筑物		农耕		自然物		行为	
	汉	英	汉	英	汉	英	汉	英	汉	英	汉	英
大	●	○										
小									●	○		

续表

	人体		器物		建筑物		农耕		自然物		行为	
	汉	英	汉	英	汉	英	汉	英	汉	英	汉	英
长	●											
短			●									○
宽					●							○
窄									●			
厚					●							
薄									●			○
远											●	○
近											●	
圆			●	○								
高					●					○		
低									●			○
深									●			
浅									●			
粗									●			
细									●			
周							●					○
径					●							○
方					●							○
积												○
小计	2	1	2	1	5	0	1	0	8	2	2	9

英语有可考来源的核心空间量标指包含人体、器物、自然物和行为四种隐喻源。与汉语相比，少了建筑物源域类型，但行为隐喻较多，汉语中自然物源域较多。英汉源域喻体也不尽相同。汉语中的"大"侧重于人体体形大小，英语"big"侧重于精神；汉语的"圆"象鼎口形，英语中则象轮子；汉语"小"用小颗粒表示，而英语则用小动物表示。英汉语核心空间量标指词源义可以定性为：大类相似，细节不同。

英语有可考来源的非核心空间量标指包含自然物和行为两种隐喻。与汉语相比，少了建筑物隐喻类型和农耕隐喻，行为隐喻较多，表现突出。英汉隐喻喻体也不尽相同。汉语中的"高"与房屋有关，而英语"high"可能与山有关。汉语的"积"为禾之堆积，而英语中的"produce"与"向前引导"有关。汉语的"粗""细"，没有完全对应的英语空间量标指。英汉语非核心空间量标指词源义可以定性为：大类区别比较大，英语更重行为隐喻。可见，越是核心的标指，中英两种语言的语源越是接近；越是非核心的标指，中英两种语言的语源差距越大，类型越加多样化。

由英汉两种语言空间量标指隐喻源域比对可知，这些最基本的空间词语并非一定起源于人体。"大"和"长"外，其他标指的源域随起源时间变晚而与人体的关系越来越远。与之类同的情况是，空间量词也是典型的空间词语，它们的起源也并非全部来自人体隐喻。例如"丈""尺""寸""步""拃""庹""围"等固然取自于人体，但"里""亩""顷""雉"等则与人体无关。英语也是这样，"feet（英尺）""pace（步）"与人体有关；但"inch（英寸）"源自拉丁语词根"unus"，是"一"的意义；"mile（英里）"源于拉丁语"mil-ia"，语源不详；"meter（米）"源自原始印欧语词根"me-"，是"测量"的意义。即日用量词与人体有关，而农耕量词和大尺度量词一般与人体无关，相对后起。

第二节　拓展域

本节利用《汉语大词典》《现代汉语词典》《北京大学 CCL 语料库》和《国家语委语料库在线》等素材，把汉语空间量标指词语所涉语域分为"空间域""时间域""评价域"等 14 个域，详尽列举其语义的发展和发展的理据，并与英语相关标指拓展域进行比较。

一　汉语标指拓展域

空间域

大，先秦时期有空间量标指用法①，用于指称体积、容积、周长、面积。从表体积到面积，都是空间域内部的转喻用法。体积为外测结果，容积为内测结果，周长与面积都与平面有关。"大"表示体积和容积的时间较早，周长和面积为后起，"大"唯独不能表示线段的长度大小。例如：

（1）体积：殪此大兕。（《诗经·吉日》）
（2）容积：奚蠹大容一斗。（《墨子·备城门》）
（3）周长：其大木臃肿而不中绳墨。（《庄子·备城门》）
（4）周长：时有长人巨无霸，长一丈，大十围。（南朝宋《后汉书》卷一）
（5）面积：不敢言游戏之乐、苑囿之大。（汉《子虚赋》）

例（3）的"大木"与"臃肿"相组合，用于指树枝的周长很长。"大木"本可指树枝干粗而长，但"臃肿"一词将"长"的词义排除掉了。例（4）的"大"与周长量词"围"组合，很明显指周

---

① "大"义源于人正立之形。甲骨文时代已作形容词，派生出多种意义。如：

A组	B组	C组	D组
大邑——面积	大水——范围/强度	大爆——程度	大庚（殷帝名）
大室——体积/容积	大风——速度/强度	大启——程度	大采（早上）
	大雨——数量/强度		大食（早餐时）
			大示/大宗（集合宗庙）

A组的面积、体积或容积属于空间量。C组指状态或动作的进度，是一种抽象的量，不属于空间量。明代产生的"大热天"也是这种用法。B组为由空间量到非空间量的过渡。B组的主体"水""风""雨"一方面占有一定的空间，另一方面与形容词"大"组合表示强度，有双重含义。D组的"大"已成为专有名词中的语素，语素义为"排在前位的"或"重要的"。明代产生的"大清早"也是这样。

长。同时，该例有长度（身高）的表述，表明"大十围"语义中不包含长度的意义。

小，先秦时常用于空间域，指体积、面积和容积①。"小"没有表周长的用法，只在体积、容积和面积的意义上与"大"相对。例如：

（1）体积：发彼小豝。（《诗经·吉日》）
（2）面积：毂小而长则柞。（《周礼·考工记》）
（3）容积：小圜不下十数。（《尉缭子·将理》）

例（1）的"小"指猪的个头、形体体积大小。例（2）对文有"大而短"三字，"长短"指长度，"大小"则指面积。例（3）的"小"修饰监狱"圜"，指容积大小。

长₁，先秦时可用于空间量②，指身高、物高、长度、遥远。身高和物高为高度，高度是长度的一种，为垂直方向的长度。由身高到物

---

① "小"义源于散落的微点之形。甲骨文时代已作形容词，派生出多种意义。如：

A 组	B 组	C 组	D 组
小牢——体积/容积	小风——速度/强度	小食（午后）	小臣
	小雨——数量/强度	小采（黄昏）	
		小示/小宗（集合宗庙）	

A 组的体积或容积属于空间量。B 组为由空间量到非空间量的过渡。C 组的"小"已成为专有名词中的语素，语素义为"排在后位的"或"不太重要的"。D 组的"小"用于社会等级域。"小"与"大"一般相对而出现，如"大风/大雨——小风/小雨""大食/大采/大示/大宗——小食/小采/小示/小宗"。

② "长"有 cháng、zhǎng、zhàng 三音，可分别标记为长₁、长₂和长₃。"长"义源于人长发之形，为长₁。甲骨文时代多为生长之义，为长₂。如：

A 组　　　　　　　　B 组
长白（伯）——年龄　　南风名（生长义）——行为

A 组的"长"为"排在前位的"义，由人长发之形隐喻君长，君长为发长之人，发长象征年长、有权威。B 组由发长隐喻生长的动作，又由生长的动作隐喻生长的原因，即南风是万物成长的原因。

高，是由人及物的发展顺序。长度和遥远为水平长度。可见长₁指水平长度由指垂直长度发展而来。例如：

(1) 身高：猗嗟昌兮，颀而长兮。(《诗经·猗嗟》)
(2) 身高：孔子长九尺有六寸。(汉《史记》卷四十七)
(3) 草木高：荆有长松文梓。(《墨子·公输》)
(4) 长度：必有寝衣，长一身有半。(《论语·乡党》)
(5) 遥远：顺彼长道，屈此群丑。(《诗经·泮水》)

古人习以"长"指身高，孔子身高很高，被称为"长人"，例(2) 即孔子身高尺寸。

短，用于空间域，指两端距离小、缩短。例如：

(1) 两端距离小：彼其发短而心甚长。(《左传·昭公三年》)
(2) 缩短：那宝贝就短了几尺。(明《西游记》第三回)

这两例中的"短"都是垂直长度，前例指头发长度，后例描述孙悟空在竖立的定海神针前使之缩短的过程。后例的"短"也是行为域的概念，该例凸显的是空间概念，行为概念在其次。

宽，取义于房屋宽大，但先秦常用于心理域，中古以后才用于空间域，表示宽阔、宽松、宽度。例如：

(1) 宽阔：恢恢六合间，四海一何宽。(三国魏《幽愤诗》)
(2) 宽松：凡导引服气之时，衣带常欲宽。(宋《云笈七签》卷六一)
(3) 宽度：明公都宛，宽方千里。(唐《晋书》卷八十九)

"宽阔"由"心宽"发展而来,与"宽松"都是形容词,名词"宽度"产生最晚。先秦宽度以"博""广"等表示。

窄,用于空间域,指狭小。例如:

斋室逼窄。(三国魏《华山亭碑》)

"窄"的前身"仄"在甲骨文中本指"侧倾",在《汉书》"险道倾仄"中才表狭窄义。"窄"本义即为狭窄,后与"宽"组成多个义项的对立:狭窄—宽阔、窄狭—宽裕、心窄—心宽。

厚,用于空间域,指厚度大、厚度、大。三义有明显的演变关系。例如:

(1)厚度大:谓地盖厚,不敢不踏。(《诗经·正月》)
(2)厚度:其厚三寸。(《礼记·檀弓》)
(3)大:檀山厚已过千万重。(元《至回纥城暇日出》)

薄,用于空间域,指厚度小。例如:

如履薄冰。(《诗经·小旻》)

远,用于空间域,指距离长。例如:

远取诸物。(《周易·系辞》)

近,用于空间域,指距离小、接近。前者指称两点之间间距小,两点地位平等;后者指称从一点出发,到另一点距离小,两点地位不平等。例如:

(1)距离小:近取诸身。(《周易·系辞》)

（2）接近：子官小，近市。（《韩非子·难二》）

圆，用于空间域，指圆形、球形。二者是平面和立体的关系。例如：

（1）圆形：为圆以规。（《墨子·法仪》）
（2）球形：沥取和獭肝为圆。（唐《云仙杂记》卷七）

高，用于空间域，指从上到下距离大、远。前者为垂直距离，后者为水平距离。例如：

（1）上下距离大：奠高山大川。（《尚书·禹贡》）
（2）远：行不到半里其高。（元《燕青博鱼》第四折）

低，中古时用于空间域，指上下距离小、低于。后者是前者的比较用法。例如：

（1）上下距离小：下视诸司屋舍低。（《全唐诗》第零四四九卷）
（2）低于：野旷天低树。（《唐诗三百首》卷七）

深，用于空间域，指从水面到水底距离大、泛指从上到下或从外到内距离大。后者是前者的转喻用法。

（1）水深：就其深矣，方之舟之。（《诗经·谷风》）
（2）上下外内距离大：短绠不可以汲深井之泉。（《荀子·荣辱》）

浅，用于空间域，指从水面到水底距离小，泛指上下或外内距离小、不深、窄小、不高、微小。不深为水平距离小，窄小指面积小，不高、微小为垂直距离小。水浅是源义，其余是转喻义。例如：

（1）水浅：就其浅矣，泳之游之。（《诗经·邶风》）
（2）上下或外内距离小：沟壑之浅深。（《管子·问》）
（3）不深：逢衣浅带。（《荀子·儒效》）
（4）窄小：国地小而食地浅也。（《管子·八观》）
（5）不高：草浅埒犹空。（南朝陈《紫骝马》）
（6）微小：动摇生浅浪。（《全唐诗》卷零二三七）

例（3）的"浅带"是古人的束腰大带，因勒束距离少而名。

粗，用于空间域，指周长较长、周长、直径。例如：

（1）周长较长：其器高以粗。（《礼记·月令》）
（2）周长：社榆粗十围。（《全唐诗》卷零二七八）
（3）直径：大筒火箭，头长七寸，粗可二寸。（明《武备志》卷一百二十六）

例（1）郑玄注："粗，犹大也。"这个"大"也指周长较长，因为句中有垂直维度"高"，所以不指体积。例（2）"粗"与周长量词"围"组合，作周长标指。例（3）的"二寸"为直径才能与出土文物相符。

细，用于空间域，周长小、周长。没有直径的用法。例如：

（1）周长小：脍不厌细。（《论语·乡党》）
（2）周长：细了一围。（明《西游记》第三回）

周，用于空间域，指旁边、周围、周长。"旁边"与"周围"都为"非中心"义，两者的区别在于"旁边"不周延，仅指一侧；而

"周围"周延，指四面各处。"周长"为对"周围"长度进行测量得出的结果。例如：

（1）旁边：生于道周。（《诗经·有杕之杜》）
（2）周围：郭周不可以外通。（《管子·八观》）
（3）周长：田周廿七步。（岳麓书院藏秦简《数》）

例（1）高亨注："周，边也。"
径，用于空间域，指直径，是平面或立体经中心到两边上相交两点之间的直线。我国古代把正圆放入正方形中，直径恰好等于边长。例如：

（1）四极径八十一万里。（汉《周髀算经》卷上）
（2）径也者，方也。平圆、立圆中心之径也。（明《度测》卷下）

方，用于空间域，指方向、一侧、偏离中心、方形、四周围绕、地方、境域。"方向"有远离自身和外侧义，因而可以转喻一侧和偏离中心。如果指外侧四面各处，即为方形。"方"用于动作域，即四周围绕。这与"周"从"旁边""周围"到"围绕"演变路径一致。"方"用于实体域，即地方和境域。"四周围绕""地方""境域"凸显的是空间域，因而放在此处。例如：

（1）方向：东方明矣。（《诗经·鸡鸣》）
（2）一侧：在水一方。（《诗经·蒹葭》）
（3）偏离中心：（大射）左右曰方。（《仪礼·大射仪》）
（4）方形：方者中矩。（《周礼·考工记》）
（5）四周围绕：方之以行垣。（《尉缭子·分塞令》）
（6）地方：有朋自远方来。（《论语·学而》）

(7) 境域：此居于图东方方外。(《管子·幼官》)

例（3）郑玄注："方，旁出也。"

时间域

大，用于时间域，指生长时间长。空间域的"大"形成的原因在于时间域的生长时间长，这是"大"由空间域向时间域隐喻的结果。例如：

大而皵，楸。(《尔雅·释木》)

例中邢昺引樊光"大者，老也"。"老"即指时间长久。

小，用于时间域，指时间短暂。例如：

小年不及大年。(《庄子·逍遥游》)

现代姓氏之前加"小"指年轻，如"小张""小李"。"年轻"即生长时间短，这一点与"大"的"生长时间长"义相对。

长$_1$，用于时间域，指长久、使长久、经常、时间间隔大。长久一般指以现在为起点到未来的很远的模糊时间点。使长久是长久的致使用法。经常指比较长的时间段内频率较高。时间间隔大指两个时间点之间的时间距离长。几个词义都以"时间长"为义核，凸显行为在时间上不同侧面的特点。例如：

(1) 长久：汝不谋长。(《尚书·盘庚》)
(2) 使长久：式敬尔由狱，以长我王国。(《尚书·立政》)
(3) 经常：吾长见笑于大方之家。(《庄子·秋水》)
(4) 时间间隔大：日有短长，月有死生。(《孙子·虚实》)

例（1）孔传："汝不谋长久之计。"

长$_2$，与长$_1$不同，长$_2$不用于空间域。长$_2$用于时间域，与人的岁数有关。指为人师长、年长、年长的人、长辈，也指岁数大、岁数大的人。这些词义分为两组，前一组有尊敬义，后组不带尊敬义。前组分别为年龄大到足以为人做师长、年龄大令人尊敬、年龄大因而被尊敬的人或长辈，凸显的视角和所指不同。后组从年龄大到年龄大的人，为隐喻。其中指"年长的人""长辈"和"岁数大的人"的，也属于实体域，形式上"少"与"长"常连用。例如：

（1）为人师长：克长克君。（《诗经·皇矣》）
（2）年长：以吾一日长乎尔。（《论语·先进》）
（3）年长的人：且夫贱妨贵，少陵长。（《左传·隐公三年》）
（4）长辈：家事任长，妾当其劳。（南朝宋《后汉书》卷七十）
（5）岁数大：齐侯长矣。（《国语·晋语》）
（6）岁数大的人：使夫少长咸安怀之。（《全后汉文》卷七十八）

例（1）孔疏："能教诲不倦，有为人师长之德。"例（3）韦昭注："长，老也。"

短，用于时间域，指时间短、寿命短。寿命短是时间短的一种特殊情形，两者是一般和个别的关系，寿命短之所以单独成为义项，因其与人有关，换言之人的寿命长短受人的关注度高，以至于单独成义。例如：

（1）时间短：日短星昴。（《尚书·尧典》）
（2）寿命短：一曰凶短折。（《尚书·洪范》）

例（2）孔疏："未龀曰凶，未冠曰短，未婚曰折。"

远，用于时间域，指时间久，也指时间长。指时间久的一般以现在为起点到以前的某个模糊时间点，与"长$_1$"互补。指时间长的一般以现在为起点到将来的某个模糊时间点，与"长$_1$"相同。例如：

（1）时间久：音乐之所由来者远矣。(《吕氏春秋·大乐》)
（2）时间长：远不过三月。(《国语·楚语》)

近，用于时间域，指距今不远、当初、接近。距今不远指从现在到过去或将来的时间点，当初指从现在看过去的时间点，接近是从一个不固定的时间点观察另一个不远的时间点。三者观察角度不同，为转喻用法。例如：

（1）距今不远：近不过浃日。(《国语·楚语》)
（2）当初：明公近云饮酒三升。(唐《晋书》卷七十七)
（3）接近：只是近黄昏。(《唐诗三百首》卷七)

圆，用于时间域，指完毕。该义由"圆"在评价域的"完满""周全"等义隐喻而来。例如：

其案已圆在朝夕。(宋《唐语林》卷五)

高，用于时间域①，指岁数大、高祖。"岁数大"之"高"与"长$_2$"义近，但"高寿"不同于"长寿"，"高祖"不可说"长祖"，因为"高"兼有评价域的尊敬义和等级域的高级义。例如：

（1）岁数大：春秋逴逴而日高兮。(《楚辞·九辩》)
（2）高祖：工用高曾之规矩。(汉《班固集》)

---

① "高"在甲骨文时代常用于时间域，徐中舒《甲骨文字典》："世系之远也。"

深，用于时间域，指时间长。一般与岁月、夜、日子等组合，用法很受限制，岁月如同水之深浅而不可知，是文化词用法，英语中深浅无此义。例如：

夜深忽梦少年事。(《唐诗三百首》卷三)

浅，用于时间域，指时间短少、初期、年幼。该三义义核为时间少，用于事件指时间短少，用于季节、夜指初期，用于年龄指年幼。例如：

(1) 时间少：莅国之日浅。(《战国策·赵策二》)
(2) 初期：夏浅更胜春。(南朝陈《侍宴》)
(3) 年幼：急只急我的儿年岁尚浅。(蒲剧《薛刚反唐》第六场)

细，用于时间域，指年幼，也指小儿。由评价域的微小义隐喻而来，只用于年龄域，小儿又属实体域。例如：

(1) 年幼：细弟妹多。(宋《曾巩集》卷十五)
(2) 小儿：老细奔遑。(南朝梁《南齐书》卷七)

周，用于时间域，指完毕、一年、一星期。完毕义由评价域完备义隐喻而来，后二义由时间域周期义转喻而来，后二义的适用对象有别。例如：

(1) 完毕：以周事子。(《左传·昭公二十年》)
(2) 一年：在郡一周。(南朝梁《宋书》卷五十三)
(3) 一星期：在《努力》周报上发表了一篇文字。(《民国演义》第一百五十回)

径，用于时间域，指同时、就。由评价域的快捷义隐喻而来，快到两个时间点接近于同时的状态。例如：

不过一斗径醉矣。(汉《史记》卷一百二十六)

方，用于时间域，表示方始、将要、正在、同时、在。由"并船"义隐喻。"方始"指说话时刻与行为起始时刻一致，"正在"指说话时刻与行为时刻一致，"同时"指两个行为时刻一致，"在"指所标示时间与行为时刻一致，义核都是"同时"。例如：

（1）方始：爰方启行。(《诗经·公刘》)
（2）将要：方何为期。(《诗经·小戎》)
（3）正在：国家方危。(《左传·定公四年》)
（4）同时：甲兵方起于天下。(《墨子·备城门》)
（5）在：方其盛时必毁。(《素问·疟论》)

例（1）朱熹集传："方，始也。"例（2）马瑞辰通释："方之言将也。"

积，用于时间域，指长久、经过。由行为域"积累"隐喻而来，长久为时间长，经过为积累长时间之后。例如：

（1）长久：暴虐积则亡。(《管子·四时》)
（2）经过：积三十岁故至于此。(汉《说苑》卷二)

评价域

大，用于评价域，指骄傲或善好。由空间域的空间量大隐喻而来，骄傲为自大，善好指以他人为大，主体不同。例如：

（1）骄傲：笑吾子之大也。(《国语·鲁语》)

(2) 善好：大哉言矣。(《孟子·梁惠王》)

小，用于评价域，指狭隘、精细、邪恶卑鄙之人，也用于谦称、爱称或对妾的称呼。这些意义由空间域的空间量小义隐喻而来。狭隘为心胸小，精细为考虑周到细致，两者又都为心理域概念，但在此处凸显评价域意义。邪恶卑鄙之人虽也为实体域，但此义凸显对品德的评价。谦称、爱称和对妾的称呼都来源于以小称表爱。我国上古就有"小人"的谦称，宋代"小"可加在姓前表爱称，妾在明代小说中始称"小"。例如：

(1) 狭隘：好问则裕，自用则小。(《尚书·仲虺之诰》)
(2) 精细：成王功大心转小。(《全唐诗》卷零二一七)
(3) 邪恶卑鄙的人：愠于群小。(《诗经·柏舟》)

长，用于评价域，指长处、善良、优善。由空间量长短之长义隐喻而来，长处也为优善之处，两者义通。善良亦为长处。例如：

(1) 长处：使人各得其所长。(《墨子·杂守》)
(2) 善良：子瑜都长，体性纯懿。(《全晋文》卷五十七)
(3) 优善：旧说为长。(金《〈论语〉辨惑》)

短，用于评价域，指缺少、缺点过失、浅陋、不擅长。后三者为缺少的隐喻用法。例如：

(1) 缺少：此治世之所以短。(《吕氏春秋·观世》)
(2) 缺点：而仪振暴其短以扶其说。(汉《史记》卷七十)
(3) 浅陋：道长苦智短。(晋《张华集》卷二十四)
(4) 不擅长：曾子固短于韵语。(宋《野客丛书》卷六)

例（1）高诱注："短，少。"

宽，用于评价域，指度量宽宏。由空间宽广义隐喻而来。例如：

克宽克仁，彰信兆民。（《尚书·仲虺之诰》）

窄，用于评价域，指漂亮、狭隘。二义由"窄"的空间狭窄义隐喻而来，前者是以窄为美的一种表现，如"窄窄"也指漂亮，后者以空间狭窄隐喻心胸狭窄。例如：

（1）漂亮：遮遮掩掩衫儿窄。（金《西厢记诸宫调》卷一）
（2）狭隘：这个人心眼儿太窄，遇事想不开。（杨朔《征尘》）

例（1）凌景埏校注："窄，整齐、华丽、漂亮的意思。"

厚，用于评价域，指厚道，特指富裕，也指丰足、胜过、情义重。由"厚"的空间厚度义隐喻而来，厚道喻人品不薄气，富裕、丰足喻家底厚、财货多。胜过是丰足的抽象化和比较用法。情义重是丰足在情感域引起的感受。例如：

（1）厚道：惟民生厚。（《尚书·君陈》）
（2）富裕：家道颇厚。（明《二刻拍案惊奇》卷二六）
（3）丰足：供养弥厚。（《礼记·曲礼》）
（4）胜过：虽野居露宿，厚于宫室。（汉《春秋繁露》卷六）
（5）情义重：其季遇我特厚。（唐《韩愈集》卷三十三）

薄，用于评价域，指虚假刻薄、命运不幸、世道衰微、薄弱、微薄、土质贫瘠。由"薄"的空间不厚义隐喻，分别用于个性、命运、世道、事件、事物和土质的评论。例如：

(1) 虚假刻薄：所谓处其厚不处其薄者。(《韩非子·解老》)

(2) 命运不幸：厚于德，薄于命。(《列子·力命》)

(3) 世道衰微：以俗薄于唐虞故也。(唐《通典》卷一百六十八)

(4) 薄弱：邻之厚，君之薄也。(《左传·僖公三十年》)

(5) 微薄：夫茅之为物薄。(《周易·系辞》)

(6) 土质贫瘠：郇瑕氏，土薄水浅。(《左传·成公六年》)

远，用于评价域，指迂远、差距大、高远。三义由空间距离大隐喻而来，迂远为不直接、绕，差距大由空间距离大直接隐喻评价域，高远指品行。例如：

(1) 迂远：我思不远。(《诗经·载驰》)

(2) 差距大：韩之轻于天下远。(《吕氏春秋·开春论》)

(3) 高远：可谓远也已矣。(《论语·颜渊》)

例(3)何晏引马融："其德行高远，人莫能及之也。"

近，用于评价域，指平庸。此义由空间距离小隐喻而来，与"远"的"高远"义相对。例如：

德近者，其爵卑。(汉《中论·爵禄》)

圆，在中古以后用于评价域，指圆滑、完满、美满、使周全。四义由空间圆形或球形物的性质隐喻，圆的易滑属性隐喻人品圆滑，圆的完整无缺隐喻人事完满、美满等义。美满比完满程度上更令人满意。例如：

(1) 圆滑：孔子能方不能圆。(汉《盐铁论》卷二)

（2）完满：愿满事圆归去路。(《全唐诗》卷零八五一)

（3）美满：你这阵日子过圆啦。(柳青《创业史》)

（4）使周全：就算给师傅圆上这个脸了。(《儿女英雄传》第二五回)

"破镜重圆""自圆其说""圆谎"属致使用法。

高，用于评价域，指高明、清高、自大、优良、尊贵、方正威严、高尚、擅长。也隐喻尊贵之位、高尚的人，该义又属于实体域，但首先凸显的是评价义。"高"的评价义均由空间高义隐喻而来，指在见解、人品、自我认识、等级、形貌气质、技术等方面超出一般。例如：

（1）高明：居处卑贱而陈义甚高。(《庄子·让王》)

（2）清高：轻辞天子，非高也。(《韩非子·五蠹》)

（3）自大：不以人之庳自高也。(《吕氏春秋·诚廉》)

（4）优良：笃于狱中为诔辞最高。(汉《东观汉记·杜笃传》)

（5）尊贵：高而无民。(《周易·系辞》)

（6）方正威严：士民亦畏其高。(南朝宋《后汉书》卷六十六)

（7）高尚：行高无污真。(《全唐诗》卷零二二三)

（8）擅长：奴家久闻相公高于音乐。(明《琵琶记·琴诉荷池》)

（9）尊贵之位：因居高而虑危。(《全三国文》卷三十九)

（10）高尚的人：世谓何氏三高。(唐《南史》卷三十)

低，用于评价域，指才能见识低、质量差、恶劣。三义由空间不高义隐喻而来，分别指见识、质量和态度方面低于一般，与"高"的相关义项相对。例如：

(1) 才能见识低：少间却有见识低似他处。（宋《朱子语类》卷十六）

(2) 质量差：老爹给了他二钱四分低银子。（清《儒林外史》第六回）

(3) 恶劣：我叫那低狗攮的没处去使低去。（明末清初《醒世姻缘传》第八四回）

深，用于评价域，指深奥、深刻、重要、精通、严重、险要、刻毒、内向。这些意义由"深"的空间深义隐喻而来，分别用于道术、思想、事件、学问、病情、山川、性格等对象。例如：

(1) 深奥：圣人之所以极深而研几也。（《周易·系辞》）
(2) 深刻：思深哉。（《左传·襄公二十九年》）
(3) 重要：讳莫如深。（《谷梁传·庄公三十二年》）
(4) 精通：则深于《诗》者也。（《礼记·经解》）
(5) 严重：不治将恐深。（《韩非子·喻老》）
(6) 险要：山川阻深。（汉《尚书大传》卷二）
(7) 刻毒：秦之遇将军可谓深矣，父母宗族皆为戮没。（汉《史记》卷八十六）
(8) 内向：其人深中有谋。（《燕丹子》卷上）

浅，用于评价域，指浅薄。由空间量不深义隐喻而来，与"道术深奥"义相对。例如：

君之除患之术浅矣。（《庄子·山木》）

粗，用于评价域，指粗笨、粗糙。由空间粗义隐喻而来，用于性格、智力和物件。例如：

（1）粗笨：从叔辈粗，何肯来。（唐《北史》卷三十三）
（2）粗糙：草履麻绦粗布被。（明《西游记》第九回）

细，用于评价域，指琐碎、微小、细密。由空间细义隐喻而来，分别用于性格、事件、事物等。例如：

（1）琐碎：其细已甚。（《左传·襄公二十九年》）
（2）微小：吾子舍其大而重拜其细。（《左传·襄公四年》）
（3）细密：帛必薄细。（汉《蔡邕集》卷二）

周，用于评价域，指严密、周密、适合、完备、充足。由空间圆周义隐喻而来，分别用于状态、事件、利益等。例如：

（1）严密：其藏之也周。（《左传·昭公四年》）
（2）周密：人主不可不周。（《管子·九守》）
（3）适合：虽不周于今之人兮。（《楚辞·离骚》）
（4）完备：举人之周也。（《左传·文公三年》）
（5）充足：周于利者。（《孟子·尽心》）

径，用于评价域，指快捷。由"径"的空间直义隐喻而来。例如：

莫径于结赵矣。（《战国策·燕策》）

方，用于评价域，指方正。由空间方形义隐喻而来，与"圆"的"性格圆滑"义相对。例如：

夫王者之心，方而不最。（《管子·霸言》）

积，用于评价域，指多、出众。由行为域的积累义隐喻而来，用于事件和道术的评价。例如：

（1）多：夫悬法以诱民，使入陷阱，孰积于此。（汉《汉书》卷二十四）
（2）出众：学积行修，意气高爽如尺凫者，何可多得。（清《樊榭山房集》卷七）

例（1）颜师古注："积，多也。"
社会关系域，可归入评价域，为对社会关系远近、高低等的认定。

大，用于社会关系域，指最高等级或较高等级的地位，中古以后特指皇位。由空间大义隐喻而来。例如：

（1）高等级：大亦宜然。（汉《张衡集》卷一）
（2）皇位：登帝大位。（《全晋文》卷九十六）

例（1）薛注："大谓王者。"
小，用于社会关系域，指低微。由空间小义隐喻。例如：

不辞小官。（《孟子·万章》）

长，用于社会等级域，指排行第一。由时间域年长义隐喻。例如：

故谓之长女。（《周易·说卦》）

远，用于社会关系域，指血统关系疏远。由空间远义隐喻。例如：

颜俊有个门房远亲。(明《醒世恒言》第七卷)

近，用于社会关系域，指亲密。由空间近义隐喻。例如：

夫以妻之近与子之新而犹不可信。(《韩非子·备内》)

高，用于社会关系域，指等级在上的。由空间高义隐喻。例如：

高他国一阶。(南朝梁《宋书》卷七十二)

低，用于社会关系域，指身份地位低。由空间低义隐喻。例如：

穷居使人低。(《全唐诗》卷零一七七)

细，用于社会等级域，指地位低微。与"低"之地位低义类同。例如：

以匹夫之细。(汉《汉书》卷九十二)

周，用于社会等级域，指至极。由空间圆周义隐喻。例如：

虽有周亲。(《尚书·泰誓》)

行为域

大，用于行为域，指对于空间量、事件或状态的张大、夸大或光大。"夸大"又属于心理域，但主要凸显行为义。例如：

(1) 对于空间量的张大：大其园囿，高其台。(《荀子·成相》)

(2) 对于事件夸大：是故君子不自大其事。(《礼记·表记》)

(3) 对于状态光大：此匹夫之勇，敌一人者也。王请大之。(《孟子·梁惠王》)

小，用于行为域，指使之小。这是古汉语中使动的用法，现代汉语已无。例如：

匠人斵而小之。(《孟子·梁惠王》)

长$_1$，用于行为域，指赞许。由评价域长处义隐喻而来，了解、品评长处即为赞许。例如：

当时长其知人。(宋《新唐书》卷一百三十四)

长$_{21}$，用于行为域，指培育、滋长、生育、生长、长大、兴盛、上涨。均由生长义转喻而来，培育为提供生长的条件，滋长、生育、长大为生长的不同阶段，上涨为长大的过程，兴盛为长大的状态。

(1) 培育：长我育我。(《诗经·蓼莪》)
(2) 滋长：君子屡盟，乱是用长。(《诗经·巧言》)
(3) 生育：地不长而万物育。(《庄子·天道》)
(4) 生长：予助苗长矣。(《孟子·公孙丑》)
(5) 长大：隐长而卑。(《公羊传·隐公元年》)
(6) 兴盛：此神农之所以长。(《吕氏春秋·审分览》)
(7) 上涨：阴气盛溢，水则为之长。(汉《汉纪·成帝纪》)

例(6)何休注："长者，已冠也。"

长$_{22}$，用于行为域，也指统治、主管。由实体域"长者"义隐喻而来，统治与主管区别在于动作作用范围不同。例如：

（1）统治：晋闻古之长民者。(《国语·周语》)
（2）主管：可使长官者长官。(《墨子·尚贤》)

短，用于行为域，指诋毁、抢劫。诋毁由缺点义隐喻，宣扬缺点为诋毁。抢劫由缺少义隐喻，抢劫的结果为使对方缺少。例如：

（1）诋毁：短屈原于顷襄王。(汉《史记》卷八十四)
（2）抢劫：他敢这般短路。(明《西游记》七四回)

宽，用于行为域，指宽大对待、减轻、解开。由心理域宽宏义隐喻而来，分别用于对他人态度、征税和衣服。例如：

（1）宽大对待：居匈奴中益宽。(汉《史记》卷一百二十三)
（2）减轻：以宽天下之繇。(汉《史记》一百一十一)
（3）解开：且来宽衣服睡觉。(明《西游记》第七八回)

厚，用于行为域，指使之多、加大、加深、优待、亲密。由空间距离大义隐喻而来。"加深"与"加大"为维度的不同，"优待"与"亲密"为施受主体和方向的不同，后两词词义以前两词为基础。例如：

（1）使之多：厚其液而节其帤。(《周礼·考工记》)
（2）加大：以厚其别也。(《礼记·曲礼》)
（3）加深：彼得其情以厚其欲。(《国语·晋语》)
（4）优待：厚而勿欺。(《管子·小问》)

(5) 亲密：无为亲厚者所痛。(《全后汉文》卷三十三)

薄，用于行为域，指搏击、逼近、减损。由空间距离小隐喻，搏击、逼近为相距变小，减损为数量变少。例如：

(1) 搏击：雷风相薄。(《周易·说卦》)
(2) 逼近：薄而观之。(《左传·僖公二十三年》)
(3) 减损：二曰薄征。(《周礼·大司徒》)

远，用于行为域，指不接近、违背、离开、扩大、超过。均由空间距离大隐喻，在行为方向和主体位置方面有区别。例如：

(1) 不接近：远耆德。(《尚书·伊训》)
(2) 违背：大远王命。(《尚书·多方》)
(3) 离开：故怨远于其身。(《左传·昭公八年》)
(4) 扩大：斥地远境。(汉《汉书》卷七十三)
(5) 超过：颜色远雕缋。(清《秋日寄淮阴》)

例(4)颜师古注："斥，开也。远，广也。"

近，用于行为域，指亲近、受到宠幸。亲近义与"远"的"不接近"相对，受宠比亲近的心理关系更近，并伴随实际的好处。例如：

(1) 亲近：民可近。(《尚书·五子之歌》)
(2) 受到宠幸：有七孺子皆近。(《战国策·齐策三》)

高，用于行为域，指使高、比高、超越。后两者是"高"在行为域的比较用法。"高"指使高又分别从属于空间域、言语域、经济域和心理域。例如：

（1）使高又属空间域：高高下下，疏川导滞。（《国语·周语》）

（2）使高又属言语域：虚高人禄命以说人志。（《史记·日者列传》）

（3）使高又属经济域：命高其价以籴之。（宋《续资治通鉴长编》卷一）

（4）使高又属心理域：还得请你高高手。（赵树理《李家庄的变迁》）

（5）比高：大臣宗室以侈靡相高。（汉《史记》卷一百三十）

（6）超越：以为孟尝君名高其主而擅齐国之权。（汉《史记》卷七十五）

例（1）韦昭注："高高，封崇九山也。"

低，用于行为域，指下垂、驻屯、使低。下垂为空间低义的一种原因。"驻屯"是语境义，本指低下车辕。例如：

（1）下垂：据轼低头。（《庄子·盗跖》）
（2）驻屯：轩辕既低。（宋玉《招魂》）
（3）使低：以薪草置其中，常低之。（南朝宋《后汉书》卷一）

例（2）王逸注："低，屯也。"

深，用于行为域，指隐藏、深入、加深、测量、疏浚。"隐藏"义由空间距离大隐喻而来，"测量"为测深度之义，疏浚指为河渠加深。这些用法又属于空间域，凸显行为义。例如：

（1）隐藏：必深其爪。（《周礼·考工记》）
（2）深入：寇深矣。（《左传·僖公十五年》）

（3）加深：以深其宫。(《左传·庄公二十六年》)

（4）测量：深渊者，知千仞之深，悬绳之数也。(《商君书·禁使》)

（5）疏浚：有决河深川。(汉《汉书》卷二十九)

例（1）郑玄注："深，犹藏也。"例（4）王引之注："深，测也。"

浅，用于行为域，指使减少。由空间域"微小"义隐喻而来。例如：

博之浅之。(《荀子·礼论》)

周，用于行为域，指遍及、环绕、巩固、周济、反复、保全、坚定、完成。均由空间域周围义隐喻而来，分别用于内部所有、周边、使完整等义。例如：

（1）遍及：知周乎万物而道济天下。(《周易·系辞》)

（2）环绕：三周华不注。(《左传·成公二年》)

（3）巩固：盟所以周信也。(《左传·哀公十二年》)

（4）周济：周天下。(《礼记·月令》)

（5）反复：阳气周神而反乎始。(汉《太玄经》卷一)

（6）保全：智足周身。(北齐《魏书》卷四十八)

（7）坚定：周乎志者。(唐《送元秀才下第东归序》)

（8）完成：今日而周。(唐《新城录》)

径，用于行为域，指行经。由空间路径义隐喻。例如：

径数国千里而袭人。(汉《史记》卷五)

方，用于行为域，指据有、违背、并列、等同、比拟、辨别、系缚、比较。均由"方"的"并船"义隐喻而来，以上各义均为"相并"的各种侧面，据有为相并结果，违背是反向相并，并列、等同是相并的情态，比拟和比较是相并的比较，辨别是相并的鉴别，系缚是并在一起。例如：

（1）据有：维鸠方之。（《诗经·鹊巢》）
（2）违背：方命圮族。（《尚书·尧典》）
（3）并列：不方足。（《仪礼·乡射礼》）
（4）等同：广与崇方。（《周礼·考工记》）
（5）比拟：方丧三年。（《礼记·檀弓》）
（6）辨别：不可方物。（《国语·楚语》）
（7）系缚：是故方马埋轮。（《孙子·九地》）
（8）比较：准今方古。（南朝宋《后汉书》卷十九）

例（1）毛传："方，有之也。"例（3）郑玄注："方，犹并也。"例（4）郑玄注："方，犹等也。"例（5）孔颖达疏："方，谓比方也。有比方父丧礼以丧君。"例（7）曹操注："方，缚马也。"

积，用于行为域，本指庄稼、粮食堆积，也泛指累积、留滞、增加。例如：

（1）粮食堆积：积于不涸之仓。（《管子·牧民》）
（2）累积：积小以高大。（《周易·升》）
（3）留滞：天道运而无所积。（《庄子·天道》）
（4）增加：惟积惭惶。（唐《韩愈集》卷三十九）

例（3）陆德明释文："积，谓积滞不通。"

心理域

大，用于心理域，指尊重，或作敬辞。尊重义为意动用法，由空间大义隐喻而来，用于描述对客体的心理感受和判断。作敬辞的如"大宋""大唐"等，由尊重义引申而来。例如：

（1）尊重：大天而思之。（《荀子·天论》）
（2）敬辞：大项橐生七岁为孔子师。（汉《史记》卷七十一）

小，用于心理域，指以为小。也是意动用法，与"大"的尊重义相对，现代汉语已无。例如：

孔子登东山而小鲁。（《孟子·尽心》）

长$_2$，用于心理域，指重视、尊敬。由时间域"年长"隐喻而来，年长是受重视和尊敬的原因之一。例如：

（1）重视：乃惟四方之多罪逋逃，是崇是长。（《尚书·牧誓》）
（2）尊敬：郑伯捷之齿长矣，王而弱之，是不长老也。（《国语·周语》）

宽，在上古多用于心理域，指宽恕、舒缓、宽慰。宽恕对象为客体，舒缓对象为情绪、心理等，宽慰重在安慰。例如：

（1）宽恕：以恭给事则宽于死。（《国语·周语》）
（2）舒缓：将必宽然有伯诸侯之心焉。（《国语·吴语》）
（3）宽慰：酌酒以自宽。（南朝宋《拟行路难》）

窄，用于心理域，指困难、不舒坦、窘迫。由空间狭窄义隐喻而来，狭窄是困难、不舒坦和窘迫的原因。例如：

（1）困难：前途渐就窄。（晋《陶渊明集》卷七）
（2）不舒坦：酒阑感觉中区窄。（《全唐诗》卷零三九一）
（3）窘迫：他这里叫我受着窄呢么。（清《儿女英雄传》第十七回）

例（2）王琦汇解："中区窄，谓心事不舒。"

薄，用于心理域，指急迫。由行为域的逼近隐喻而来，逼近是急迫的原因。例如：

薄言采之。（《诗经·芣苢》）

高亨注："薄，急急忙忙。"

圆，用于心理域，指团圆。由评价域"完满"隐喻而来，重在心理感受。例如：

不照人圆。（宋《稼轩长短句》卷四）

高，用于心理域，指尊崇，进而用作敬词语素。尊崇义由空间高义隐喻而来，是意动用法的凝固化。作敬词语素的，是尊崇义语素化的产物。例如：

（1）尊崇：高勇而贱仁。（《晏子春秋·问上》）
（2）作敬词语素：尊官高姓。（南宋《续传灯录》卷第二十）

低，用于心理域，指低落。由空间低义隐喻而来。例如：

总须低心屈节。（《敦煌变文·降魔变文》）

深，用于心理域，也指情意深、加深。由空间深义隐喻而来，情意深为心理状态，加深同属于行为域，但凸显心理活动。例如：

（1）情意深：情深而文明。（《礼记·乐记》）
（2）加深：乃深其怨于齐。（《谷梁传·庄公十年》）

周，用于心理域，指亲密。由评价域周密义隐喻而来，因周密而忠信而亲密。例如：

君子周而不比。（《论语·为政》）

刘宝楠正义："用之忠信，则能亲爱人，故周又训为亲为密为合。"

积，用于心理域，指蓄积、郁积。由行为域堆积隐喻而来，蓄积为正面心理，郁积为负面心理。例如：

（1）蓄积：和顺积中而英华发外。（《礼记·乐记》）
（2）郁积：贵人达官往往积不能平。（元《金史》卷七十九）

状态域

大，用于状态域，指大略。由空间大义隐喻而来。例如：

故圣王之起，大以五百为纪。（汉《新书·数宁》）

小，用于状态域，由数量域的数量少义隐喻而来，指将近、不足，稍略。指将近、不足的可再分为时间域、空间域和数量域等次属语域。将近、不足是尚未到标准，稍略是超过标准不多，两者语义相关。例如：

(1) 将近、不足，又属时间域：小暑之日。(《逸周书·时训》)

(2) 将近、不足，又属空间域：未抵长峰小半途。(《宋诗抄·南海集抄》)

(3) 将近、不足，又属数量域：花了小一百。(老舍《骆驼祥子》)

(4) 稍略：其为人也小有才。(《孟子·尽心》)

例（1）的"小暑"指暑天的某种状态，也是时间上的一个节点。例（2）的"小半途"指旅行中的某种状态，也是空间上的行经点。例（3）的"小一百"是花费数量的某种状态。例（4）的"小"指稍略。

宽，用于状态域，由空间域的宽义隐喻而来，指广泛。例如：

宦途比汉人宽些。(清《儿女英雄传》第一回)

厚，用于状态域，指重、深、大。重义由数量域多义隐喻而来，"重"与"多"是常规组配。如"厚礼"，指礼物重，包含了数量多或价值大两个方面，以数量多为常。当"重"与"少"相对时，可指价值大而数量少的对象。"厚"与"深"都指两点间距大，"厚"观察两点之间，"深"观察一点到另一点之间。重、深均有大义。例如：

(1) 重：乏则将厚取于民。(《国语·周语》)

(2) 深：李生厚叹贾复。(南朝宋《后汉书》卷五十一)

(3) 大：非能厚胜之也。(《战国策·秦策》)

薄，用于状态域，指略微，由空间薄义隐喻而来。例如：

躬自厚而薄责于人。(《论语·卫灵公》)

远,用于状态域,指差距大,由空间远义隐喻而来。例如:

韩之轻于天下远。(《吕氏春秋·审为》)

近,用于状态域,指大概,由空间近义隐喻而来。例如:

此近难济。(晋《三国志》卷二十九)

圆,用于状态域,指运转无碍、饱满、满盈,由空间圆义隐喻而来。运转无碍为圆形运动的动态特征,其静态特征为饱满、满盈。例如:

(1) 运转无碍:圆而神。(《周易·系辞》)
(2) 饱满:其粟圆而薄糠。(《吕氏春秋·审时》)
(3) 满盈:(蒸饭)圆了气。(明《西游记》第七七回)

高,用于状态域,指深、浓、重、大,均由空间高义隐喻而来。深、浓、重、大的义核为大,仅有侧重不同。例如:

(1) 深,又属评价域:其理诚高矣。(《荀子·礼论》)
(2) 深,又属空间域:隅目高匡。(《全后汉文》卷五十二)
(3) 深,又属时间域:俟秋高进剿。(清《圣武记》卷一)
(4) 浓:霜高木叶空。(元《萨都剌集》卷一)
(5) 重:闻母高病驰归。(《明大学生魏元伯墓志铭》)
(6) 大,又属评价域:志高而扬。(《战国策·齐策》)
(7) 大,又属速度域:风高湖涌波。(《全唐诗》卷零二三三)

例（2）薛综注："高匡，深瞳子也。"例（6）高诱注："高，大也。"

深，用于状态域，指茂盛、多、牢固，由空间深义隐喻而来，分属空间域、心理域和空间兼心理域，所适用对象不同。例如：

（1）茂盛：草木深。（晋《三国志》卷十八）
（2）多：酒深情亦深。（宋《花间集》卷二）
（3）牢固：深幽囹圄之中。（汉《报任少卿书》）

浅，用于状态域，指不多、不深厚、不长、不大、略微，由空间浅义隐喻而来，义核为不大，分属于心理域、程度域、空间域、评价域和程度域，适用对象不同。例如：

（1）不多：以情欲寡浅为内。（《庄子·天下》）
（2）不深厚：凡为客之道，深则专，浅则散。（《孙子·九地》）
（3）不长：牙浅弦急。（唐《晋书》卷九十二）
（4）不大：其功岂浅哉。（清《方苞集》卷六）
（5）略微：恐沾裳而浅笑。（《全梁文》卷十五）

粗，用于状态域，指略微，由空间大义隐喻而来。例如：

服食所供，粗免饥寒而已。（北齐《魏书》卷二十二）

细，用于状态域，指详细，由空间小义隐喻而来。例如：

重与细论文。（《全唐诗》卷零二二四）

径，用于状态域，由空间域直径义隐喻而来，指直接。例如：

石称丈量，径而寡失。(汉《说苑》卷十六)

声音域，可归入状态域，指发音的大小、轻重等状态。
长，用于声音域，指声音大。由空间域长义隐喻。例如：

导者长呼以辟行人。(后晋《旧唐书》卷一百九十九)

圆，用于声音域，指圆润滑利、圆熟。由空间圆义隐喻。例如：

（1）圆润滑利：引妙啭而一一皆圆。(《全唐文》卷六百四十七)

（2）圆熟：珠排字字圆。(《全唐诗》卷零四四零)

高，用于声音域，指声音响亮。由空间高义隐喻。例如：

亢音高歌为乐方。(汉《舞赋》)

低，用于声音域，指声音小。由空间低义隐喻。例如：

一声初压管弦低。(唐《歌者》)

深、浅，用于声音域，指声音重或轻。由空间深义或浅义隐喻。例如：

鸣浅殃万物，鸣深则殃君王矣。(北魏《水经注》卷四十)

粗，用于声音域，指大而噪。例如：

其声粗以厉。(《礼记·乐记》)

细,用于声音域,指轻微。例如:

夫声无细而不闻。(汉《韩诗外传》卷六)

言语域,可归入状态域,指言语的大小、深浅、粗细等状态。
大,用于言语域,由空间大义隐喻而来,指宏大的言论。例如:

大言炎炎。(《庄子·齐物论》)

小,用于言语域,由空间小义隐喻而来,指琐碎的言论。例如:

小言詹詹。(《庄子·齐物论》)

远,用于言语域,由空间远义隐喻而来,指深奥。例如:

其旨远。(《周易·系辞》)

近,用于言语域,由空间近义隐喻而来,指浅显。例如:

言近而指远者。(《孟子·尽心》)

粗,用于言语域,由空间粗义隐喻而来,指粗疏。例如:

故愚者之言,芴然而粗。(《荀子·正名》)

细,用于言语域,由空间细义隐喻而来,指细致。例如:

只是圣人言语细密，要人子细斟量考索耳。(宋《朱子语类》第五十五)

深，用于言语域，由空间深义隐喻而来，指深刻、细致。例如：

即使文王疏吕望而弗与深言。(《战国策·秦策》)

浅，用于言语域，由空间浅义隐喻而来，指大略、浅显。例如：

(1) 大略：田骈犹浅言之也。(《吕氏春秋·执一》)
(2) 浅显：喻深以浅。(《论衡·自纪》)

范围域，可归入状态域，指范围的大小。能用于范围域的标指很少。

大，用于范围域，指遍及，由空间大义隐喻而来。例如：

大报天而主日也。(《礼记·郊特牲》)

郑玄注："大，犹遍也。"

程度域

高，用于程度域，指超出一般标准，又属于心理域。例如：

高情胜气，贞然直上。(唐《梁书》卷二十七)

深，用于程度域，指在心理域、言语域和颜色域中超过，也指功夫深、极力、非常，由空间深义隐喻，义核为程度深。超过为与比较对象相比程度深。功夫深、极力和非常都是程度深的不同侧面。例如：

（1）心理域超过：教之化民也深于命。（汉《史记》卷六十八）

（2）言语域超过：斯言之玷，实深白圭。（南北朝《文心雕龙·指瑕》）

（3）颜色域超过：粉光深紫腻。（《全唐诗》卷零二九九）

（4）功夫深：岂非功深砥砺。（《全梁文》卷四十四）

（5）极力：公深辞让。（汉《汉书》卷九十九）

（6）非常：深愿求饮焉。（清《聊斋志异》卷三）

浅，一般不用于程度域，程度深可言"不浅"。例如：

你们真骇得我们不浅。（郭沫若《星空》）

该例兼属心理域。

味道域，可归入程度域，指味感的轻重。味道"大""小"的说法起源较晚。

厚，用于味道域，指浓，由空间厚义隐喻。例如：

厚味姣色。（《列子·杨朱》）

薄，用于味道域，指味淡，由空间薄义隐喻。例如：

鲁酒薄而邯郸围。（《庄子·胠箧》）

颜色域，可归入程度域，指颜色的浓淡。

深，用于颜色域，指色彩浓，由空间深义隐喻。例如：

言人影欲深。（唐《酉阳杂俎》卷十一）

浅，用于颜色域，指色彩淡，由空间浅义隐喻。例如：

浅绛裳。（唐《仪礼·士冠礼》注）

实体域

大，用于实体域，指生长时间长的人或先出生的人，由时间域隐喻。也转喻所修饰对象，道家有称为"大"的哲学概念。近现代以"大"代称父亲、叔伯，把"大钱"省称为"大"等。例如：

（1）生长时间长的人：既醉既饱，小大稽首。（《诗经·楚茨》）

（2）先出生的人：明公定是陶朱公大儿耳。（唐《颜氏家训·风操》）

（3）转喻概念自身：吾不知其名，字之曰道。强为之名曰大。（《老子》）

例（1）郑笺："小大，犹长幼也。"

小，用于实体域，可指小的事物，也可指年幼的人或地位低贱者，或作户役专名。小的事物和作户役专名的用法由空间小义隐喻，年幼的人由时间域年幼义隐喻，地位低贱者由评价域低贱隐喻。我国中古户役制有专名"小"，晋代12岁以下、北齐15岁以下、隋10岁以下、唐4岁以下，为小的标准。例如：

（1）小的事物：积小以高大。（《周易·升》）
（2）年幼的人：男女老小。（《墨子·号令》）
（3）地位低贱者：做大不尊小不敬。（明《清平山堂话本》卷二）

长$_2$，用于实体域，指君长、居首位者、长官。均由时间域年长义隐喻，分别用于国家、集体和单位的领导人物。例如：

（1）君长：君行仁政，斯民亲其上，死其长矣。(《孟子·梁惠王》)

（2）居首位者：鱼者乃水族之长。（北魏《洛阳伽蓝记·正觉寺》）

（3）长官：其德厚而才高者以为之长。（宋《临川文钞》卷一）

高，可指实体域高处，由空间高义隐喻。例如：

若升高，必自下。(《尚书·太甲》)

低，用于实体域，指低下之处，由空间低义隐喻。例如：

阴雪敛向低。（北周《同颜大夫初晴》）

厚，用于实体域，指财富，由空间厚义隐喻，喻财货多。例如：

毁国之厚以利其家。(《韩非子·有度》)

薄，由丛聚的草木转喻一种护城用的藩蔽、屏障。例如：

（1）丛聚的草木：揽大薄之芳茝兮。(《楚辞·九章》)

（2）丛聚的草木：兽走丛薄之中。（汉《淮南子·俶真训》）

（3）藩蔽、屏障：置薄城外。(《墨子·备蛾傅》)

例（1）洪兴祖补注："薄，丛薄也。"例（2）高诱注："聚木曰丛，深草曰薄。"

远，用于实体域，指偏远之地、远国，由空间远义隐喻。偏远之地与远国仅对象不同。例如：

(1) 偏远之地：越国以鄙远。(《左传·僖公三十年》)
(2) 远国：远无不服。(《国语·周语》)

近，用于实体域，指帝王亲近的人、平庸的人。前者由行为域受宠隐喻，后者由评价域平庸隐喻。例如：

(1) 帝王亲近的人：近谓朝臣。(宋《孟子·离娄》注)
(2) 平庸的人：非愚近所及。(唐《北史》卷二十一)

圆，用于实体域，指圆形物、货币、凹陷处。圆形物由空间圆义隐喻，凹陷处由空间球形义隐喻，为球形的内部观察形状。古代金属货币多是圆形，所以可以"圆"隐喻货币。例如：

(1) 圆形物：戴圆履方。(汉《淮南子·本经训》)
(2) 凹陷处：以其一为之深而圆之。(《周礼·考工记》)

浅，由水浅隐喻浅毛兽皮。例如：

鞹鞃浅幭。(《诗经·韩奕》)

粗，本用于实体域，指糙米、粗粮。例如：

吾食也执粗而不臧。(《庄子·人间世》)

细，用于实体域，指地位低微之人。由社会关系域地位低义隐喻。例如：

> 卿从弟服章言论，与寒细不异。（唐《南史》卷四十）

径，本指步行道。有"jìng"和"jīng"两个读音。读"jīng"时用于实体域，指"南北为径"。"jìng"音用于实体域，泛指道路。例如：

(1) 南北为径：于是量径轮。（汉《张衡集》卷一）
(2) 道路：陆无长毂之径。（《全晋文》卷九十八）

方，用于实体域，指木板、大地、土方。由空间方义隐喻，仅适用对象不同。例如：

(1) 木板：不及百名书于方。（《仪礼·聘礼》）
(2) 大地：戴圆履方。（汉《淮南子·本经训》）
(3) 土方：而使穿方举土。（《全三国文》卷七十三）

例（1）郑注："方，板也。"

积，用于实体域，指贮积起来的钱物等，也指累叠在一起的东西，也指积寒症、积食症等。均由行为域累积义隐喻，所指对象不同。例如：

(1) 贮积的钱物：居则具一日之积。（《左传·僖公三十三年》）
(2) 累叠的东西：厚积不登。（《尸子》卷下）
(3) 积寒症：积之始生，得寒乃生。（《灵枢经》卷十）
(4) 积食症：二十人积饮食，皆不能动。（晋《语林》）

例（1）杜预注："积，刍米菜薪。"

抽象概念域，是实体域的次级语域，实体域相对可称为实体概念域，抽象概念域是对实体概念域归纳、概括之后所得共性的描述。

径，用于抽象概念域，指不正当门路、从业行事的途径。由步道义转喻。例如：

（1）不正当门路：行不由径。（《论语·雍也》）
（2）从业行事的途径：陶朱为生，本末异径，一家数事而治生之道乃备。（汉《盐铁论》卷六）

方，用于抽象概念域，指道理、方法、方术、方剂、数自乘的运算方法，也指方面、品类。均由空间方形义隐喻。道理取义于方正，方法为求方之法，方术为四方之士之术，方剂为方士之药剂，数自乘为方法的某种抽象，方面取义于方之一边，面为边义，品类取义于方面。例如：

（1）道理：君子以立不易方。（《周易·恒》）
（2）方法：多方以误之。（《左传·昭公三十年》）
（3）方术：惠施多方。（《庄子·天下》）
（4）方剂：请买其方以百金。（《庄子·逍遥游》）
（5）数自乘：既方之外，半其一矩。（汉《周髀算经》卷上）
（6）方面：趋行多方。（《文子·自然》）
（7）品类：其恶有方。（《礼记·缁衣》）

例（1）孔疏："方，犹道也。"

积，用于抽象概念域，指习惯。由行为域累积隐喻，行为累积的结果是习惯。例如：

私其所积。(《荀子·解蔽》)

杨倞注:"积,习。"

数量域

长$_3$,用于数量域,指多余。由空间长义隐喻而来,多余为相对长度长。例如:

今交九尺四寸以长,食粟而已。(《孟子·告子》)

宽,用于数量域,指数量多。由空间宽义隐喻。例如:

谁家数去酒杯宽。(《全唐诗》卷零二三四)

窄,用于数量域,指数量缺少。由空间窄义隐喻。例如:

黎民糠籺窄。(《全唐诗》卷零二二一)

厚,用于数量域,指数量多。由空间厚义隐喻。例如:

厚与之直。(唐《韦公墓志铭》)

高,用于数量域,指有余。由空间高义隐喻。与"长$_3$"多余义用法类同。例如:

纵六千来不到,半万来其高。(元《西厢记诸宫调》卷二)

周,用于数量域,指一圈、一次。由"周"的空间域圆周义隐喻。例如:

第一章 源域与拓展域

(1) 一圈：宜因地绕日一周之实。(康有为《大同书》)
(2) 一次：月儿圆了几周。(闻一多《贡臣》)

方，用于数量域，可计量边长、直径、周长、面积和体积等，也作方形物体的量词。由空间方义隐喻。例如：

(1) 边长和面积：方六七十。(《论语·先进》)
(2) 方形物体的量词：一方白玉。(晋《十六国春秋别本》卷一)

积，用于数量域，指乘积，也指加法所得的和，也是成堆之物的量词。由行为域累积义隐喻。例如：

(1) 乘积：方十自乘，其积有百。(汉《九章算术》卷第四)
(2) 加法所得的和：四表积二百五十步。(汉《毛诗正义》卷十)
(3) 量词：可与钱一积。(宋《新五代史》卷三十八)

经济域，可归入数量域，一般指价钱的多少。
小，用于经济域，指价格便宜。由空间小义隐喻。例如：

茶叶香，价钱小。(老舍《女店员》)

高，用于经济域，指超出标准。由空间高义隐喻。例如：

少室山人索价高。(唐《寄卢仝》)

低，用于经济域，指价格低。由空间低义隐喻。例如：

不见鲈鱼价自低。(宋《金橙径》)

逻辑推理域

能用于逻辑推理域的标指很少。

方,用于逻辑推理域,表示仅仅、反而,由时间域同时义隐喻而来。"方"用于时间域,表示同时。当时间意义消失时,可以仅保留逻辑域的并列、等同义。例如:

(1)并列:赏有功,罚有罪,而不失其人,方在于人者也。(《韩非子·说疑》)

(2)等同:所谓事之宜,方是指那事物当然之理,未说到处置合宜处也。(宋《朱子语类》卷五一)

(3)转折:方哭对其弟,称天子横戮。(唐《周书》卷一)

例(1)"方"之前后语句在逻辑上是事件结果与施动者的关系,施动者是事件发生的原因,两者有逻辑上的并列关系。高享注为限定副词,为"仅仅"义,在于凸显施动。例(2)的"事之宜"与"事物当然之理"是等同关系,也是一种抽象的并列关系,该句前景句"未说到处置合宜处也"是对言谈范围的限定,所以也是"仅仅"的意义。并列的反面是转折和不等同关系,"方"用于逻辑推理域,可以表示转折关系"反而"义。例(3)为《周书》中高欢告密致其弟死,却称天子杀了其弟的描述。该句中"方"之前后为转折关系,为反而义。虚词中有一种"反义为义"现象,如宋代项安世《项世家说》曾指出"俗间助语多与本辞相反"的观点,其举的例子如"归去来"表去、"没在"表无、"好丑"表丑、"爱杀"表爱等[①]。训诂中有"反训"现象,即一个词具有两种相反的意义[②]。《尔雅》郭璞

[①] 郑奠、麦梅翘:《古汉语语法学资料汇编》,中华书局1983年版。
[②] 蒋绍愚:《古汉语词汇纲要》,北京大学出版社1992年版。

注举例如"徂"表"存","乱"表"治","曩"表"曏","故"表"今"等。"方"既表仅仅,又表反而,在逻辑关系上属于"反义为义"或"反训"现象。

二 英语标指拓展域

英语中的"big"在14世纪的英格兰北部方言中是"有力""强壮"的意思,14世纪末有"大尺寸"义,16世纪中期有"长大成人""重要的"义,现代美国口语有"慷慨的""丰盛的"义。表示等级的"big head(唯我独尊)"出现于1850年,表示规模大的"big business(大企业)"出现于1905年,"big house(监狱、感化院)"出现于1915年。

"small"在古英语中是"瘦""细长""窄""小尺寸"等义,13世纪隐喻"小孩或小动物",13世纪中期有"年轻"义,13世纪末期有"等级或数量上的低级"义,14世纪有"地位低的人"义,14世纪中期有"少""不重要"义,1746年有"很少的财产或贸易"义,1842年有"渺小"义。"small talk(闲谈)"出现于1751年。

"long",11世纪在"长元音"中指发音时间长,16世纪初用于"长艇",18世纪中期出现"长球",19世纪中期用于"跳远"。20世纪初出现"long time no see"组合。

"short",12世纪末期有"使短"义,14世纪末有"粗鲁"义,16世纪中期有"简单明了""砍头"义,16世纪中期有"迅速处理"义,16世纪末有"易于激起"义,17世纪末有"数量不足"义,18世纪初有"下跪"义。1877年出现"short story"组合,1879年出现"Short run(短期)"组合,1968年出现"Short fuse(火暴脾气)"组合。

"wide"在16世纪有"拓展""膨胀""分开"之义,在"nationwide""worldwide"中指拓展向整体,16世纪初有"多学科"义,16世纪末有"失去预期目标"义,19世纪有"惊觉""知道"义。19

世纪出现"wide awake（完全清醒）"组合，20世纪初出现"wide open（暴露于攻击）"组合。

"narrow"在古英语中作为形容词有"狭窄的""有限的""小""造成困难""严格的"等义，作为名词有"监狱""藏身之处"等义，作为动词指"挤压""限制""缩小"等义。13世纪有"狭窄的部分""事物"义，16世纪中期有"只有一点点"义。17世纪初出现"narrow-minded（吝啬的、卑鄙的）"组合。

古英语中的"thick"，有"密实""黏固""僵硬""多""深""厚""重""黑暗""丰富"义，13世纪中期有"厚的部分"义。作副词，有"厚的""密切的""经常的"义。14世纪以后作动词，为"使厚""攒聚"义，16世纪末期有"愚蠢"义。14世纪出现"through thick and thin（同甘共苦）"组合，16世纪中期出现"thick-skinned（厚脸皮的、感觉迟钝的）"组合，17世纪出现"in the thick of（在最激烈的时刻）"组合，19世纪初出现"thick as thieves（非常亲密）"组合。

"thin"在古英语中是"窄""瘦""少""不密""薄""弱""变薄""降低""稀释"等义，18世纪有"变少"义，19世纪初有"变瘦"义。16世纪末有"thin-skinned（敏感的）"组合。

古英语中的"far"有"远"义。9世纪有"far and wide（四面八方）"组合，1838年有"far east"组合。

古英语中的"near"本为副词，有"靠近的""近的""近亲"之义。13世纪中期产生形容词原级用法，16世纪比较级用法出现。17世纪初出现"near and dear（极密切的）"组合，1908年出现"near beer（低酒精酿造）"组合。

英语中的"round"义源于轮子，14世纪中期有"球形体""满的""全的""使完成"等义，16世纪初有"轮唱"义，16世纪末有"迂回"义，19世纪初有"比赛回合"义，1934年有"四舍五入、凑成整数"义。19世纪初有"round table（圆桌会议）"组合，1926年出现"round heels（圆高跟鞋、失足妇女）"组合。

古英语中的"high"有"高的""崇高的""高级的"等义，12世纪有"最频繁的或最重要的""傲慢""严重"义，14世纪有"高处""高音""正是时候""正午"义，17世纪初有"酒精兴奋"义，1878年有"高气压区"义，1932年有"药物兴奋"义，1953年有"兴奋状态"义。1783年有"High and dry（处于困境）"组合，1831年有"High tea（午茶）"组合。

英语中的"low"在12世纪有"接近地面或低部""地位卑微"义，14世纪有"低声""低音""近海地区"义，15世纪有"价格低"义，16世纪中期有"有损尊严的"义，1737年有"沮丧"义，1759年有"粗俗的"义。

古英语中的"deep"有"深""深水域""深刻的""可怕的""神秘的""严肃的""深度"等义，16世纪用于颜色和声音。1921年有"go off the deep end（仓促行事）"组合，1951年有"deep pocket（财富）"组合。

古英语中的"shallow"15世纪有"不深"义，16世纪末有"浅水区"和"肤浅"义，19世纪末有"浅（呼吸）"义。

英语表示周长的词有三个："circumference""perimeter"和"girth"。"circumference"是14世纪末由拉丁语从希腊语"periphereia（圆周边长）"借译的词。"perimeter"15世纪早期是"图形或表面的边线"的意义，1943年有"撤防边界"义。"girth"在北部冰岛语中是"腰带""箍"的意义，17世纪中期有"周长测量"的意义。

英语的"diameter"14世纪末来源于古法语"diametre"，无引申意义。

英语的"square"14世纪早期有"方的"义，16世纪中期有"方形""数自乘""直接的方式""公正""诚实"义，17世纪末有"城镇或公园的开放空间"义，18世纪有"方形街区"义，19世纪中期有"牢固""扎实""完全的"义。18世纪有"square-toes（正式的、老派的人）"组合，1882年有"square meal（美餐)"组合,1960年有"square one(回到起点,起源于棋类游戏)"组合。

英语的"积"有"produce""area"和"volume"三个。"produce"16世纪初有"产生"义,17世纪末有"产出物"义,18世纪中期有"农产品"义。"area"16世纪初有"空地"义,"区域"义形成时间未详。"volume"14世纪末期有"羊皮卷书、装订的书"义,17世纪初用于体积、质量和数量。

英语空间量标指按拓展域类型可分为:

空间域:big、small、long、short、wide、narrow、thick、thin、far、near、round、high、low、deep、shallow、circumference、perimeter、girth、diameter、square、produce、area、volume。

时间域:big、small、long、short、thick、round、high。

评价域(含社会关系域):big、small、short、narrow、thin、high、low、deep、shallow、square、near、round。

行为域:short、wide、narrow、thick、thin、round、girth、square、produce。

心理域:wide、thick、thin、high、low、deep。

状态域(含范围域、言语域、声音域和规模域):wide、thick、round、square、big、small、high、low、deep。

程度域(含颜色域):shallow、deep。

实体域:big、small、narrow、thick、round、high、low、deep、shallow、perimeter、girth、square、produce、area、volume。

数量域(含经济域):small、short、wide、narrow、thick、thin、near、round、high、low、deep、square、produce。

三 英汉拓展域比较

把汉语与英语空间量标指拓展域列表,用"●"和"○"分别代表汉语和英语存在该种拓展域,详见表1-3。

表 1-3　　　　　　　英汉空间量标指拓展域比较

	时间 汉	时间 英	评价 汉	评价 英	行为 汉	行为 英	心理 汉	心理 英	状态 汉	状态 英	程度 汉	程度 英	实体 汉	实体 英	数量 汉	数量 英	逻辑 汉	逻辑 英
大	●	○	●	○	●		●		●	○			●	○	●	○		
小	●	●	●	●	●		●		●				●		●	●		
长	●	●	●		●				●				●		●	○		
短	●	●	●	●	●	○							●					
宽			●		●	○	●	○	●	○			●		●			
窄			●		●	○							●	○				
厚		○	●		●	○		○	●	○	●		●		●	○		
薄			●		●	●		○	●	○			●		●	○		
远	●		●		●		●						●		●			
近	●		●		●		●						●		●			
圆	●	○	●			○	●		●	○			●		●			
高	●	○	●		●		●						●		●			
低			●	○	●		●						●		●			
深	●		●		●		●		●		●	○			●	○		
浅	●		●		●		●											
粗			●						●				●		●			
细	●		●						●				●		●			
周	●		●		●	○	●								●			
径	●		●		●				●				●		●	○		
方	●		●	○	●	○				○			●		●		●	
积	●		●		●	●							●	○	●	○		
小计	12	7	21	12	17	9	12	6	16	9	5	2	16	12	21	21	1	0

由表 1-3 可见，英语和汉语空间量标指的中心域为空间域和数量域，即这些词语都表示不同的空间和数量，[+空间，+数量] 是所有空间量标指的两个共同语义特征。而逻辑推理域只有汉语的"方"一个词，程度域英语和汉语都只有五个以下的词语，因而属于外周域，是边缘用法。余下数域即为中间域，它们的用例按多少排序为：评价

33>实体28>行为26>状态25>时间19>心理18。这组数字与按英语和汉语分别进行统计比较的排序大体相当。这个序列的意义在于能表明空间标指隐喻能力的大小和隐喻的难易程度，与词义演变的时间顺序有一定关联。

英语和汉语隐喻域以共性为主。例如汉语"大""小"和英语中的"big""small"都主要用于空间、时间、评价、言语四个语域，分布、意义相类，且这四个语域的用法出现较早，是它们的主要用法。汉语"长$_1$""短"和英语中的"long""short"在空间、时间、评价、行为域分布、意义相类，且这四个语域用法出现较早，是它们的主要用法。汉语的"厚""薄"和英语的"thick""thin"在空间、行为和数量域语义相近。汉语"深""浅"和英语的"deep""shallow"都主要用于空间、评价和实体域。汉语的"方"与英语的"square"用法都很丰富，语义域比较多，意义复杂，且都能引申出"方正诚实""方形""数自乘"等义。汉语的"高""低"和英语的"high"和"low"语域宽泛，都涉及空间、实体、心理、评价、声音、数量和等级等语域，多数义项一致，反义相对。其中评价域义项丰富，"高"和"high"都包含了褒义和贬义色彩，"低"和"low"则只表现贬义色彩。"高"和"high"的语义域和义项都较"低"和"low"稍微丰富一些。汉语和英语的"宽""窄"隐喻域都较少等，不胜枚举。

但因认知和文化差异而形成的语言形式和意义差异也很常见。例如汉语以"大""小"修饰雨，指速度和量，英语则以"light（轻）""heavy（重）"修饰。"大风""小风"，英语以异根词"wind""gale"区别。现代汉语没有使动用法和意动有法，"大""小"的使动行为义和意动心理义仅属于古代汉语。英语的"big"和"small"没有这种用法。英语"big"有"监狱""感化院"之义，为汉语所无。汉语"短"用于评价，与"缺少"有关，而英语"short"则与"粗鲁"有关；"短"用于行为，汉语与使人声誉、财货减损有关，而英语"short"与身体高度减少有关。英语中的"砍头"和"下跪"中的"short"既有"使短"的行为义、数量义，也有受辱的心理义。汉语的"圆"与英语的"round"的发展相比较，两者用法都较丰富。汉语没有英语类似于"轮""回合""凑整""圆桌"的意义。英语没有汉语心理和时间域的用法。同样是评价域，英语的评价域没有汉语的用法丰富，汉语有负面的"圆滑"义，更多的表示正向的"完满""周全"等义。英语的"圆桌会议"一词中，"圆"隐喻地位平等。而"round heels（失足妇女）"一语，先是隐喻实体"鞋"，而后才转喻此类人。英语的"high"用于正时、午时、兴奋的时间或心理，"thick"表示"经常""激烈时刻"的时间意义，"narrow"表示"限制""缩小"等行为域意义，"deep"表示"仓促""神秘""财富"的心理或经济域意义，"square"表示完全的意义，都较为独特。同为空间域，汉语的"浅"语义可指"宽""窄小""不高"等。同为评价域，汉语的"深"可指"深奥""刻毒"等。汉语"深""浅"指时间的用法也较独特。"夜深"用于时间域，指时间长。"日浅"指时间少。英语的"square"没有汉语"方"的时间、行为、数量和推理域用法，而汉语"方"在时间和行为域的用法较丰富，在空间和抽象域的用法较复杂，英语的"square"在实体域侧重于指活动区域，评价域的用法比汉语复杂得多。英语词汇系统中没有对应的"粗""细"概念，无法比较二者的隐喻系统。汉语"粗""细"的所有用法，都较独特，"细"发展出"地位低"和"年幼"的语义，尤为独特。汉语中的"远"与"近"在行为、空间、言语、评价、实体、时间和关系域都成对出现，一般意义相对，而英语的"far"和"near"隐喻用法都极少。英语"near"有"低酒精（酿造）"之义等隐喻用法，为汉语所无。汉语的"周"适用语域和语义非常丰富，"径"稍次之。英语的"周"由"circumference""perimeter""girth"三词表达，它们与"diameter（径）"一样，都严重缺少其他语域和语义的用法。英语的"积"一般用"produce"表达，包括面积和体积的计算，英语的"面积"也用"area"表达，"体积"也用"volume"表达。三者来源和语义发展都较汉语的"积"简单。

第三节　去方位化

我国古人的空间观念有个发展的历程，刘文英（1979）曾根据史料、民间传说、当代少数民族情况和相关字词的形义关系，探讨了中国古人时空观念的客观内容及其对人类社会实践行为的依赖关系①。例如：

（1）古者民童蒙，不知东西。（《文子·道原》）

上例指出了先民方位感未形成时期无方位观念的状态。东西方位的形成，有赖于对太阳运行轨迹的感知。甲骨文"杲""東""杳"体现了太阳相对于"神树"扶桑的位置，标记了方位和时间；"西"像鸟巢形，傍晚小鸟归巢，与"栖"为古今字。维吾尔语和藏语中东西方位的本义都是日的出没。这说明人类的空间感以太阳运行的物象为依据。相较之下，南北观念起源就稍晚。南北与东西并称为"东西南北"而非"南北东西"；四方之物叫"东西"，而不叫"南北"，都因东西较于南北更为古老与本质。古人复杂空间几何认知系统的建立应是一个渐次发展的过程。

空间维度词早期严重依赖方位。《周髀算经》："东西、南北谓之广、长。"《说文解字》："南北曰袤，东西曰广。"《文选》："南北为径，东西为广。"《韩诗外传》："东西耕曰横。"王逸注《楚辞》："纬曰横，经曰纵。"《周髀算经》："南北为经，东西为纬。"战国时"合纵"指联合六国以抗秦，六国在东方，主要是南北联合，所以称"纵"；"连衡（横）"则指秦与六国中的某些国家联合，攻打其他国家，方向是东西向。可见，"广""长""袤""径""横""纵"

---

① 刘文英：《中国古代的时空观念》，《兰州大学学报》1979年第1期。

第一章 源域与拓展域

"经""纬"等维度词都与方位有关,我国先民首先感知到东西南北的方位,其次才感知到它们的长度,并以"广袤""横纵""经纬"等词与之组配。文献中这种组配也常出现。例如:

(2)东西广七千由旬,南北长二十一千由旬。(南北朝《增一阿含经》卷九)

(3)南北长十四里,东西阔六十步。(《唐代墓志汇编续集》)

(4)南北长百余丈,东西宽百余丈。(清《三侠剑》第六回)

以上三例的"南北"总与"长"组配,"东西"总与宽度标指"广""阔""宽"组配。

空间维度词经历了去方位化的过程。随着"长""阔"等标指词义的发展,其与方位的联系在某些文献已渐模糊,这是标指与方位脱钩的中间状态。例如:

(5)东西下有三十里长,南北下八十里来阔。(元《三国志平话》卷下)

(6)东西三百步阔,南北到一百里长。(元《三国志平话》卷下)

以上两例是同书同卷中的用法,标指与方位词的组合已混淆。自然,这个中间过程在先秦已经发生,在文献中留下的证据时间上太靠后。以"短"为例来说,该词由垂直长度演变为水平长度,再到无方向长度。例如:

(7)身短则影短。(《列子·说符》)
(8)长兵在前,短兵在后。(《孙膑兵法·威王问》)

例（7）"身短"之"短"为垂直高度，"影短"之"短"为水平长度。例（8）的"短兵"之"短"为无方向长度。结合文献考察，这种发展顺序是符合语言历史状况的。

可见，标指词由与东西南北方位相匹配而来，后渐相混，又脱离与方位的关系而成为自由的标指。这个去方位化的过程是：

东西方位感知→四方方位感知→四方与不同一维标指相配→一维标指与不同方位相混→一维标指脱离方位关系而自由

去方位化奠定了汉语空间量标指发展的基础。从各标指词出现的时代来看，我国古人率先发展出来的是一维标指"长"的概念，"长"的适用范围经历了从具体的头发长到一维标指上位词的演变过程。二维和三维标指的出现依次稍晚。研究汉语空间标指的演变，可以展现古人空间观念的详细形成和发展过程。

第二章

动态与静态

人类生存于时间、空间和运动构成的三维立体环境中①。在语言之中，往往是时间概念源于空间感知，而空间感知来自于物体运动。如"前""后（後）"用于"前天""后天""前夫""后爸"之中均表示时间，而其本义则与空间有关。《文字源流浅析》："前，舟在河道中，舟在前行。""後，足上缚有绳索，拖索而行，所以走得慢了。"可知"前"本指船向前行，而"後"本指行走中落在后面。"前"和"後"的时间义均由空间义隐喻而来。同时，最根本的是，"前"和"後"空间义的产生又源自于运动，离开运动，无法也无须产生空间感知，所以运动是人类获得空间感知的最根本要素。

空间概念可分为物理空间、认知空间和语言空间三个次类，其关系是人类经由认知空间认识物理空间，映射到语言空间。物理空间是永恒运动的，静止是暂时的，因而变动不居的客体使得空间测量变成动态事件，永远只能描述某一时刻的空间量特征。例如，"生长"这一事件，随时间推移，测量结果只能是对某一时刻生长结果即客体当时所占据空间量的测量，因而这种长度具有动态的生长义兼有生长结果的空间概念义，是动作与结果相加合的词义结构。认知空间同样可以是动态的，如山脉是相对静止的，其大小、长短、高低的变化很难以察觉，但对于艰难行走于山中的人来说，山太长太长是主观视角下得到的对空间量的感知，似有山体在当下刚刚达到如此空间量度之

---

① 刘瑞光：《空间知觉的透视理论》，《心理科学》2005年第2期。

义,因而这些认知世界中的空间量也具有动态义。对于物理空间中的静态客体的描述,如一张桌子所占据的三维空间量,我们一般认为它不是生长变化的结果,而仅把它当作静态量来看,这需要在认知空间中也把该对象同时看作静态客体才能有静态义的产生,也即静态空间量义来自于物理空间和认知空间同为静态的状态。

语言空间中,标指在动态句中,一般为动态义;在静态描写句中,一般为静态义。

空间量标指的动态语言特征有几个方面的表现:

(一)多数标指经历了从动态向静态的演变。例如,"去""距""离"本都是位移动词,与数量词组合表示离开起点的长度或是距终点的长度,后演变为两静态处所之间的距离标指。冉如"见方"本为动宾短语"计算出'方'"之义,"方"为边长、面积或体积之义,后来在静态句中"见"的计算义消失从而成了词头,"见方"成为空间量标指。在多数标指的形成过程中,静态句都是促成标指演变的重要句法环境。

(二)有很多标指仍可表达动态义,有些处于动态义与静态义两可的状态。例如:

(1)世界阔一丈,古镜阔一丈;世界阔一尺,古镜阔一尺。(宋《五灯会元》卷七)

(2)门高六寸,广五寸。每径增一寸,高、广各加五分。(宋《营造法式》第十三卷)

(3)他把腰躬一躬,足长了三尺,有一丈长短。(明《西游记》第二十一回)

(4)道高一尺魔高丈。(明《西游记》第五十回)

(5)每旦起即徐步,周环约五里所。(宋《明道杂志》)

(6)天日高一丈,地日厚一丈,盘古日长一丈。(宋《太平御览》卷二)

(7)天每天高出一丈,地每天加厚一丈,盘古氏本人也每天

长高了一丈。(CCL语料库)

例(1)的古镜喻佛性,其与世界具有同一性,二者大小随认知空间量的大小而改变,所以该句中"阔"具有动态义兼空间量标指的静态义。例(2)的"高""广"是建筑中的静态标准尺寸。但这个标准也允许成为动态的变量,随相关维度的变化而变化。例(3)的"长"有生长和长度增加两义,"三尺"是增加的长度,"一丈"是增加到的长度。例(4)的"一尺"和"丈"有静态的绝对尺寸和动态的增加的尺寸两种含义。例(5)的"周环"既可为静态周长义,也可为动态的绕一周义。例(6)的"高""厚""长"在名词性状语"日"之后,一定是谓词性的,现代汉语的文献如例(7)就把它们变成了"高出""加厚"和"长高"。例(6)的"高""厚""长"也可指增加了的静态长度。

(三)没有动态义的标指多是后起的,或是低频的。如距离标指"隔"不是经由动词"隔开"若干距离变化而来,而是在"去""距""离"等词的类推之下直接表示静态义。本指弓箭和弓弦的"弦""矢",因矢可垂直搭在弦上。算术中借"弦"为圆内交直线长度标指,"矢"为与弦垂直的到圆边的最大的内交线段。这种用法几乎仅见于数学书,非常罕见,只有静态标指用法,几乎没有动态义。

空间标指动态义形成的原因主要为:一、主语是有生的,不断增长,达到的空间量是动态的长度;二、主语是无生的,但在人类或其他力量的操控下空间量可以变化,句义有致使义。静态义形成的原因主要为:一、主语是有生的,但不关注其生长过程,而只关心其某一时刻的空间量;二、主语是无生的成品,无须外在力量对已有空间量加以改变,句义无致使义。

本章主要以一维标指为对象,讨论其动态义与静态义。二维和三维标指的动态义与静态义见后文。

第一节 动态

本节主要讨论"绵""延""短""矮""低""窄""近"等一维标指。这些标指分两种情况,"绵""延"等标指起源较早,后未得到足够的发展,仅保留了动态义;"短""矮"等负向标指一般用频很低,只发展出动态义。

一 先发标指

先发标指有"绵""延""绵历"等,"绵"相对于"绵延","延"相对于"延长"等,起源较早,并很快被其他双音节词替换,因此只有动态用法。

绵,《说文解字》:"联微也。从糸从帛。"《广雅》:"绵,连也。"指像绵丝一样连续。又由绵延连续引申为动态长度义,一般指军队、行船、守备之类,多与"里"组合,表约数。有关军事的描述喜用"绵"与数量词的组合。例如:

(1)(守卒)绵三百里而余。(唐《柳宗元集》卷二十六)
(2)(船队)绵八百里。(宋《新唐书》卷九十八)
(3)两岸筑炮台,绵数里。(清《眉庐丛话》)

这些"绵"既指主语的连续,也指主语连续的长度,因而是动态的。在"绵"组成的双音节词中,"绵历"始终表示动态,"绵延""绵长"和"连绵"表静态,而"绵亘"可表示动静两种状态。

延,《说文解字》:"延,长行也。"由长行引申为长义。《尔雅》:"延,长也。"宋代时与数量词组配表动态长度,用例很少。例如:

(1)(筑城)广袤延千里。(宋《册府元龟》卷九百九十)

(2)（凿沼）延十数里。(宋《游城南记》)
(3)（筑长堤）延三百七十里。(清《明史》卷二百二十三)
(4)（结垒）延三十余里。(民国《清史稿》卷二百四十三)

以上例句均有表示使对象逐渐形成的建筑义动词"筑""凿""结"等，表示对象的长度是动态形成的长度。现代汉语中，工程上常用"延米"表示动态加长的长度，对象具有宽度或高度。如橱柜的"延米"，表示橱柜的长度是可以延伸的，而橱柜宽度和高度为约定的已知数量，无须测量。"延"组成的双音节词中，"广延""袤延"仅表静态义，而"延袤""连延""蔓延""延长"等词语都以表动态为主，静态义为辅。

绵历，长度标指，偏义复词，"历"为陪衬。中古用于表示动态曲线长度。与"里"组合，有夸张之义，多为官史所用。例如：

(1)（筑长城）绵历七百里。(唐《北史》卷三十二)
(2)（护丧）绵历万里。(后晋《旧唐书》卷七十三)

例(1)的长城为在外力作用下长度可变的建筑物，例(2)的主语是有生物。两句都为动态句。

二 负向标指

因为人们喜好正向，所以标指一般由正向的"长""大"等词担任，负向的"短""矮"等作标指的概率很低、用频很低，多为表比较的动态义。

短，《说文解字》："短，有所长短，以矢为正。"箭杆可以作为丈量长度的标准。作为"长"的反义词，"短"的主要适用对象与"长"指身高的用法一致。

(1)（女子）短不尽尺。(唐《宣室志》)

（2）（头发）渐短不盈尺。（唐《早梳头》）

（3）那宝贝就短了几尺。（明《西游记》第三回）

三例都是垂直高度，例（1）为身高，例（2）为头发长，例（3）描述孙悟空在使用竖立的定海神针之前使之缩短的过程。例（1）与表示身高的“长”的用法相同。例（2）“短”前有副词“渐”，例（3）“短”后有体助词“了”，是形容词性的比较用法。三例都是动态用法。

矮，《字汇》：“矮，短也，不长也。”用于空间域，指身高不高，也泛指低。例如：

（1）天雄身全矮无尖。（南北朝《雷公炮炙论》下卷）

（2）只有矮民无矮奴。（《全唐诗》卷零四二六）

（3）硬筇杖，矮松床，雪色眉毛一寸长。（《全唐诗》卷零七六一）

例（1）的“矮”指植物“天雄”不高，例（2）指身高不高，这两者与意义相反的“长”的用法是一致的。例（3）为静物低。

“矮”与数量词的组合很罕见。例如：

（4）你想身矮一尺吗？（明《剪灯新话》）

例（4）的“矮”作高度标指。该句下文有“冯大异正愁身体太长”“就说愿意身矮一尺”“果然只有一尺长了”数语。“长”与“矮”对文，说明“矮”即身高义。但这种用法极为罕见。例中的“矮”为“变矮到”的动态义。

“矬”也从矢，“矢”为高度的一个标准。“短”“矮”“矬”从矢是类化的结果。“矬”有不从矢者，《正字通》：“身短别作‘遳’。”以从矢者为常。“矬”出现早于“矮”，汉至唐译佛经多用

"矬"。"矬了一寸（清《九尾龟》卷七十四）"是比较用法。

低，作高度标指用例极少，出现在与"高"对文的对比性语境中，也是动态义。例如：

（1）青松高百尺，绿蕙低数寸。（《全唐诗》卷零四三零）

"低"用于比较句。例如：

（2）（冕）前（比后）低寸二分。（元《宋史》卷一百五十一）

窄，在用来指"脚长"这一极为单一的语境中，"窄"可指较短的长度。此义由狭小义引申而来，可与数量词组合，置于数量词之后。例如：

（1）膝腕半围团，金莲三寸窄。（《西游记》第七十二回）

上例"半围"为周长的长度，"团"为周长标指，指膝腕的周长有半围大小；表周长的"团"与"窄"相对，因而"窄"也是长度标指。从史实观察，金莲三寸指的是脚短小的长度。之所以小脚长度以"窄"表示，完全是认知的因素在起作用，"短"多贬义，而"窄"多中性甚或褒义；"窄"的引申用法较少，与特定对象关联能起到突出焦点的作用。脚小是外力约束的结果，因而该例也有动态义。

"窄"偶作宽度标指，为比较义。例如：

（2）（路）窄不盈尺。（清《扬州画舫录》卷六）

近，与数量词组合，表示距离较短，有比较的动态义，一般是约数。例如：

(1) "张尹庄去此几许？"曰："近西南四五里。"(唐《广异记》)
(2) 告曹军近四十里下寨。(元《三国志平话》卷下)
(3) 离城约五里之近。(明《喻世明言》第三十九卷)
(4) (虎)近不盈尺。(清《聊斋志异》卷十二)

例(1)下文有"顺以路近可到"一句，表明该句表示距离，同时具有距离较短的比较义。例(2)下文有"来日晓，两军对阵"一句，可见四十里对于对阵的两军并不远。例(3)下文有"天色大明"一句，表明距离短。例(4)下文有"心胆俱碎"一句，表明距离短之义。

狭，《古今正俗字诂》："陕，隘也。从阜夾声。俗作陿、作峡、作狭。于是俗字皆盛行，而陕字反不与焉。"《五经文字》："陿，亦作狭。按字书狭义当作'陕'，相承用'陕'，为'分陕'字，以狭代之。""狭"为"陕"之异体。先秦只有"陕"，汉代"狭""陕"并用。例如：

(1) 以适广陕为度。(《墨子·备梯》)
(2) 马陵道陕。(汉《史记》卷六十五)
(3) 道远险狭。(汉《史记》卷八十一)

也指面积小。例如：

(4) 臣国小地狭。(唐《通典》卷一百八十三)
(5) 逮秦地之狭隘。(汉《史记》卷八十七)

唐朝以后"广""阔"与"狭"对文或连用作宽度标指。例如：

(6)（湾）广狭八九丈。(《全唐诗》卷零四四五)

(7)（峰）阔狭无数丈。(《全唐诗》卷零四三零)

(8)（道）广不数百，狭才百里。(宋《新唐书》卷二百一十六)

宋代出现过数量词后接"之狭"。例如：

(9)（河道）以五十步之狭。(宋《庐陵文钞》卷七)

与"狭"相近的词有"隘""仄"等，常作形容词中的一个语素，独用的极少，能与数量词组合的几乎没有，因而它们没有标指的地位。它们所组成的词如《诗经》中"隘巷"，《楚辞》中"隘狭"，《汉书》中"倾仄"，《明史》中"仄隘"等。

浅，作深度标指的罕见，有时与"深"对文作标指，为比较用法。例如：

(1) 水浅仅盈尺。(清《海国春秋》第四十回)

(2) 水浅数寸。(清《八仙得道》第三十一回)

(3)（水）深至十丈，浅亦在一二丈间。(民国《清史稿》卷三百五)

第二节　静态

本节主要讨论"修""袤""连绵""径过"等一维标指。这些标指分两种情况，"袤""峻"等词，起源较晚，只类推出静态义；"圆""度"等词在物理世界中致使用法与数量组合的概率小，只出现了静态义。

一 后发标指

"袤""峻"等词相对于"长""高"等标指,起源较晚,只类推出了静态义。

修$_1$,用于垂直高度,指有生物体的高度,与"长"的用法相类。但"修"的词义很特别,有修饰美感的附加义。例如:

(1) 邹忌修八尺有余。(《战国策·齐策一》)
(2) 音以八相生,故人修八尺。(汉《淮南子·天文训》)
(3)(草)修仅数寸。(清《天咫偶闻》)

前两例的"修"指身高。前句为褒义,其后续句为"身体昳丽",形容邹忌身高貌美。后句以音乐乐理为人身高八尺作解释,赋予身高以美感。例(3)的"修"为草木高度标指,但很罕见。

修$_2$,偶通"脩",表示水平长度,主要出现于《考工记》和《仪礼》,用频极低,有可能是山东方言①。《周礼·考工记》:"堂修二七,博四修一。"注:"修,南北之深。"《周髀算经》:"纵者谓之修。修,长也。"南北为纵。可见,"修"为长义,来自于对于方位的认识。而"修"作长义,早期与壶体有关,后指堂室、管、笛、牌、糖等小件人造物体,偶指小葫芦,其中堂室和壶体是"修"的主要适用对象。先秦以后"修"一般只用在仿古作品中。"修"指堂室可与"寻""丈"组合,也有一个特殊的临时量词"筵",用于指室内大小,一筵为九尺。指其他对象一般用"尺""分""寸"等小尺寸单位量词。例如:

(1) 堂修七寻。(《周礼·考工记》)
(2) 壶腹修五寸。(《礼记·投壶》)

---

① 王全太:《从〈考工记〉谈先秦时期的建筑测量》,《建筑技术》1978年第10期。

（3）管修尺四寸。（后晋《旧唐书》卷二十九）

（4）金牌修约两寸。（清《枢垣记略》卷十三）

（5）糖修三寸。（清《扬州画舫录》卷十一）

（6）小葫芦修广仅寸许。（清《池北偶谈》）

（7）大室修四筵。（元《宋史》卷一百一）

"修"所指对象大小在物理世界已是成品，所占空间量不会变化，在认知世界中也不会变化，处于静态句中，所指状态为静态。

袤，《说文解字》："一曰南北曰袤，东西曰广。"《广雅疏证》："对文则横长谓之广，纵长谓之袤。散文则横长亦谓之袤。周长亦谓之袤。"也指上下的长度。《周礼》贾疏："广即据横而言，袤即据上下而说也。"周长是无方向的，所以"袤"语义的演变经过了与南北方向绑定，扩展到东西方向、上下方向，又到无方向长度的过程。"袤"在先秦仅《墨子》中有4例，均为匠人用语。例如：

（1）（楼）广袤各丈六尺。（《墨子·备城门》）

（2）（凿）广三尺，袤二尺。（《墨子·备城门》）

因《墨子》有鲜明的河南鲁山方言特征①，不排除"袤"为鲁山方言的可能性。其中的"广""袤"相对，一般同时出现。

数学书中，早期的《数》和《算术书》没有"长"只有"袤"。例如：

（3）延几何里？其得袤三里二百卌步。（岳麓书院藏秦简《数》）

（4）缯幅广廿二寸，袤十寸。（张家山汉简《算术书》）

---

① 萧鲁阳：《论墨子方言研究的意义》，《中州学刊》2004年第6期。

《九章算术》中，"袤"用法同于《数》和《算术书》，六个用"长"的例子指"绠（绳子）"的长度，一例指葛蔓生长后的长度。岳麓书院藏秦简《数》、张家山汉简《算术书》、《九章算术》可以代表我国秦汉数学著作，《东观汉纪》可代表汉代文人著作，《齐民要术》可代表六朝农学著作。数学书和农学书在一定程度上都代表了口语。这几本书中的"长""袤"分布如表2-1所示。

表2-1　　　　　　　　"袤"在古汉语中的用法

	《墨子》	秦简《数》	汉简《算术书》	《九章算术》	《东观汉纪》	《齐民要术》
长	86	0	0	7	18	98
袤	4	1	10	33	0	0

汉代《史记》《汉书》《五经异义》有少量"袤"字出现，多与"广"联用。汉以后有少量"袤"单用即可表示长度的例子，所指对象有城池、河渠、洞室、树木、雪、琴等。例如：

（5）（白渠）袤二百里。（汉《汉书》卷二十九）
（6）（潭）袤三十步。（《全唐文》卷七百十八）
（7）袤丈之木。（《全宋文》卷四十七）
（8）（雪）袤丈。（宋《新唐书》卷二百一十九）
（9）（坛）东西袤丈三尺。（元《宋史》卷一百三）

"袤"也可在"广""长""高""深""周"等长度标指之后用于指长度。例如：

（10）（室）广轮袤丈。（《全唐文》卷三百三十七）
（11）（陂）深可袤丈。（五代《玉堂闲话》卷四）
（12）（碑）高袤数丈。（宋《桯史》卷十一）
（13）（醙醿）其长袤丈。（宋《二老堂杂志》卷三）

例（10）的"广轮"本已指长宽，"袤"于此处用作"长度"义。例（11）的"袤"在此处指深度，该例句表约数的"可"的位置十分特殊，表明"深"和"袤"不具有相同的语法地位。例（12）的碑很少是正方形的，因而"袤"于此处指高度，而不是宽度。例（13）的"酴醾"高可达丈余，因而此处"长"指垂直方向的"高"，而"袤"则指其长度。这些用例中的"袤"似为复指前面标指词的用法。汉代以后的"袤"一般为仿古用法，汉以前的"袤"多用以指工程标准尺寸，因而也是静态的。

博，《说文解字》："博，大、通也。从十从尃。尃，布也。"《六书正讹》："十，成数也。"《字汇》："数生于一，终于十。"数字从一到十，已都具备。"十"是大数，因而"博""从十从尃"的意义是"广泛的分布"之义。所以有"大""通"的义项。"博"用于评价域，指价值大。用于空间域，指面积广大。例如：

(1) 仁人之言，其利博哉。(《左传·昭公三年》)
(2) 土地之博，至有数千里也。(《墨子·非攻》)

由面积大而引申出宽度的含义。原因在于例（2）的"博""数千里"指面积，以边长表示面积大小，"数千里"是边长数，而不是面积数。《玉篇》："博，广、通也。"《广韵》："广也，大也，通也。""广"即宽义。《尔雅》"蝮虺博三寸"，郭璞注"身广三寸"。"博"与小尺寸的"尺""寸"组配，"丈"较少，绝无"里"。"博"表示宽度，主要出现在先秦《周礼》《仪礼》《礼记》与《墨子》等与工匠语体有关的章节中。先秦虽有"褐宽博""九州之博大""博厚配地"之类的表达，用于指大尺寸，但在"博"与数量短语的组配中却是个不折不扣的小尺寸标指。国家语委语料库中，先秦共出现15例"博+数量"结构，13例量词为"寸"，2例为"尺"。除尺寸小之外，"博"一般有与之相对的对比性大尺寸，形成一个强烈的对比，使"博"所指看起来是一个细长条物的宽度。例如：

(3) 笏度二尺有六寸，其中博三寸。(《礼记·玉藻》)

(4) (韠) 其制上广一尺，下广二尺，长三尺，其颈五寸，肩革带博二寸。(《礼记·玉藻》)

例(3) 笏板的宽度与长度的数量对比系数为"3∶26≈0.12"。例(4)的"韠"为蔽膝之类的衣服，"肩革带"是皮制的束衣带。"韠"各边长度为1—3尺，而"肩革带"宽度仅为2寸，那么这个比例系数为"2寸∶1/2/3尺≈0.07/0.1/0.2"。"博"作为宽度标指的用法主要出现在先秦，我们把这些数字一一列举，如表2-2所示。

表2-2　　　　　　　　"博"在古汉语中的用法

所指对象	数量	宽长比系数	出处
辐	3寸∶4.5尺	0.07	《周礼·考工记》
肩革带	2寸∶1/2/3尺	0.07—0.2	《礼记·玉藻》
楅	3寸∶3尺	0.1	《仪礼·乡射礼》
柯	3寸∶3尺	0.1	《周礼·考工记》
削	1寸∶1尺	0.1	《周礼·考工记》
笏	3寸∶2.6尺	0.12	《礼记·玉藻》
耜	8寸∶6尺	0.13	《吕氏春秋·任地》
钩距臂	1.4尺∶6尺	0.23	《墨子》卷十四
圭、缫	3寸∶9.5寸	0.32	《仪礼·聘礼》
石	4尺∶8尺	0.5	《北堂书钞》引《汲冢琐语》
衰（丧服）	4寸∶6寸	0.67	《仪礼·丧服》
屦纯（鞋口镶边）	1寸——无长度		《仪礼·士冠礼》3例
适（丧服领边）	4寸——无长度		《仪礼·丧服》

由表2-2可见，"博"所指物体的宽长比系数主要分布在0.07—0.32，超过0.32的仅两例，《汲冢琐语》辗转相引，可靠性不高，所以只有一例为特例。中古以后，"博"作为宽度标指用得很少，一般出现在引文和仿作之中，仿作中的"博"已可表示一般的宽度。例如：

(5)（坛）博五丈。(唐《通典》引《春秋文义》)

(6)（水中物）长八尺，博四尺有五寸。(宋《游宦纪闻》卷八)

(7)（炮台）绵数里，博数丈。(清《眉庐丛话》)

例（6）的宽长比过半。例（5）和例（7）组配的量词为"丈"，但例（7）的宽长比仍是一个非常小的系数，可以看成一个细长条状物。总体上看，"博"主要用于工匠语体，似为某种标准尺寸，所以也属静态义。

峻，《正字通》："山耸拔也，又险也，峭也，严急也。《说文解字》本作'嶟'，'峻'为重文。"《说文解字》："峻，高也。"段注："'高'上当有'陵（峻）'字，转写夺之耳。高者，崇也。陵者，陗（峭）高也。"组合的数量从几百步、百尺、数十丈、寻丈、万丈、亿丈、几十里、百余里至几千仞，极尽夸张。如以华山为城墙、黄河为护城河的天险，在贾谊的笔下为"亿丈之峻（汉《汉纪》卷二）"，对文"不测之深"，突出高拔和险要。事实上华山南主峰海拔仅2154.9米，而壶口瀑布从瀑底至岸上不到200米。《清史稿》记录长白山"山峻约百余里"，但事实上长白山主峰海拔仅2691米。"峻"常以双音节词中语素的形式表示山崖、瀑布、高台的陡峭与高峻，使用对象较少，突出陡与高义。例如：

(1)（山）高峻二十余里。(北齐《魏书》卷十七)
(2)（瀑）峻峭数十丈。(南北朝《谢灵运集》卷一)
(3)（凌云台）峻峙数十丈。(唐《酉阳杂俎》卷九)
(4) 层峦百尺高峻。(元《大宋宣和遗事》)

以上各例都是静态义。例（4）的"高峻"后置于数量词。

唐代时"峻"可专指建筑中的屋脊高度，为确数。可能与当时崇尚高屋脊有关。例如：

（5）草屋三分，取四尺为峻。（唐《周礼注疏》卷四十二）
（6）（叠脊）峻十有三尺。（唐《唐阙史》卷下）

这两例也是静态义。例（6）是少有的"峻"作高度标指的用例。

竖，《说文解字》："竖，坚立也。"段注："坚立谓坚固立之也。与尌音义同。而豎从臤，故知为坚立。"竖有坚固义，偶用作高度标指，也是静态义。例如：

（1）（双环）竖八分。（后晋《旧唐书》卷三十五）

但这种用法很少见。更多是把"竖"看成维度，而不是标指。例如：

（2）（单环）竖广八分。（后晋《旧唐书》卷三十五）
（3）（牛）横里五尺，竖里一丈。（元《刘千病打独角牛》第二折）
（4）（钞）竖长一官尺。（清《陶庐杂录》卷二）

例（2）比例（1）在"竖"后多了个"广"，"广"作标指，"竖"仅能作维度词。例（3）的"里"与结构助词"的"意义相同，起转指作用。例（4）的"长"同例（2）"广"的用法。

连绵，长度标指，偏正结构。是常用的静态长度标指，从中古用到现代汉语，口语、书面语均可用。例如：

（1）草色连绵几千里。（《全唐诗》卷二四三）
（2）（湖泊）连绵好几里。（明《剪灯新话》卷四）
（3）（秋海棠）连绵十里。（清《香祖笔记》卷三）
（4）连绵千里的黄土高原。（CCL语料库）

绵延，长度标指，并列结构。多用于山脉、湖泊、矿脉等物的静态长度，现代汉语仍在用。例如：

（1）（桂山）绵延数百里。（宋《岭外代答》卷一）
（2）（河）绵延百余里。（明《东周列国志》第四十八回）
（3）（太湖）绵延五百里。（明《三刻拍案惊奇》第二十二回）

绵长，长度标指，并列结构。用于山河、沙滩、城寨、电线等静态长度，清代才出现，用例很少，多用于笔记小说。例如：

（1）（电线）绵长万里。（清《椒生随笔》卷八）
（2）（沙滩）绵长千余里。（民国《西汉野史》第一三一回）

长亘，长度标指，并列结构，一般为静态长度。与"广亘"一样出现于宋代，"长亘"用于强调长度，多有相对应的宽度或粗的数量，与"里"组配表约数，偶可与"丈"组配表确数。例如：

（1）（径路）才横尺余，长亘百里。（宋《云笈七签》卷八十二）
（2）（港）长亘九十里，广三十六丈。（明《国初群雄事略》卷七）
（3）（蛇）身粗十围，长亘十里。（清《八仙得道》第六十二回）

"长亘"有不与宽度相对而仅指长度的。例如：

（4）（华山）长亘三千余里。（清《八仙得道》第十九回）
（5）（河堤）每条长亘千里。（民国《上古秘史》第八十三

回）

径过，长度标指、直径标指，偏正结构。本为状动结构的短语，为"径直通过"义。当"径过"不表示动态义，而表示静态距离时，为长度标指。例如：

（1）径过了淮河。（明《西游记》第六十六回）
（2）点头经过三千里。（明《西游记》第三回）
（3）（流沙河）经过有八百里遥。（明《西游记》第八回）

前两例"径过"分别带体助词"了"和状语"点头"，为动词性短语。例（3）"径过"作主语，可视为长度标指，该例仍有"通过"义的滞留。

"径过"常用为直径标指。例如：

（4）（顺身木）一根长五尺二寸，两头各径过二寸六分。（明正德年间《大同府志》卷五）
（5）炮口径过二寸二分，重百二十斤。（明《武备志》卷一百二十二）
（6）（土城）周围六百三十五丈，径过一里三分。（清《职方典下》第一千四百九十七卷）
（7）用荞麦面水和，捏一圈，径过寸余，脐大则径二寸。（《医术典》第三百五十一卷）

以上各例"径过"为直径。例（6）的"周围"与"径过"大体符合周三径一的比例，所以"径过"是直径。例（7）的"径过"与"径"对文，也是直径。

二　无动态标指

"圆""度"等标指所指对象在物理世界中很少有动态义，只出现了静态义。

圆，引申为周长标指，表示静态义。主要用于指龟蟹、鼓盘、珠石、枪杆等圆形小尺寸物体。例如：

（1）（龟）其圆五尺。（《庄子·外物》）
（2）（石）圆九尺。（《全后汉文》卷二十九）
（3）（眼）圆三寸，径寸。（宋《武经总要前集》卷十二）

"圆"在《九章算术》中一般指圆形，如"圆径""圆田""圆周""圆幂"等。在唐代李淳风的《九章算术》注本中，"周三径一"与"圆三径一"相并提，而且后者仅出现一次。

明清时"圆"可用于中大尺寸。例如：

（4）铜柱圆十围。（元末明初《三国演义》第一百五回）
（5）地球圆九万里，径三万里。（清《阅微草堂笔记》卷七）

例（4）的"围"为周长量词。例（5）的"圆"与"径"符合周三径一的比例。

明清以后"圆"后置于数量词。例如：

（6）（娃有）三尺之圆。（明《三宝太监西洋记通俗演义》第八十六回）
（7）五寸圆的单钱。（清《雍正剑侠图》第四十三回）

例（6）的"圆"指腰围，是周长的一种。例（7）指古币的周长。

度，《说文解字》段注："人手取法，故从又。"即以手部为空间量测量的标准。为空间量标指概念的总称，"度者，丈、尺之总名焉（《宋史》卷六十八）"。"度"有时可以替代长、高等一维标指。例如：

（1）笏度二尺有六寸。（《礼记·玉藻》）
（2）（国）东西南北度五十里。（《管子·揆度》）
（3）（天子地方千里），诸侯度百里。（《管子·轻重》）
（4）（台楼）度五十丈。（汉《史记》卷二十八）
（5）大璧、琬、琰，皆度尺二寸者。（唐《尚书正义》卷十八）
（6）（树）度皆八十尺。（宋《新唐书》卷一百六十七）
（7）梓宫之厚，度不盈尺。（宋《二程遗书》卷一）

例（1）的"笏度"为长度，因与其下文"博三寸"对文。例（2）的"国度"为长度，因"东西南北"指纵横两个方位，"度"为其长。例（3）"度""方"相对，所以"度"也是边长义。例（4）司马贞引《关中记》"楼高五十丈"，因而"度"指楼高。例（5）的"璧""琬"等玉器一般为圆形，"度"指直径。例（6）"树度"指高度。《新唐书》中"度"用得较多。例（1）、例（2）、例（3）和例（5）的"度"都是尺度标准，为静态。例（4）为建筑成品的高度，为静态。例（6）的"树"高指言谈时刻的高度，而不关注其生成过程。例（7）的"度"可理解为代替"厚"的标指，也可理解为动词"测量"。

宋以后"度"后的一维标指"高""广""长"等可以析出。例如：

（8）（柱）度高一百五尺。（宋《新唐书》卷七十六）

第二章　动态与静态　　　　　　　　　　　　　95

　　（9）（太社）度广五丈。（宋《新唐书》卷一百九十九）
　　（10）（机）度长一丈六尺。（明《天工开物·乃服》）

　　斜（邪），与斗有关。《说文解字》段注："凡以斗挹出之谓之斜。""斜"字从斗，意为用斗舀出之义。舀物体时，斗为倾斜状，此即"斜"字义来源。例如：

　　户邪一丈。（汉《九章算术》卷九）

　　弦、矢，本指弓箭和弓弦的"弦""矢"，因矢可垂直搭在弦上。算术中借"弦"为圆内交直线长度标指，"矢"为与弦垂直的到圆边的最大的内交线段。例如：

　　今有弧田，弦二十步，矢十五步。（汉《九章算术》卷七）

　　这种用法几乎仅见于数学书，非常罕见，只有静态标指用法，几乎没有动态义。

第三节　两态俱全

　　包含动、静两态的标指为多数，有动态先出现和静态先出现两种情况。

一　动态在前

　　"长""高""远""连延"等一维标指动态用法先于静态用法产生，或至少同时产生。它们是主流的标指，发育相对完整。
　　长，本义为头发长，其最初用法与生长相联系。"长"早期多指垂直高度的身高、物高，这些高度都是"生长"出来的，主语是有生物。《墨子》中"长人"与"短人"相对，分别指身高有高有低，"长人"即是生长的结果。例如：

（1）及长，身长十尺。（《竹书纪年》卷上）
（2）变做二寸长的个人儿。（明《西游记》第五回）

例（1）"长"的动态义与静态义同现，第二个"长"是动态"生长"与结果"长到的高度"的加合。这种词义结构在古代常见，如"杀"表示动作"杀"与结果"死"，相当于现代汉语的动补短语"杀死"与现代英语的"kill"；上古汉语的"之""适""如"是路径与终点的加合[1]。"身高"义的"长"后形成"身长""形长""躯长"等双音词。明代时这种"长"可后置于数量词，并用作定语。如例（2）。

"长"表示垂直高度，与生命度相关。无生命的山体、河岸、石头都只能用"高"而不能用"长"。"长"指草木高的如：

（3）苗长三寸，杷、劳而锄之。（南北朝《齐民要术》卷第二）

上例的用法与身高之"长"用法同，并来自于后者用法的泛化。该句"苗长三寸"是假设句，为"长到三寸高"之义，同时具有动态的生长义与静态的高度义。

当主语是无生物，可在人类的活动中或其他动力的作用下增长长度时，句子也是动态的，多为水平长度。如"长城"，不仅其东西长度可随意加长，连南北位置也随气候变化导致的牧区与农业区降雨量分界线改变而改变。再如：

---

[1] 胡敕瑞：《"去"之"往/至"义的产生过程》，《中国语文》2006年第6期。

(4) 斩艾与柴，长尺。(《墨子·备穴》)
(5) 齐地暴长，长丈余，高尺半。(《竹书纪年》卷下)

例（4）的"长尺"，并非"艾""柴"的本来长度，而是经过斩断加工的长度。例（5）的第二个"长"，指"增长"的动作加上增长的结果。《太平御览》引该句为"地忽长十丈有余，高尺半"，把动态增长义突出出来。这两例的"长"都有致使义。

"长"也经常表示静态义。例如：

(6) （斧）柄长八尺。(《墨子·备城门》)

例（6）并非对实物的长度测量，而是设个工程标准，这在认知空间中是静态的。

现代汉语中，"长"是所有长度的上位词，包括任意几何形态，如周长、径长、弧长、曲线长、距离等，倾向于表达静态长度。例如现代汉语的"长"一般不指物高。以"树长"为例，古代"长林"指高高的树林，"长"有生长义；而现代汉语"树长"则指把树放倒之后的水平长度，不含生长义。例如：

(7) "树王"被齐根锯倒，该树长约 70 米。(CCL 语料库)

表示身高的用例偶可见到，仍有强烈的"长到"的动态义。例如：

(8) 儿童身长不满一米的坐公共汽车免票。(CCL 语料库)

崇，《说文解字》段注："崇，山大而高也。"用于空间域，指高大、高度、增高。"崇"用于评价域指崇高，用于心理域指尊崇，用于空间域也有使之高义。例如：

(1) 崇效天。(《周易·系辞》)
(2) 不崇薮。(《国语·周语》)
(3) 于是封之（坟），崇四尺。(《礼记·檀弓》)
(4) （堂）崇一筵。(《周礼·考工记》)

例（1）指高大，例（2）指增高。例（3）指高度，该例为筑坟使之高的动态义。例（4）孔注"崇，高也"，是工匠制器的尺度标准，为静态义。

作为高度标指，"崇"主要用于《考工记》。《考工记》中"崇"出现10例。《礼记》中有1例即例（3）。先秦其他书中再也没有出现。《考工记》中没有"高"，同样为匠人书的《墨子》中没有"崇"，却有36例"高"。因而，"崇"具有两个特点：第一，"崇"是匠人语，用于器物豆、簋，车辆轸、轵，兵器殳、侯，建筑堂、防等对象；尺寸为确数，值域从一尺到十尺，为中小尺寸。后世引用与仿用的"崇"以考证文献为主，对象以匠人语为主，尺寸可扩大到"百尺（北齐《魏书》卷九十五）""十仞（唐《隋书》卷十九）"，偶可缩小到"五寸（清《栖霞阁野乘》）"，这实际上扩大到了"高"的取值域。第二，"崇"很可能是山东方言。"崇"的分布与"修"有相似之处，"修"在《考工记》和《礼记》中出现少数几次，其他书中一般不用，考虑到《考工记》的山东方言背景①，"崇"与"修"都有可能是山东古方言词的留存。但《考工记》中有"崇"无"高"，有"修"却又有"长"，这说明了"崇"是功能较全备的高度标指，而"修"仅是补充"长"修饰美感的附加意义的标指，"崇"的方言特性要高于"修"。这与"袤""博"不同，后两者用于三礼或《墨子》，到其后的数学书，变为了通语；而"崇"和"修"仅见于《考工记》、《仪礼》数例，为方言。

高，用于空间域，可分别指垂直距离和水平距离。例如：

---

① 王全太：《从考工记谈先秦时期的建筑测量》，《建筑技术》1978年第10期。

(1) 陛高二尺五。(《墨子·备城门》)
(2) 筑邮亭者圜之，高三丈以上。(《墨子·杂守》)
(3) 行不到半里其高。(元《同乐院燕青博鱼》第四折)

例（1）的"高"为静态义。例（2）为动态义。例（3）的"高"为远义，指位移距离，因而是动态义。

(4) （草）高丈余。(《山海经》卷五)
(5) 佛身高六十万亿那由他由旬。(南北朝《佛说观无量寿佛经》)

例（4）的"高"用于草木高度。例（5）用于身高。这两例是"高"取代指草木高和身高的"长"的较早用例。"高"之"身高"的用法在佛经中出现较多，应是从佛经中开始使用的。可能因为佛像本身更像高台建筑，而不是人身。

"高"后置于数量词之后的时代略早。例如：

(6) （鸟道）五十里高。(南朝梁《宋书》卷六十七)
(7) （菩萨）丈有三尺高。(《全唐文》卷八百二十五)

延亘，长度标指，并列结构。多与大尺度的"里"组配，一般表约数。多为动态对象。例如：

(1) （筑兔园）宫观相连，延亘数十里奇。(晋《西京杂记》卷二)
(2) （甲骑）延亘数里。(《全唐文》卷八百六十八)
(3) （积雪）延亘五百余里。(明《夜航船》卷二)

这三例的对象都是动态形成的，"延亘"为延长达到义，因而有动态义。

后也可表静态。例如：

(4)（羌北）延亘三千里。(宋《太平御览》卷七百九十五)
(5)（云林山）延亘五十余里。(明《銮坡集》卷二)
(6)（白公堤）延亘七里。(清《吴趋访古录》卷三)

这三例的对象是静物，"延亘"为静态长度义。例(1)、例(2)、例(3)和例(5)有表示约数的词，另两例虽无表示约数的词，数量词为确数，但语义仍为约数，不是确数。

弥亘，长度标指，偏正结构。比"延亘"稍后出现，表约数，常与"里"组配，有夸大的意味。"弥"为满、遍之义，如"弥天亘地"指充塞、遍布于天地之间，"弥望"指所见皆是，"弥罗"为包罗。"弥"在"弥亘"之中仍有充塞、遍布之义，"亘"为长度，"弥亘"所指多为有一定宽度的动态长条。例如：

(1)（旗帜）弥亘百余里。(晋《三国志》卷三十一)
(2)（列阵）弥亘数里。(宋《武经总要后集》卷七)
(3)（牧马）弥亘百余里。(宋《挥麈前录》卷四)
(4)（蝗虫）弥亘千里。(后晋《旧唐书》卷十二)
(5)（连船）弥亘数里。(后晋《旧唐书》卷一百五)

后偶指静态长度。例如：

(6)（深林）弥亘数十里。(清《阅微草堂笔记》卷一)

横亘，指横向的长度，偏正结构。唐代出现，强调横向长度之长，一般表约数，与大尺度的"里"组配，偶与"丈"组配表确数。主要指动态长度。例如：

(1)（旗帜、连船）横亘数千里。(唐《隋书》卷二)
(2)（兵阵）横亘三十里。(后晋《旧唐书》卷一百二十)
(3)（灯火）横亘十里。(清《骨董祸》)
(4)（匈奴犯汉）横亘数千里。(清《读通鉴论》卷六)

"横亘"有时也指静态的长度。例如：

(5)（长白山）横亘千里。(宋《武经总要前集》卷二十二)
(6)（河）东西横亘数百里。(元《宋史》卷四百八十四)
(7)（蛇）横亘数十里。(明《警世通言》第四十卷)

表示确数的非常罕见。例如：

(8)（堂室）横亘七丈。(宋《癸辛杂识》)

连亘，长度标指，偏义复词，"连"为陪衬。宋代出现，一般强调动态的长度，不强调宽度，有时写为"联亘"。最早用作动态长度。例如：

(1)（灯烛）连亘十数里。(宋《太平广记》卷七七)
(2)（旗帜）连亘数十里。(后晋《旧唐书》卷十二)
(3)（兵阵）连亘数十里。(后晋《旧唐书》卷九十三)
(4)（植芦苇）连亘数里。(清《谏书稀庵笔记》)

少数指静态长度。例如：

(5)松柏连亘百余里。(元《辽史》卷三十九)

广亘，长度标指，偏义复词，"广"为陪衬。宋代出现，用例较

少,用于指军队和山岭的长度,与"里"组配,为约数。例如:

(1)(步甲)广亘十数里。(宋《旧五代史》卷六)
(2)(乌岭)广亘七十余里。(清《读史方舆纪要》卷三十八)

例(1)中的"步甲"为军队,该句为动态长度。例(2)描述山岭的静态长度。

绵亘,长度标指,并列关系。常用的动态长度标指。主要指队伍、城寨、船队的动态长度,也指疆界、山脉、湖泊等静态长度。一般用于官史、文人笔记和明清小说,书面语特征明显。表示动态长度的如:

(1)(旗帜)绵亘百余里。(唐《晋书》卷一百七)
(2)(山寨)绵亘数十里。(宋《中兴战功录》)
(3)(彩灯)绵亘数里。(清《隋唐演义》第八十四回)

表示静态长度的如:

(4)(女国)绵亘数千里。(唐《隋书》卷八十三)
(5)(山)绵亘数百里。(明《奇闻类记》卷四)
(6)(中国)北边绵亘万里。(民国《清史稿》卷一百四十九)

偶尔可置于数量短语之后。例如:

(7)(舟舫)十里绵亘。(宋《蜀梼杌》卷上)

连延,长度标指,偏正结构。表示动态长度的例如:

(1)（造山）连延数里。(魏晋《西京杂记》卷三)

(2)（列寨）连延二十余里。(宋《资治通鉴》卷二百五十七)

表示静态长度的如：

(3) 西湖连延数里。(清《初学集》卷四十五)

蔓延，长度标指，偏正结构。亦作"曼延""漫延"。中古出现，表示动态长度的如：

(1)（云气）下蔓延数里。(唐《艺文类聚》卷十)

(2)（贼）蔓延千里。(民国《清史稿》卷四百九十三)

表示静态长度的如：

(3)（坑）蔓延百里。(宋《砚笺》卷二)

延长，长度标指，并列结构。表示动态长度的如：

(1)（筑长城）延长数万里。(明《大学衍义补》卷一百二十九)

(2)（贼）延长二十余里。(清《三略汇编》卷十一)

表示静态长度的如：

(3)（陕西）延长数千里。(明《皇明典故纪闻》卷十八)

(4) 边外延长百余里。(明《练兵实纪·杂纪卷四》)

延袤，出现的比"延"早，并列结构。以表动态长度为主，表示筑城、立旗、造池、筑堤等的长度，这些都是可以延伸的长度；亦可表示静态长度。史书习用。表示动态长度的如：

（1）（筑长城）延袤万余里。（汉《史记》卷一百一十）
（2）（立旗）延袤数里。（后晋《旧唐书》卷一百七十八）
（3）（造池）延袤数里。（后晋《旧唐书》卷一百八十三）
（4）（筑堤）延袤二百余里。（清《明史》卷八十三）

表示静态长度的出现较晚。例如：

（5）岭延袤数十里。（元《梅涧诗话》卷下）
（6）（川）延袤二百余里。（清《明史》卷四十）

以上两例的对象为山川、边疆的静态长度，这些长度一般不大会随意变化。

远，与数量词组合，在古代汉语中有多种意义。例如：

（1）千里之远。（《庄子·秋水》）
（2）不远千里。（《孟子·梁惠王》）
（3）相去远万万里。（汉《太平经·乙部》）
（4）远且百步。（宋《新唐书》卷二百二十一）

以上四例都表示距离大，有比较义。前三例以大尺度数量"千里""万里"表明距离大。例（2）的"远"是意动用法，为认知世界中的远，这个远与现实世界中的"千里"相呼应。例（3）以"万"重叠表示量大。例（4）的副词"且"表示量大，该例处于向百步之远的目标射箭的语境中。

"远"在明代以后可表示距离近。如：

（5）"此狭处有多少路程？"国王道："有三五里之远。"（明《三宝太监西洋记》第五十一回）

例（5）前文有"小国路径极是好认"之语，该句中有"狭处"一词，表明"三五里之远"不是强调远，而是表明距离近。"远"由指距离大到指距离小，在于预期改变的原因。明代以后句子中有"不过""只有"等限制副词时，"远"表示距离小。例如：

（6）不过三尺之远。（明《三宝太监西洋记》第七十六回）

（7）只有半寸远。（民国《留东外史续集》第七章）

"远"作客观性的距离标指，不表示距离大小的，不包含比较对象的表达出现很晚。例如：

（8）离三步远埋一根（竹竿）。（清《康熙侠义传》第九回）

"远"在明代时可置于数量词之后。例如：

（9）离了十数里远。（元末明初《三国演义》第四十五回）

二 静态在前

"广""宽""深""周""围""遥"等一维标指，动态用法晚于静态用法产生。分两种情况："广""宽"等不是最早产生的标指，意义由被替换的标指类推而来；"深""周"等标指在物理世界中致使用法与数量组合的概率不大，但比"浅""圆"与数量组合的概率大些，前者比后者是更为核心的标指，所以先有了静态用法，后有动态用法。

广，《六书证讹》："广，为屋，象形。"《文字源流浅析》："广，金（文）即起脊房屋侧视形的'广'形的省化，省去一堵墙形。甲文多作'宀','宀'不省，周人才多用'广'代'宀'，组成一系列的如'庙''庐''廣''库'等（新字）。"《文选》"东西为广"，因我国房屋多坐北朝南，屋宽指东西向长度，所以东西为广，广得以指宽。进而房子大可以称"夏屋广大（《楚辞·大招》）"，强调面宽。又引申到面积"国必广大（《吕氏春秋·贵信》）""天地广大（《楚辞章句》）"。"广"既可与其他维度形成对比关系，也可单用，不与其他维度形成对比关系。例如：

(1)（缘）广寸半。（《礼记·深衣》）
(2)（遂）广二尺。（《周礼·考工记》）
(3) 阶广六尺三寸。（《逸周书·明堂解》）

例（1）深衣的缝边为一个狭长的条状，这就涵盖了"博"的语域。例（2）"遂"为田间小的排水沟。例（3）"阶"为台阶，其宽度"广"比长度具有更高的显著度。所以一般只给出台阶宽度，而不给出长度。"广+数量"结构在先秦出现有24例，一般也用于小尺寸，量词以"尺""寸"为常，多为衣边、台阶、戟戈秬末等手工作业对象。汉以后可用于大尺寸，用于土地、浮气等的宽度。例如：

(4)（洲）长二里，广一里。（北魏《水经注》卷三十四）
(5)（气）长十余里，广数丈。（唐《晋书》卷二十九）

宋代时"广"可后置于数量词。也可用于动态义。例如：

(6)（湖东西宽）三百里之广。（宋《雍录》卷六）
(7) 手擎一尾一尺广，回身落水水几丈。（清《列朝诗集·丁集第十四》）
(8) 每径广一尺，其高同径之广。（宋《营造法式》第十二卷）

例（6）"广"以"之广"形式分布于数量词之后。例（7）"广"直接分布于数量词之后。例（8）的"广"是动态义，为"加宽"的意思。总体上，"广"多用于静态义，用作动态义的不常见。

阔，义核为远，本指疏远。《说文解字》："阔，疏也。"段注："疏，通也。阔之本义如是，不若今义训为广也。"《广韵》："阔，广也，远也，疏也。""广""远""疏"是相通的。"阔"训为"广"，实指宽的程度较大，是主观性而非事实性描写的宽，这与"远"相似。"疏"由行为域的疏远义，引申为评价域迂阔义、数量域稀少义和时间域的时间间隔大义。例如：

（1）于嗟阔兮，不我活兮。（《诗经·击鼓》）
（2）远而不阔，近而不迫。（《孔丛子·论书》）
（3）顷所以阔无大害者。（汉《汉书》卷二十九）
（4）音声日夜阔。（晋《陆机集》卷二）

例（1）指被军士疏远离弃，为行为域用法。例（2）"近"与"迫"相对，"迫"指距离太近，"远"与"阔"相对，"阔"指太远。为评价域迂阔义。例（3）为数量域稀少义。例（4）为时间域时间间隔大义，指很久才有通信。

"阔"的语义活跃为其创造了演变的可能，在评价域中，"阔"的评价义一旦消失，即可表示距离远义。最初以双音节形式"遐阔（汉《封禅文》）""阔狭（《史记·天官书》）""狭阔（《史记·李将军列传》）"的形式存在。"遐""阔"均指远，同义联用；"狭"指近，"阔"指远，反义联用。"狭"因窄而指近，如"窄坐"就指坐的距离近，紧靠在一起。在玄幻文本如《邺中记》《佛国记》《续仙传》中，"阔"用以指宽度，有夸大义。例如：

（5）（车厢）阔一丈。（晋《邺中记》）
（6）（石）阔二丈许。（晋《佛国记》）

(7) 大开深槽，阔一二丈。(南北朝《灵城精义》)
(8) (腰带) 阔三寸余。(南北朝《续仙传》)

例(5) 的车厢、例(8) 的腰带都超出了正常尺寸，有夸大义。例(7) 为动态宽度，与"大开"呼应，也表示超出正常宽度。

"阔"早期多用于河流、石块、坑沟、地裂、天开、彗星、肩膀等对象，量词一般选择大尺寸的"丈""里"，"尺""步"也可使用，"寸"则较少。进入诗歌、正史和某些白话小说的"阔"也是这种用法。例如：

(9) 有江千里阔。(《全唐诗》卷零四三三)
(10) (天裂) 阔二丈。(唐《南史》卷七)
(11) (碛地) 阔二千里地。(后晋《旧唐书》卷六十九)
(12) 二尺五寸阔的膀子。(明《三宝太监西洋记通俗演义》第三十五回)

例(9) "千里宽"的河流在地球上几乎不存在，用"阔"表示夸张。例(10) 用"阔"而不用"广"，有惊骇、夸张的意义。后两例的所行的沙碛地、目测的肩膀宽度用"阔"，也都有夸大的意义。

唐以后"阔"用于田畦、肩膀、请帖、字幅等对象，可为中小尺寸，一般为约数。例如：

(13) (锄地) 阔一尺五寸。(唐《种树书》)
(14) (河道) 阔六十步。(后晋《旧唐书》卷十五)
(15) (纸) 阔只三寸。(汪曾祺《我的老师沈从文》)

以上各例的所锄之地、所开河道和书法用纸等对象，都算不上精确、严谨的尺寸，误差应是无法避免的。

元代以后的算术书用到"阔"，才是确数。例如：

(16) 仓长一丈六尺，阔八尺。(元《四元玉鉴》卷上)

宽，从"宀"，本指房室宽大，早期空间域义并不多见，常见的为宽厚、原谅等心理域义。"博"和"广"二词心理域用法的出现却晚于其空间义用法的出现。"宽"在空间域指面积大的意义上，与"博"全同。例如：

(1) (褐) 宽博。(《孟子·公孙丑》)

该句"宽"与"博"联用，指面积大。汉以后"宽"作为语素指面积大的情况很常见。例如：

(2) (地) 宽大。(汉《汉书》卷五)
(3) (府寺) 宽敞。(南朝宋《后汉书》卷三十九)
(4) (台) 甚宽广。(北魏《水经注》卷十)

"宽"在济经域减轻的意义上与"阔"全同，如"阔其租赋(《汉书·王莽传》)"，颜注："阔，宽也。"在济经域富裕的意义上也全同，如"手头宽"，也可说"手头阔绰"。"博""广""阔""宽"是近义词，多个义项上语义纠缠在一起，具备依次替换的语义基础。例如：

(5) 四海一何宽。(三国魏《幽愤诗》)
(6) 衣带常欲宽。(宋《云笈七签》卷六一)
(7) (明公都宛)，宽方千里。(唐《晋书》卷八十九)

例(5)指宽阔，例(6)指宽松。例(7)指面积，由于古代的"方"指一边长，所以"宽"也是以一边长指面积，这是"宽"能发展出宽度义的语义基础。

"宽"在唐代才发展出一维距离大的用法，此义与"窄狭"相对。例如：

（8）（邪）谓一头宽，一头狭。（唐《周礼注疏》卷三十三）
（9）（古穴）渐宽。（唐《元和郡县图志》）

宽度的用法也在唐代产生。数学著作、农学著作、方志、杂剧中已渐次用"宽"。例如：

（10）坛东殿角有佛经行之基，叠砖为之。宽可二肘，长十四五肘，高可二肘余。上乃石灰壖作莲花开势。高可二寸，阔一尺许。（唐《大唐西域求法高僧传》卷上）
（11）水宽一十二步。（唐《缉古算经》）
（12）畦宽一尺。（元《农桑辑要》卷六）
（13）（巢）宽七尺余。（元《岛夷志略》）
（14）裙带宽三寸。（元《别情》）

例（10）的"宽"与"阔"对文，表现出二者替换初期可以同现的特点。这几例都是口语中的用法。到明清时期"宽"占了主流，后置的"宽"出现了，可处于定语的位置上，但语料库中仍以"宽"分布在数量词之后的为少数。例如：

（15）他那床头边有半步宽的个空处。（明末清初《醒世姻缘传》第六十回）

"宽"的静态义出现于动态义之前，因为"宽"是替代"广""博"的词，属后起。

深，可指垂直长度，方向上与"高"相反。例如：

(1) 堑中深丈五。(《墨子·备城门》)
(2) 辙深二尺余。(唐《朝野佥载》卷六)

也指容器、伤口的内部进入长度，意义不与"高"相反。例如：

(3) (鬴) 深尺。(《周礼·考工记》)
(4) (剌) 深数寸。(清《明史》卷二百八十八)

房屋的进深是水平进入长度，方向为由外向内。例如：

(5) (房) 深二尺。(《唐文拾遗》卷五十)

以上各例都是静态义。有时用于动态义。例如：

(6) 既掘深了二尺五寸。(明《续焚书》卷四)

周，是我国数学著作和数学运算中的术语，从秦简《数》《九章算术》到现代一直如此。例如：

(1) 田周廿七步。(岳麓书院藏秦简《数》)

周的对象不论是否为圆形，这一点与"圆"相区别。例如：

(2) 珙周五寸四分。(南朝宋《后汉书》卷二十九)
(3) (国) 周万余里。(南北朝《华阳国志》卷一)

例(1)的珙为圆形，例(2)的"国"一般为不规则形状。"周"的动态义的如：

（4）（芝）自节处别生一重，如结网罗，四面，周可五六寸。（唐《酉阳杂俎》卷十九）

例（4）描述芝的生成，"周"表示"达到周长"的动态义。描述树干周长可用"树周"替换"树围"。例如：

（5）（树）围丈六尺。（汉《汉书》卷二十七）
（6）（树）周五十由旬。（唐《大宝积经》卷二十五）

围，"韦"为其初文，《文字源流浅析》"象环口移动"，故而有围绕之义。作周长标指，指围绕的长度。作量词，指两臂伸出合抱的长度，与"抱""搂"等周长量词类似。例如：

（1）刃长寸，围寸。（《周礼·考工记》）
（2）（禾）大五围。（《山海经》卷十一）

例（1）的"围"为周长标指，例（2）的"围"是量词。

作为周长标指，"围""周"和"圆"各有侧重。"周"是普适性和科学性较强的词，不突出某种特征；"圆"侧重于对象是圆形；"围"不强调对象形状，而强调测量结果。如"龟圆"强调形状，一般不称"龟围""龟周"；"树围""腰围"强调测量结果，一般不称"树圆""树周""腰圆""腰周"。"日围""星围"在天文学中可称"日周""星周"，原因在于"腰围""树围"涉及三维空间。"日周""星周"在认知上仍是二维平面的周长，不涉及三维。同时，天文学中更倾向于选择科学性强的"周"，而不是口语性强的"围"。"圆"和"围"在不同版本中偶可通用。例如：

（3）（錞）围二尺四寸。（宋《旧五代史》卷一百四十四）
（4）（錞）圆二尺四寸。（宋《册府元龟》卷五百七十）

例（3）和例（4），《旧五代史》的"围"更准确，类书《册府元龟》的"圆"摘录有误，使二者通用。

"兵围"有包围之义，不能用"圆"和"周"。例如：

（5）时北兵于要害处连珠扎寨，围数十里，而道不得通。（元《钱塘遗事》卷六）

"围"的对象可为不规则形。例如：

（6）（帝主）前方后圆，围一尺。（三国吴《汉仪》）

"围"在汉代时即可后置，多出现在动态义语句中，较少有表示静态长度的。例如：

（7）（作帻）皆二尺五寸围。（《全后汉文》卷四十六）
（8）（备草）各五尺围。（北齐《魏书》卷三十三）
（9）（瓠、瓜）皆三尺围。（唐《蛮书》卷二）
（10）丈二围大木。（清《郎潜纪闻二笔》卷十）

前两例为动态加工制作义，后两例为静态描写义。最后一例"围"后置于数量词，数量短语作了定语。

受到"周"和"圆"的沾染，"围"也可表示径周对比。例如：

（11）（镞）径三寸，围九寸。（清《啸亭杂录》卷九）

上例中，围、径比例符合周三径一的标准。

环，从玉，本指圆圈形玉器。王国维《观堂集林·说环玦》提出古玉环有三片叠加而成，后世简易，以一片为器。引申为圆圈形物、圆形。例如：

（1）游环胁驱。（《诗经·小戎》）
（2）（池）环径六步。（元《四元玉鉴》卷下）

例（1）的"环"指驾马用的环形物，例（2）为圆形。作周长标指比较早。例如：

（3）环寸之亟。（《战国策》卷二十）
（4）（城）环四十里。（宋《新唐书》卷一百三十六）

"环"可表动态义。例如：

（5）已雄踞十五寨，环二百余里，为州县患。（清《明史》卷三百十七）

"环"的用法与"周""圆""围"部分重合，"环""旋""圆"音近义通，为同源词。例（5）与例（6）"围"的用法一致：

（6）时北兵于要害处连珠扎寨，围数十里，而道不得通。（元《钱塘遗事》卷六）

"环"与"围亘"都可为动态义：

（7）（猎队）围亘二十余里。（清《读史方舆纪要》卷六十四）
（8）而忍为猎车千乘，环数千里。（民国《两晋演义》第五十回）

亘，初文为"ㄅ""ㄈ"，徐中舒《甲骨文字典》："象水中漩涡回转盘旋之形。回、亘初为一字。"① 中古以后"亘"的长义形成。例如南朝齐 谢朓《敬亭山》"兹山亘百里",吕注:"亘,长也。""亘"多出现于汉以后的史书如《后汉书》《魏书》,或《西京杂记》《桂林风土记》等笔记小说中,一般为文人用语。"亘"可指山脉、土地、河堤、河流、河滩、树林、彩虹、积雪等自然物的长度,也可指城墙、桥梁、船队、队伍、房室、战场等人造物的长度。量词一般是大尺度的"里",较少"丈",多为约量,有表大量之意。例如:

(1)(常山关与居庸关之间),亘千余里。(南朝宋《后汉书》卷二十六)

(2)(松柏)亘五六里。(唐《晋书》卷八十八)

(3)旌旗亘千里。(唐《隋书》卷四)

(4)(虹)亘数丈。(宋《旧五代史》卷一百一十六)

(5)更筑高墉,亘五百丈。(清《明史》卷一百六十五)

(6)(大火)亘六七里。(元《宋史》卷六十三)

前两例为静态长度。后四例为动态义。例(6)指大火延及、达到的长度,该长度随时间变化而延伸。由"亘"组成的双音节词"延亘""弥亘""横亘""连亘""广亘"等多表动态长度。

遥,从辵,以动态的行走义表距离。"遥"本为方言词,《方言》:"遥,远也。梁楚曰遥。"王力《同源字典》:"超、迢、遼、遥、逖"等有高或远的意义。又《方言》:"遥,疾行也。南楚之外或曰遥。"王力《同源字典》:"摇(遥)、鷂"有疾义。疾、远语义相承,因疾而远。"遥"一般表示距离很大,与"远"早期用法相似,与大尺度、约数相关联,起源于中古。例如:

---

① "回"作标指的例子如:"通州,故汉潞县地州之南,回十五里,汉雍奴地也。"(康熙年间《通州志·序》)

(1) 遥万里兮长芜。(《全梁文》卷三十三)

(2) 转眼之间十里遥。(清《小八义》第一百五回)

例(1)对象为静态,例(2)为动态。

清代以后可表示距离近,与中小尺寸相关联。例如:

(3) 离着天霸只有七八丈之遥。(清《施公案》第二二一回)

例(3)有限制副词"只有",说明"七八丈之遥"不表远。

第三章

低维与高维

从各标指词出现的时代来看，我国古人率先发展出来一维标指概念，二维和三维标指的出现依次稍晚。同时，二维和三维标指基本以一维标指为基础，多借一维标指本身或其复合形式实现表达，几乎不用创造新的标指词语，甚至可以一个标指表达三种维度意义。

第一节 一维到二、三维

本节讨论同一标指与数量组合，在形式上一致，意义上却可以同时表达长度、面积和体积的情况。分为一种形式三种意义、高维的多种形式两种情况。这些标指一般都与平面相联系，具有表达面积的语义基础。

一 一种形式三种意义

"方""积""见方"等标指与数量词组合，有表长度、面积和体积三种意义。

方，"方"最初与方向相联系，后脱离方位而独立，由一维而向二维、三维用法演变。例如：

（1）东方明矣。（《诗经·鸡鸣》）
（2）在水一方。（《诗经·蒹葭》）
（3）方者中矩。（《周礼·考工记》）

(4) 方明者，木也，方四尺。(唐《仪礼·觐礼》注)

例（1）的"方"为方位义。例（2）为方之一边义，郑笺："乃在大水之一边。"例（3）的"方"为方形义，因为"矩"是测方形的器具，杨倞注："矩，正方之器也。"例（4）的"方"为正立方体的一边，胡培翚正义："方明，以方四尺之木为之，上下四方，共有六面。"

"方"与数量词组合，一般表示长度、面积和体积三种意义。例如：

(5) 又有积二万五千二百八十一步，问为方几何？答曰：一百五十九步。(汉《九章算术》卷四)

(6) 田方十五步半步，为田一亩四分步一。(岳麓书院藏秦简《数》)

(7) 黄金方寸，重十六两。(汉《九章算术》卷四)

例（5）中的"方"为方之一边义。其计算过程为25281开平方，得出159。例（6）中的"方"兼表边长与面积。计算过程是15.5的平方为240.25平方步，而一亩为240步，240.25平方步等于一亩加四分之一平方步。"步"有长度量词和面积量词两义，形式上没有区别。例（7）的"方"指立方，否则不会有后续句中的重量。由这几例的计算过程可以看出，体积由面积与长度相乘而得，面积由长度与长度相乘而得，所以这个过程是从低维到高维发展的。

"方"可以表示周长，也可以周长间接表示面积大小。例如：

(8) 昔秦缪公都雍，地方三百里。(汉《汉书》卷五十二)

(9) 他物殴人伤及拔发方寸以上，各杖八十。方寸者，谓量。拔发无毛，之所纵横径各满一寸者。若方斜不等，围绕四寸为方寸。(《唐律疏议》卷二十一)

（10）方丈四方方四丈。（清《浪迹丛谈》卷七）

例（8）《水经注》作"周三百里许"，《太平御览》引作"周回二百余里"，"周"和"周回"都是周长标指，因而"方"也是周长标指。该例同时以周长间接表达面积大小。例（9）的"围绕四寸"指周长，该句用了"纵横径各满一寸""方寸"等表达，是以周长、边长表示面积大小的表达方式。例（10）的"方丈"指方一丈之室，"四方"指正方形形状，"方四丈"指的是周长四丈。也间接表示面积大小。

我国至迟在唐代就开始以面积和体积计工，其中的数词是面积或体积数，而不是边长。例如：

（11）基址开掘，方八尺（谓每长、广、方、深各一尺为计），就土铺填打筑六十尺，各一功。（宋《营造法式》卷十六）

（12）人日采石积方一尺，工价二两五钱。（清《陕西通志》卷三十九）

例（11）的深度是额定的一尺，"八尺"为面积数而不是边长，"方八尺一功"是当时的表面积计工法。例（12）的"一尺"计量的是石块的体积数。笔者在开封市南郊乡看到过一次鸡粪交易，交易者用软尺大致量出锥形粪堆的高度和底径，计算出其体积为多少"方"，以"方"为单位收费。

为了区分"方"的三种意义，形成了一些双音词，如"方阔""方长""方圆""方广""立方"等。例如：

（13）文王之囿，方阔七十里。（宋《孟子注疏》卷二）

（14）每方长五十里，周围计二百里。（清《虞初新志》卷十九）

（15）今有石立方三寸，中有玉，并重十一斤。（汉《九章算

术》卷七)

例(13)中的"方阔",兼指长度和面积。该例在《孟子》中的原文为"方七十里"。"方阔"在唐宋以后有用例,多指坛池、帐幄等中小尺寸,一般为约数。例(14)的"每方"即每边义,后多一个"长"字,表示边长兼面积,这个"长"字完全可以省去。例(15)的"立方"因后续有对象的重量,因而指体积。

当"方"与"亩"和"顷"等表示面积的量词组合时,其中的数词不再是边长,而直接表示面积数,不用换算。"方"在这种情况下失去边长义,而仅为面积标指。例如:

(16)(仇池)方百顷。(南朝宋《后汉书》卷八十六)
(17)白氏叟乐天退老之地,地方十七亩。(后晋《旧唐书》卷一百六十六)
(18)有碧芦方数亩。(明《尧山堂外纪》卷四十二)
(19)地方约有二三十亩阔。(清《绿野仙踪》第六十二回)

例(16)的"百顷"为面积数,该数量不包含边长信息,所以"方"仅为面积标指,不指边长。该例在《宋书》中作"地方百顷"。例(17)继承了这种用法,这种用法虽不多见,却出现在正史中。明清后出现在文人笔记如例(18)中,清代小说中也有出现,如例(19),例(19)是个糅合表达式。因而"方"从一维向二维、三维演变的表达是由官方向民间传播的。

我国元代以前的古典数学在明代出现了中断,传统的空间量表达发生了巨大改变。明代徐光启、李之藻、利马窦等人大量翻译西方科技文献,主要采用西方的面积表达法。其要点是,以"方"为例,利用汉语史上的"面积标指'方'+长度量词"结构,促成新的量词如"方寸""方步"等的广泛使用。例如:

（20）方寸之基正而天下治。（《申子·君臣》）

（21）方寸之木可使高于岑楼。（《孟子·告子》）

（22）谁知天壤间，眇然一方寸。（宋《云溪集》卷四）

（23）方尺，幂百寸。（明《大学衍义补》卷四十三）

（24）开平幂者，方百之面十；开立幂者，方千之面十。（唐《九章算术》卷四注）

（25）正方田一段，各边四步，自之其容为十六方步。有长方，以所设两边相乘得面之容。如长方田一段，纵五横六，相乘，其容为三十方步。（明《新法算书》卷九十）

（26）二百四十方步为一亩，合阔八步，长三十步。（明《同文算指通编》卷一）

例（20）的"方寸之基"指边长为一寸的正方形地基。例（21）的"方寸之木"指边长为一寸的正方体木头。这两例都是中国古典的结构语义式，如果补齐数词，是"方一寸"的形式。而例（22）的"一方寸"中，标指词"方"中置于数量词之间，这是在宋代新出现的形式，其中"一"仍为边长义。例（23）则有两解，其中的"方尺"既可作"方一尺"解，又可作"一方尺"解，既可作"一平方尺"解，又可作"边长一尺的正方形"解。是从古典到现代表达的过渡。例（24）的"方百"指平方，"方千"指立方，分别对应于面积和体积，这是唐代"方"可指面积和体积的实例之一。例（25）和例（26）是徐光启、李之藻、利马窦等人翻译西方著作所采用的面积表达。例（25）的"十六方步"由"边四步"自乘而来，"三十方步"由"纵五横六"相乘而来。例（26）的"二百四十方步"由"阔八步""长三十步"相乘而来。可见其中的数词也变成了单纯的面积数，不指边长或对象形状。"方"由边长转喻面积。

积，本与庄稼、粮食堆积有关。《汉语大词典》："积，数学中称若干个数相乘的结果。"这是"积"的主要意义，反映在空间量上，可以为长度、面积和体积。"积"有时表示两数相加之和，这是一般辞书所未揭示的意义。岳麓书院藏秦简《数》中没有"积"这一术语，"积"作空间量标指大体上汉代才出现。

（1）城方五里，积千五百步也。（汉《五经异义》）
（2）守地九千六百尺，积尺得一千六百步。（唐《太白阴经》卷六）

例（1）的"城方5里"，当时一里300步，两者相乘为1500步。此为长度。例（2）的"守地9600尺"，换算为步，一步为6尺，则为1600步。此积尺也为长度。

"积"更常见的表示面积和体积。例如：

（3）又有积七万一千八百二十四步，问为方几何？答曰：二百六十八步。（汉《九章算术》卷四）
（4）江淮巡抚，积三十七万二千五十四方里。（民国《清史稿》卷五十八）
（5）圆亭上周三丈，大周四丈，高二丈，积二千五十五尺卅六分尺廿。（张家山汉简《算术书》）
（6）凡筑城，下阔与高倍，上阔与下倍。城高五丈，下阔二丈五，上阔一丈二尺五寸，高下阔狭，以此为准。料功：上阔下加阔，得三丈七尺五寸；半之，一丈八尺七寸五分；以高五丈乘之，一尺之城，积数得九十三丈七尺五寸。（唐《卫公兵法辑本》卷下）

前两例的"积"都表示面积，后两例表示体积。例（3）的71824开平方为268，268为"方"，所以71824为面积。例（4）的"积"与"方里"组合，表示区域面积。例（5）计算圆台体积，圆台体积公式为"$V=1/3\pi h(R^2+Rr+r^2)$"，题干数据代入得2067.8，接近于题干积数。误差是由常数和公式不同而造成的。例（6）计算筑城用土体积，形状为梯形，按公式"S=（a+b）h／2"计算，体积为 9.375 立方丈。古人施工中城墙的截面为常数，用工只计量长度即可，所以题干中的"93.75"平方丈是本题中的常数。这种计工的原理为：

（7）古人在测量体积时，亦先假定将立体化为底面边长为单位长度之正方形的直棱柱，用此柱体高的测度表示体积的大小。这种测度体积方法的道理正是我们今天用试管的刻度读出容积之法的原理所在。[①]

"积"也能表示和。乘法是加法的一种特殊形式，二者相通。例如：

（8）四表积二百五十步。（唐《毛诗正义》卷十）

（9）城濠面阔二丈，深一丈，底阔一丈，以面阔加底积数大半之，得数一丈五尺。（唐《卫公兵法辑本》卷下）

例（8）的"积"，郑玄注为"最南一表，以北百步为二表，又北百步为三表，又北五十步为四表"。四个表在一条线上，从南到北，100+100+50，恰好等于 250 步。例（9）"积数"为和，积数"半之"为 1.5 丈，是倒梯形的中线长度，为上宽 2 丈+底宽 1 丈除以 2 的得数。积数 3 丈，是上宽加下宽的结果。

见方，也有一维、二维到三维的发展过程，这是由"方"本身从一维、二维到三维的发展决定的。例如：

[①] 王荣彬、李继闵：《中国古代面积体积度量制度考》，《汉学研究》1995 年第 13 期。杨涤非、邹大海：《关于中国古代体积与容积计量方式的新发现》，《中国科技史杂志》2014 年第 3 期。

（1）每座竹楼大都是十米见方的正方形。（CCL 语料库）

（2）这座金字塔原来的高度达到 146.59 米，底部 232 米见方，围绕它走一圈差不多有 1000 米。（CCL 语料库）

（3）女子散打和男子散打在 8 米见方的擂台上打得难分难解。（CCL 语料库）

（4）重新纺织的封口和麻袋底部一侧用塑料绳补好的约 7 厘米×7 厘米见方的口子。（CCL 语料库）

例（1）"十米见方"凸显边长的长度，因为形状"正方形"已经交代。例（2）"底部 232 米见方"说明对象底部的形状和边长。例（3）说明对象边长、形状，也说明面积。例（4）以数学算式标示对象边长与形状。

直接表示面积的如：

（5）它的面积不到一里见方，全是岩石。（闻捷《海燕》）

（6）柔嘉打个面积一寸见方的大呵欠。（钱钟书《围城》第八章）

这两例中的对象不大可能是正方形的，可以折合为边长为一里或一寸的正方形计算。两例都有"面积"一词，因而表示面积无疑，"见方"不再表示形状和边长。

也可与面积数量词联用。例如：

（7）房子一端是用水泥砌就的一个一尺多高、五六平方米见方的高台。（CCL 语料库）

（8）只见五亩见方一大片池子，石板桥通向湖心岛。（二月河《康熙大帝》第二十八章）

表示体积和容积的如：

(9)（三峡大坝）一共用了 1600 多万立方米的水泥砂石料，若按 1 米见方的体积排列，可绕地球赤道三圈多。（《环球时报》2006 年 5 月 21 日第 1 版）

(10) 这种铁笼只有一米见方，人只能抱膝坐在里面。（CCL 语料库）

例（9）"1 米见方"与"体积"组合，表示体积。例（10）人坐其中，表示容积。

下面这个例子说明了"见方"表一维和二维的共通性：

(11) 等于挖了个 10 米见方的深塘，仅仅这 10 平方米，战士们整整奋战了 1 个月！（《人民日报》1993 年 3 月 4 日第 1 版）

例（11）的"10 米见方"，按一般理解是一个正方形，每边长 10 米，但后续句却是"10 平方米"，这说明了"见方"不再表示边长和形状，完全与表示面积的"平方"用法相同。"见方"的来源和演变见本书第六章"见方"一节，以及《"见方"的意义、用法和成词过程》一文①。

二 高维的多种形式

"平方/立方""平圆/立圆""平幂/立幂""面积/体积"等标指以多种词语形式分别表示二维和三维的意义，这些词一般成对出现，频率较高，是高维的主要标指。它们是"方""积"等词分化出来的表达形式，因而也是一维向二维、三维发展的证据之一。

平方、平面、平方积、平方面积、平方面、立方体，"方"的双音化和多音化形式，唐代已出现，后以边长表示面积，也可直接表示面积。有"平方""平面""平方积""平方面积""平方面"等多种

---

① 刘永华：《"见方"的意义、用法和成词过程》，《语言研究》2012 年第 2 期。

形式，多用于数学和天文著作中，非科技文献不多见，偏正结构。例如：

（1）自乘为平方，再乘为立方。（唐《缉古算经考注》卷上）

（2）一五五寸自乘之，平方面积二四〇二五寸。（唐《缉古算经考注》卷下）

（3）一百五十二寸多一元为方斜，自之得二万三千一百零四寸多三百零四元多一平方。（宋《数学九章》卷三）

（4）每力七百七十贯，科一名，春程人功，平方六十尺。（宋《数学九章》卷一）

（5）凡积数若干，以平面开之，适得自乘之数者，为开平方，其立方乃开平再乘积也。（明《几何原本》卷一）

（6）十十成百为平方面，更十乘之成千为立方体。（清《需时眇言》卷五）

例（1）指出"平方"和"立方"的定义，分别为一个数的两次和三次自相乘的积。例（2）的标指为"平方面积"，该例155的平方正是24025。例（3）为"数量+平方"结构，其中的数词为面积数。"自之"为"自乘"之义，"元"是一元方程的术语，在该例中设为1。算法是：152的二次方是23104，152加1元是153，153二次方是23409，23409减去23104得305，305比304多出1个平方。例（4）为春天筑堤功量的计算方法，包括每个劳力的费用"七百七十贯"和工作量"平方60尺"。按上下文，这个60是面积数。例（5）的"平方"作"平面"。例（6）通过"十十成百""更十乘之成千"的计算来看，"平方面"和"立方体"分别指面积和体积。

"平方"有时可以以边长表示面积。例如：

（7）马理兰邦因建华盛顿都城，遂自立不归邦，不为属，按正方形得平方二十五里，民居十七万七千六百三十八人。东北六邦曰缅邦，平方五百四十五里一分，居民六十四万八千九百四十五人。纽罕什尔邦，平方二百八十九里二分，居民三十四万七千七百八十四人。(清《三洲日记》卷一)

上例中的"平方"，都以边长表示面积。作者有"按正方形得平方"的明确说明，即都是折合成正方形的边长来计算的。马理兰邦、纽罕什尔邦，分别对应于今之美国马理兰州、新泽西州，例中所列数值的二次方，大致与其今之面积相当。

"平方+长度量词"结构在汉语中有其前身，普遍使用则受了明末以后西方语言的影响。例如：

(8) 大略每一平方英里止能养活野人一名。(清《佐治刍言》第三章)

(9) 计水热面积有四千六百平方尺。(清《中西兵略指掌》卷十八)

(10) 全县面积八千一百三十平方华里。(民国时期《田西县志》第一编)

例（8）的作者是英国人博兰雅，1885年国内翻译出版。其单位为"平方英里"。例（9）对比中西兵略，1897年出版。"平方尺"为仿制的中文单位词。例（10）表明直到民国时期，这种结构才用"平方华里"凸显汉语特点。这些单位词的变化反映了一种表达从引入到仿制到糅合进本土语法的过程。

平圆、平圆积、平圆面积，为平面的正圆，偏正结构。清《天学阐微》卷五："浑球中剖则成平圆，即面也。"比"平方"出现稍晚，是"平方"类推出来的，有"平圆积""平圆""平圆面积"等形式，与"平方"的各种形式基本对应，一般出现在科技类文献中。例如：

（1）今有平圆积四十九步三百一十四分步之二百三十九，问为徽圆周几何？答曰：二十五步。（元《四元玉鉴》卷下）

（2）平圆居平方四分之三。（明《永乐大典·算法》）

（3）平圆面积三一四一五九二六。（清《天学阐微》卷五）

（4）凡平圆一十二，立圆三十六，皆不过取其大较耳。（清《历法典》第一百十五卷）

例（1）的"平圆积"为面积，四舍五入为平方49.76，按刘徽的圆周率3.1416计算，该圆半径为4.10，其周长为25.76，接近于25步的答案。所以"平圆"为平面的正圆。例（2）的"四分之三"为"平圆"与"平方"的面积的大致比例。例（3）用"平圆面积"表示圆的面积。例（4）是相同直径的正圆形面积和正球体体积的数值的大致比例，该例中明确交代这个数值"取其大较"。

"平圆"的逆运算为"开平圆"。例如：

（5）开方，乃算法中大节目，勾股旁要演段锁积多用。例有七体：一曰开平方、二曰开平圆、三曰开立方，四曰开立圆，五曰开分子方，六曰开三乘以上方，七曰带纵开方。（宋《杨辉算法·算法通变本末》）

（6）今有圆田积二千三百五十二步，问平圆径若干？答曰：径五十六步。（清《历法典》第一百十八卷）

例（5）中列举了"开平方""开平圆""开立方""开立圆"等术语，宋代已经出现。例（6）的直径56，按圆周率为3计算，面积刚好是2352。所以"平圆径"为"开平圆"计算的结果。

晚清时"平圆寸"表达出现，对象为圆形。同书中方形对象面积用的是"平方寸"。例如：

（7）鞲鞴面一平圆寸受力磅数以二百五十约之。（清《时务

通考》卷二十七）

（8）熟铁凹凸力之界限，每平方寸以任十顿为限。（清《时务通考》卷十一）

例（7）的"鞲鞴"是蒸汽机中活塞，为圆形，所以作者用了"平圆寸"表示面积，例（8）的对象为方形，作者用了"平方寸"表示面积。但"平圆寸"的表达非常罕见，因为"平圆"区别对象形状，仍有具象性，不如抽象性的"平方"好用。

非科技文献中"平圆"表示面积的几乎没有，表示圆形形状的有不多几例。例如：

（9）看得一张平圆地球图的便要骂孔子。（清《二十年目睹之怪现状》戌卷）

（10）英国所绘平圆地球图，皆系入越南合富良江入海。（清《禹贡易知编》卷十一）

立方、立圆，"立圆"与"立方"相对，为正球体。《九章算术》卷四："立圆，即丸也。"二者可由边长或直径转喻体积。例如：

（1）又有积一千九百五十三尺八分尺之一，问为立方几何？答曰：一十二尺半。（汉《九章算术》卷四）

（2）又有积一万六千四百四十八亿六千六百四十三万七千五百尺，问为立圆径几何？答曰：一万四千三百尺。（汉《九章算术》卷四）

例（1）的12.5，三次方为1953.125，这正是该式中"积"的数值。所以其中的"立方"为立方体的一边长，也即"一面之方"。例（2）的14300为圆球的直径，按球体积公式 $V=\dfrac{4}{3}\pi R^3$ 计算，体积为1462103500000，与题干数值接近。之所以有误差，是因为《九章算术》中采用的"周三径一"的圆周率算法。所以，该例中"立圆"指直径。

《九章算术》唐注中已有"凡物有高深而言积者，曰立方"，即立方为体积。最迟在宋代，我们已能看到体积或容积量词"立方寸"。例如：

（3）围田先计。问：有草荡一所，广三里，纵一百一十八里。夏日水深二尺五寸，与溪面等平。溪阔一十三丈，流长一百三十五里。入湖。冬日水深一尺，欲趁此时围里成田。于荡中顺纵开大港一条，磬折通溪，顺广开小港二十四条，其深同。其小港阔比大港六分之一，大港深比大港面三分之一。大小港底各不及面一尺。取土为埂，高一丈，上广六尺，下广一丈二尺。荡纵当溪，其岸高广倍其埂数，上下流各立斗门一所，须令田内止容水八寸，遏余水复溪入湖。里法，三百六十步。步法，五尺。欲知田积、埂土积、大小港底面深阔，冬夏积水、田港容水、过水、溪面泛高几何。

按题意掘土为港，即以其土四边为埂，当溪者高阔倍之，余三边等语皆未详。

答曰：田积一千八百六十六顷八亩二十四步。埂土积九百六十五亿五千二百万立方寸。大港面阔六丈一尺七寸，底阔六丈七寸，深六尺八寸。小港面阔一丈二寸六分寸之五，底阔九尺二寸六分寸之五，深六尺八寸。夏积水二万八千六百七十四亿立方寸，冬积水一万一千四百六十九亿六千万立方寸。田容水九千七十二亿六千九百一十二万立方寸，港容水九百六十五亿五千二百万立方寸。遏出水一万八千六百三十五亿七千八百八十八万立方寸。溪面泛高一尺三寸一十三万一千六百二十五分寸之一万四千四百一十一港上者在田内。（宋《数学九章》卷七）

（4）一尺立方容水六十五斤。（明《奇器图说》）

（5）每尺立方水能食此气四百八十立方尺。（清《时务通考》卷二十四）

以上三例都指容量。例（4）的"一尺立方"和例（5）的"每尺立方"都有指边长为一尺的立方体和立方体体积一尺立方两义。例（5）"尺立方"与"立方尺"两种结构同现。例（3）中的六个"立方寸"语义是明确的，分别用于埂土、田冬夏积水、田容水、港容水、遏出水等体积或容积计算。以冬夏积水为例，文中围田"广三里，纵一百一十八里"，"里法，三百六十步。步法，五尺"。所以围田面积为（3里×360步×5尺×10寸）×（118里×360步×5尺×10寸）=114696000000平方寸。夏季积水二尺五寸即25寸，以其与面积相乘得2867400000000立方寸，这即是答案中的"夏积水二万八千六百七十四亿立方寸"。冬季积水一尺即10寸，以其与面积相乘得1146960000000立方寸，即是答案中的"冬积水一万一千四百六十九亿六千万立方寸"。可知，原文中"立方寸"即为容量量词，前面的数词为立方数，是经过三次相乘计算出的数据。该例中的"立方寸"是一个成熟的体积或容积量词。我们猜测，在宋代以前，仍有"立方寸"式的空间量词在广泛使用，但由于空间量表达主要出现在口语中，人们在记录时会不自觉地书面语化，所以这种格式的记录并不多见。同时，空间量结构主要出现在匠人书和数学书中，这些领域的民间著述失传很多。例如，《鲁班经》《梓人遗制》等，就是经过梁思成等学者抢救，才从民间发现的，这些书记载了很丰富也很独特的空间量表达式。再如"见方"在明代《工部厂库须知》《南船纪》等建筑类书籍中最先出现，如果这些书也失传了，那"见方"的早期形成过程将永远成为悬案。

"立圆"极少出现在普通文献中。例如：

（6）搁在一个大立圆的凉蒲墩上。（清《野叟曝言》第十回）

"立方"偶可作面积标指。例如：

（7）（法国幅员）二十万三千立方洋里。（清《出使英法意比四国日记》卷一）

幂、方幂、平幂、平方幂、面幂、立幂、圆幂，《说文解字》："冖，覆也。"徐注："今俗作'幂'。"本是一种祭祀时覆盖尊器的方巾，有覆盖和方巾二义。"幂"与"方"相对，"幂"为方的积，"方"为幂的边即一次元。《汉语大词典》："幂，表示一个数自乘若干次的形式。"二次方叫"方幂""平幂""平方幂""面幂"，二次方或三次方叫"立幂"，圆形面积叫"圆幂"等。

（1）积者，聚也。众聚居之称。幂者，覆也。方面单布之名。积、幂之义，不同如此。（宋《九章算术·音义》）

（2）律嘉量斛，方尺而圆其外，庣旁九厘五毫，幂百六十二寸，深尺，积千六百二十寸，容十斗。（汉《新莽嘉量铭文》）

（3）祖氏方幂率十四，圆幂率十一。（唐《九章算术》卷一注）

（4）一四四〇尺，自之得平方幂二〇七三六〇〇。（唐《缉古算经考注》卷下）

（5）开平幂者，方百之面十；开立幂者，方千之面十也。（唐《缉古算经考注》卷下）

（6）黄钟律：长九寸，围九分，以围乘长得积八十一寸也。李光地曰：案，此所言积寸者，面幂。九分以九十乘之，则积八十一寸也。（清《汉书注补校》卷十四）

（7）小磬折形与余幂形高自乘为立方幂。（唐《缉古算经考注》卷下）

例（1）解释"幂"与"积"的区别，指出"幂"由覆盖义发展而来，表示正方形边长的平方，而"积"则为各种数的乘积。例（2）的"幂一百六十二寸"为面积，因为这个数乘以"深"之后得出的积能"容十斗"，即为容积。例（3）的"方幂十四""圆幂十一"，都表示面积，即方形内套圆形，两者的面积比大致为 14：11。例（4）的"自之"为自乘义，1440 的平方为 2073600，所以"平方幂"为平方积。例（5）的"平幂""立幂"分别为面积和体积，开方后得出边长为 10。例（6）的"面幂"是圆周长乘以长得出数值，是为面积。该式单位有误，清儒王先谦已指出。例（7）的"立方幂"为"小磬折形"与"余幂形"的面积和"高"相乘的结果，所以是立方积。

《九章算术》中的"立幂"指立面的面积，偏正结构。例如：

（8）城垣术，并上下广而半之得中平之广，"以高若深乘之"得一头之立幂，"又以深乘之"得立幂之积。穿渠术注，以渠广深之立幂为法也。皆以幂之立者为立幂言，各有指，不可合。（唐《缉古算经考注》卷下）

（9）深、衺相乘者为深衺立幂。以深衺立幂除积即坑广。（清《九章算术细草图说》卷五）

例（8）高或深乘以城墙的中宽，为城墙竖剖面面积，这个面再乘以"深"即城墙的长度，为施工的土方即体积，这个体积叫"立幂之积"。开挖河渠也是这样，其竖截面也是个梯形，截面面积为"立幂"，算法是"广深相乘"。前人已注意到"立幂"可为"幂之立者"。例（9）的"深"和"衺"相乘为"立幂"，这个面积除体积是"坑"的广度，所以"立幂"也是面积。这应是"立方"表示面积的前身。

面积，为"积"的双音化词汇之一，指物体所占二维空间的大小。初见于元明时数学书。例如：

（1）各面积、分数与率不合。（元《益古演段》卷上）

（2）凡两个等高三平行棱体，一以平行边形为底面，一以三角形为底面，平行边形之面积倍于三角形之面积，则二体等积。（明《几何原本》第十二卷）

（3）开立方除得面积于上，别置积内原分母如立方而一为法以除。求出面积即得所答方面。（明《永乐大典·算法》）

以上三例的"面积"都出现在数学书中，而且没有与数量词连用。清中期地方志有与数量词组合的用例，表明了该词在民间得到了传播和使用。清后期随着西学的涌入，"面积"一词大量地出现在译著和介绍国外情况的图书中。例如：

（4）小学校体育场，场地宽敞，面积约六亩余。（清雍正年间《阿迷州志》卷二十四）

（5）（葛尔多番国）长约一千五百里，宽约一千二百里地，面积方约二十二万里。（清《海国图志》卷三十三）

例（4）的"面积"直接与数量词组合。例（5）的"面积"与"方"联用，形成了新式的面积表达。

下面的例子"面积"有歧义：

（6）黄钟长九寸，空围九分，积八百一十分。盖蔡季通以管长九十为九寸分，故以面积九分乘管长得八百一十分。（明末清初《明儒学案》卷九）

例（6）中的"面积"，按"面积九分"读断符合近距离优选原则，并与上文"空围九分"对应，"空围"指周长，"积"用作长度标指是有先例的；按"面积"与"积八百一十分"对应，则为面积，但不符合近距离优选原则，也不符合"面积九分"作"以"的宾语的语法规范。

体积，是"积"的双音化词汇之一，表示物体所占三维空间的大小。"体积"到晚清才出现，晚于"面积"。例如：

（1）自乘再乘以正立方边，求其体积，开立方以正立方体积求其边也。(清《嘉庆朝大清会典图》卷八十)

（2）锡立方一寸其重几何，知其体积与轻重之比例，然后可以计。(唐《周礼正义》卷七十八)

（3）主径三分四厘六毫，用定率求之，得面幂九分三十九厘三十九毫，以长九十分乘之，得体积八百四十五分四百五十一厘。(清《皇朝续文献通考》卷一百九十)

例（1）说明"正立方边"与"正立方体积"的关系为"开立方"与"自乘再自乘"的关系。例（2）的"体积"为"立方一寸"，为中国传统的体积表达法，同时，该体积具有"轻重"，必为三维对象。例（3）的"径""面幂"和"体积"分别为一维、二维和三维，三者的数量关系也如例中数值所述。

对径、径，面积和体积有用直径表示的。例如：

（1）盖地球对径二万四千里。(清《出使英法意比四国日记续》卷五)

（2）大盘有面积对径二尺余者。(民国《饮流斋说瓷说杯盘》第八)

（3）土星实径约二十二万五千里，体积大于地球约一千倍。(清《出使英法意比四国日记续》卷一)

例（1）的"对径"为直径，百度百科"地球平均直径12742.02千米"，与例中"二万四千里"大致相当。例（2）的"面积"与"对径"连用，"二尺余"是直径长度，面积以直径长度表达。例

（3）土星，百度百科"直径 120536 千米"，与例文中"二十二万五千里"大致相当。后续句说明土星与地球体积的比值，完全符合现代的测量标准。因而例（3）的背景句"径"长若干，关注的并不是直径，而是体积，是以直径表达体积大小的用例。以"径"表面积和体积的表达比较罕见，常见的是以"方""见方"等表示面积和体积。

第二节　一维到二维

二维标指由一维标指演变而来，这种变化比"方"类词从一维、二维到三维的变化类型少了一种向三维的演变类型，时间节点要晚，是"方"类词用法的类推。有以边长、直径表面积，以周长表面积，以长度、宽度表面积三种情况。有的标指可同时以边长、直径、周长、长度、宽度等表示面积，本节分类时以其主要用法为主。

一　边长、直径表面积

我国传统数学把圆放在方形中研究，所以边长与直径一般是等值的。以边长或直径表面积的标指有"方圆""广袤"等。

方圆，为"方"和"圆"的并列式组合。"方"和"圆"有相关关系，如张家山汉简《算数书》"方材之一面即圆材之径也"，即方形之边长等于圆形直径的长度。两者组合后，意义有时侧重于"方"，有时侧重于"圆"，成为偏义复词。例如：

（1）方圆径寸，混而相拘。（汉《周易参同契》卷上）
（2）区方圆三尺，深五寸。（汉《氾胜之书》卷下）
（3）丘方圆三百里。（《山海经》卷十七）

例（1）的"方圆"后带"径"，"方圆"表形状，"径"作长度标指。而例（2）中"方圆"直接作长度标指，该例的"区"指农业上种植一棵瓜苗的占地范围,应当是"纵横其亩",所以是正方形的,该"方圆"侧重于"方"。例(3)的"丘"一般是圆形的,所以侧重于"圆"。后两例中的"方圆"表示形状,兼作长度标指。但例(3)同时还以直径指面积,表示丘面积的大小。所以"方圆"可与面积量词"亩"和"顷"组合,其中数词不再表示长度,而直接表示面积,"方圆"与形状也不再有关系。这种用法起源很早,一般指建筑物、山丘、湖池等封闭对象的面积,数值不会太大。例如:

(4)(蛎屿)方圆数十亩。(南北明《永嘉郡记》)
(5)(台)方圆二亩。(宋《太平御览》卷一百九十二)
(6)(池)方圆可三四亩。(明《西湖梦寻》卷一)
(7)(宅子)方圆占地有七亩。(清《刘公案》第六十三回)

这种用法在现代更多,用法很灵活。例如:

(8)(天坛)方圆占地差不多有四千亩,整体面积比紫禁城还大。(CCL 语料库)
(9)这个花园方圆并不很大,只有几英亩。(CCL 语料库)
(10)这是一个典型的城中之"国",方圆不到 20 公顷,常住人口大约有 800 人。(CCL 语料库)

以上三例中的"方圆"与数量词隔得较远,量词为面积量词"亩""英亩"和"公顷"。所以"方圆"是表示面积的名词,都作主语。例(8)的面积标指"方圆"和"面积"同现。

(11)在金线河边一块方圆十几亩大的高粱地里,贾正、刘太生和老边会合了。(CCL 语料库)
(12)这个版图面积居我省第二位的辽东边境大县,方圆 900 多万亩,九分是山。(CCL 语料库)

以上两例的"方圆"与数量词组合成一个结构，在前例中作定语，后例中作谓语。前例中有"大"字，用以明确地强调面积大小。

（13）素称"人间天堂"的太湖流域，方圆36500平方公里，她以自己浓浓的乳汁滋养着沿岸世代子孙。（CCL语料库）

（14）方圆847平方公里的三水市，丘陵山冈林海茫茫，平原水乡万顷良田稻花香。（CCL语料库）

以上两例用于介绍行政区域的面积，空间量词都是"平方公里"。"方圆"与数量词的组合，在前例中作谓语，在后例中作定语，数值都较大。这两例中的数值看似精确，其实也是估算的近似值，因为民用国土测量精度尚未达到十分精确的地步。

（15）城里有练兵场，大约十亩方圆。（CCL语料库）

上例的"方圆"在面积量词"亩"之后，这种用法不是主流用法。

（16）方圆49公顷的城隍庙，地处上海老城厢，是申城的城中之城。（CCL语料库）

（17）到目前为止，已有3万公顷原始森林化为灰烬，而且大火仍在方圆6万公顷的森林中燃烧。（CCL语料库）

以上两例中的量词都是"公顷"，"方圆"与数量词组合作定语。例（17）的两处面积表达，第一处不带"方圆"，第二处带，可见"方圆"完全可以删除。"方圆"可表周长，并以周长表面积大小。例如：

（18）东都外城方圆四十余里，旧京城方圆约二十里。（宋

《东京梦华录》卷一)

广轮,"广"为横长,"轮"指纵长。《周礼·大司徒》:"周知九州之地域广轮之数。"郑注:"轮,纵也。"贾注引马融:"东西为广,南北为轮。"《礼记·檀弓》:"广轮揜坎。"陈注:"横为广,直为轮。"又《楚辞·招隐士》:"树轮相纠兮。"朱注:"轮,横枝也。"朱注的方位有误。

"广轮"与数量词的组合,最初分别表示方形两边的边长。例如:

(1)(坎)广尺,轮二尺。(《仪礼·既夕礼》)

该例是祭礼中挖祭坑的规则,宽一尺,长二尺,而上文有"南顺"二字,为南向顺长义,即"广"为东西向,"轮"为南北向。该例的数据恰恰是南北向的数值大于东西向的数值,为南北向顺长形状。《月令》郑注中记录有祭路神的坛"广五尺,轮四尺",方位也是如此。

南北朝以后"广""轮"数值相等,"广轮"所指对象可以为直径。如:

(2)(坛)广轮仍以四为度,径四丈,周员十二丈。(南朝梁《南齐书》卷九)

该例中"广轮"即指直径,后续句为周三径一之比。类似表达在《宋史》中为"广轮四丈,周十二丈","广轮"直接替代了"径",二者为同义关系。

因此"广轮"可指形状与边长。例如:

(3)(土台)广轮四五十步。(南北朝《宗国都城记》)
(4)梁人竖木栅于外城,广轮六十里。(唐《北史》卷二十

三)

此二例仍指建筑的形状及其边长,不大关注面积。而有时可以不关注对象的形状,只关注面积大小,这种表达多出现在史书中,与中大尺度相联系,多约数。例如:

(5) 禁地广轮且千余里。(晋《三国志》卷二十四)
(6) 其国广轮三千余里。(唐《南史》卷七十八)
(7) 县南百余里铁岘山,广轮二百许里。(宋《太平御览》卷四十六)

例(5)为三国魏之苑囿大小。例(6)为"扶南国"面积大小。例(7)为一座山的大小。这些句中的"广轮"都可以"方圆"一词替换,对象形状不确定,所以与形状无关。

广袤,并列结构,本与方位相配,《说文解字》:"南北曰袤,东西曰广。""广袤"表示国家、州郡、苑宅、遭灾地域面积或占地面积的大小,一般为约数和中大尺寸。例如:

(1) 欲知东西南北广袤之数者,立四表以为方一里距。(汉《淮南子·天文训》)
(2) 其山广袤百里,高八万仞。(汉《史记》卷一百一十七)
(3) (筑龙腾苑)广袤十余里。(北齐《魏书》卷九十五)
(4) 池东天泽地燃,广袤数丈。(晋《十六国春秋别本》卷七)

例(1)以方位与"广袤"组合,用于测量土地面积的记录,可见"广袤"是测量土地面积所用的标准术语。例(2)的昆仑山在物理空间中并非正东西南北方向,此处的方位是在认知空间内的走向。

例（3）在《资治通鉴》中引为"方十余里"，可知"方"与"广袤"同义，此例指建筑物占地面积。例（4）为遭灾面积。这种用法从汉代一直持续到清末，是"广袤"的主要用法之一。这种用法在唐以后可与田地面积量词"亩"和"顷"组合使用，数词表示面积数，不表示边长长度。例如：

(5) 平阳地震，雨血于东宫，广袤顷余。（唐《晋书》卷一百二）

(6) 所居有两塘，各广袤二十亩。（宋《夷坚志》卷三）

(7)（颐园）广袤数亩。（清《吴趋访古录》卷四）

(8)（石砺山）高数十丈，广袤数百顷。（清《广东新语》卷二）

例（5）与例（4）一致，表示遭灾的面积大小，本例直接加上了面积量词"顷"。例（6）的"二十亩"指两个池塘各自的面积大小。例（7）的"数亩"指建筑"颐园"的大小，与例（3）的用法一致。例（8）与例（2）用法一致。

这种用法来自于对一维长度的测量。当"广袤"对文出现时，"广"指宽度，"袤"指长度，"广"为较短的边。《周髀算经》卷上："广，短也。"一维的用法比二维的用法出现要早。如：

(9) 凿广三尺，袤二尺。（《墨子·备城门》）

(10) 布袤八尺，福（幅）广二尺二寸。（秦简《金布律》）

(11)（台）上广八丈五尺，下广九丈，上袤一十三丈，下袤一十四丈。（唐《缉古算经》）

以上三例为小尺寸精确数据，均为工程标准；最后一例为"广""袤"对文，用于计算。从《九章算术》以下，古典数学均用这种表达。这三例关注的不是对象面积的大小，而是对象两边的实际长度。

"广袤各"的用法中,"广""袤"是分别测量计算的,例如:

(12) 植皆为通舄,下高丈,上九尺,广袤各丈六尺。(《墨子·备城门》)

(13) 荐以紫巾,广袤各三寸。(南朝宋《后汉书》卷一百六)

此时具备了"广袤"具备了表达面积的语义基础,与"方"的意义相同。这种变化过程有时会在文献中呈现出来。例如:

(14) (希腊)长一千二百里,阔三百里,广袤十万一千方里,居民百九十二万。(清《海国图志》卷四十九)

例(14)先交代长宽尺寸"长""阔"若干,再交代面积"广袤"若干,由一维而二维,计算过程很清楚。该例是魏源引自他书的例子,数据并不准确,前后得数也不一致,但大体上能呈现由边长至面积的计算方式。

"广袤"在唐代以后有形容词广大的意义。例如:

(15) 地雄壮广袤。(唐《三水小牍》)

"广袤"后接陈述句时,表示范围。例如:

(16) 其中广袤五十余里,日光惨淡,风气萧然。(明《喻世明言》第三十二卷)

广运,以正方形边长表示面积,偏义复词,"运"为陪衬。韦昭注《国语》:"东西为广,南北为运。""运""圆"音近义通。例如:

(1)（勾践之地）广运百里。（《国语·越语》）

(2) 峥山自大岩叠嶂而至，广运数十里。（清康熙年间《萧山县志》卷十五）

(3) 今日之以广运万里，地球中第一大国而受制于小夷也。（《晚清文选》卷上）

例（1）指越国之地，"百里"为折合为正方形之后的边长数，以边长表示面积大小。例（3）为中国之地，"广运万里"也符合边长数。

方广，为偏义复词，"广"为陪衬。例如：

(1) 今推得城方广各一十一里二百二十步又三十一分步之二十。（宋《数学九章》卷四）

(2) 畔有石池，方广各丈余。泉香而甘，石上有马蹄痕数处。又紫甸乡有自久山，方广四十里。（清《读史方舆纪要》卷一百十六）

例（1）的"城方广"，与《考工记》中"匠人营国，方九里"用法一致，都指城之一边长，其中的"广"起到陪衬的作用。例（2）中的"石池方广"与"山方广"相对，可见"方广"都表示边长，同时兼表形状和面积。

"方广"的语义，由最初的正方形形状与边长，引申出面积、形状与边长，后仅表示面积。例如：

(3) 天子社稷土坛方广五丈，诸侯半之。（汉《独断》卷上）

(4) （印）方广二寸。（清《七颂堂识小录》）

(5) （窟）方广七八丈。（南北朝《豫章记》卷五十五）

(6) 江南方广千里。（清《历代诗话考索》）

(7)（大石片）方广数亩。(金《续夷坚志》卷四)

(8) 莲花方广数亩。(明《遵生八笺》卷四)

(9)（西湖）方广二顷。(清《读史方舆纪要》卷七十)

"方广"所指对象，如果是人工制品，如台榭建筑和印章等，那么就是中小尺度，一般为确数，如例（3）和例（4）。这两例中"方广"都指正方形边长，而不指面积。因为例（3）的后续句"半之"指的是边长数量，如果是面积，当是四分之一；我们对印章也很少关注它的面积，只关注其形状与边长，所以例（4）也是表示形状和边长。例（5）顾野王《舆地志》引为"方七八丈"，该例除表形状、边长，还表示面积大小。这种用法多为中大量度和约数。例（6）已不关心对象形状，因为对象的形状并非正方形，该例以折合边长表示面积。当"方广"与"亩"和"顷"组合时，该词不再表示形状和边长，而仅指面积，如例（7）至例（9）。

方面，"方之一边"义，以边长表示面积大小，偏正结构。"面"，徐中舒《甲骨文字典》："从囗从目，囗象人面部匡廓形，目乃面部最主要之特点，故从目。""面"由面部轮廓引申为方向，表示面对或背对，这是空间量标指常见的引申方式之一。《说文解字》："面，颜前也。"段注："颜者，两眉之中间也。颜前者，谓自此而前则为目、为鼻、为目下、为颊之间。乃正向人者，故与背为反对之称。引申之为相向之称，又引申之为相背之称。凡言面缚者，谓反背而缚之。"所谓"面缚"，作为投降的表现，实为"背缚"，把手绑在背后。方位与形状关系密切。"面"可表示物体表层能被肉眼观测到的一面或几何中的平面，是语义转喻现象。《墨子·大取》："方之一面，非方也。"张注："方之一面，如方幂，无厚，非同六面之方体。""面"又转喻正方形、正六边形等几何形状的一边长，或数学开方之后得出的数值，这种语义基本不见字典收录。例如：

(1) 六觚之一面，与圆径之半，其数均等。(汉《九章算

术》卷一）

（2）开平方，百之面十；其开立方，即千之面十。（汉《九章算术》卷四）

（3）七乘方积一千五百二十伍亿八千七百八十九万六百二十五尺，问每面几何？（明《算学宝鉴》卷二）

例（1）的"六觚"切面为正六边形，根据几何学知识，正六边形的边长等于其外接正圆的半径。"圆径之半"恰是半径，与"六觚之一面""数均等"，所以"面"指的是边长。例（2）中，100开平方得出的数为10，1000开立方得出的数也是10，所以"面"指的是开方之后的结果，即方形的一边长。例（3）的152587890625为25的八次方，所以这个"面"指的是开八次方之后的数值。

"面"作边长解，双音形式主要是"方面"。例如：

（4）方面即每边。（元《益古演段》卷上）

（5）幂是方面单布之名，积乃众数聚居之称。（汉《九章算术》卷一）

（6）今有立方、立圆、平方各一所，共积二万九千九百八十四尺，只云立圆径如立方面七分之六，平方面如立圆径三分之二，问三事各几何？答曰：立圆径二十四尺，立方面二十八尺，平方面一十六尺。（元《四元玉鉴》卷下）

（7）平方积、立方积、三乘方积三积连乘得总积二百七十九亿九千三百六十万尺，且云三乘方面不及立方面三尺，立方面不及平方面五尺，问三方面各几何？（明《算学宝鉴》卷二）

例（4）直接把"方面"定义为边长。例（5）中的"幂"为一个数的若干次方的形式，"幂是方面单布"与下文的"积乃众数聚居"对文，所以"方面"是该数自身，而非运算过之后得出的积。例（6）的立圆径为24尺，立方面为28尺，平方面为16尺。倒推题设：

球体体积为 $4\pi R^3/3 = 7234.56$，$28^3 = 21952$，$16^3 = 256$，三数相加最后等于 29442.56。此数值与题干给出的 29984 有些误差，应是计算公式、常数设置及小数点保留规则的不同造成的。因而"立方径""立方面""平方面"都指长度，而非面积或体积。例（7）依题列方程为 $x^4(x+3)^3[(x+3)+5]^2=27993600000$[1]，故而所谓三方面，分别指 x、(x+3) 和 [(x+3)+5]，它们都是开方后的数值，即边长。

传世文献中这种用法分布于工程语体中。例如：

（8）（柷）方面各二尺余，旁开员（圆）孔。（后晋《旧唐书》卷二十九）

（9）坛方二丈五尺，崇尺二寸；其再成（层），方面皆杀尺，崇四分而去一。（宋《朱文公文集》卷七九）

例（8）的"柷"是我国古代的打击乐器，击打面水平向上，为正方形。该例中"方面"是方形一边长之义。例（9）为坛的尺寸记录，"方"与"方面"互文，都指方形一边长之义。其中的"杀尺"是少一尺义，与下文"去一"为少一寸相似。

"方面"在指土地面积时，可表示形状，也可不表示形状，但数量词表长度。例如：

（10）西南东北岸正等，方丈（洲）方面各五千里。（南北朝《海内十洲记》）

（11）（池）方面每二百里。（宋《菩萨本生鬘论》卷第一）

（12）（四川）方面不过千数百里。（清《清稗类钞·地理类》）

例（10）中"方丈洲"是传说中的大洲，为"西南东北岸正等"

---

[1] 李培业：《研究〈算学宝鉴〉开方术》，《珠算》1998 年第 6 期。

的正方形，每边长五千里，该例中的"方面"表示形状、边长和面积。该例在《夏商野史》中也有出现。例（11）的水池未必是正方形，例（12）的"四川"一定不是正方形，二例都是折合为正方形的计算方法。

"方面"在与数量词组合，后接后续句的情况下，也可指范围。例如：

(13) 当时议者依绥州例分画，向方面各打量二十里，内十里安置堡铺耕牧，外十里拍立封堠，空作草地。（宋《续资治通鉴长编》卷四百四十五）

纵横，本与东西南北方位相联系，并列关系。"纵"的本字为"従"，"横"的借字为"衡"。"従"，《集韵》："东西曰横，南北曰従。或从糸。"《说文解字》："随行也。"段注："引申为主従，为従横，为操従，亦假'纵'为之。"可知"纵横"之"纵"本作"従"，由"従"的跟随行走义引申而来，人的正向位置为面南背北，所以纵队的典型走向为南北向，因而"纵"指南北方位。"従"的借字为"纵"。《说文解字》："纵，缓也。一曰舍也。"即释放累囚，如"纵虎归山"。段注："后人以为'従衡'字者，非也。""横"本为门槛横木，因古民居的典型朝向为坐北朝南，所以门槛横木为东西向，因而"横"指东西方位。《说文解字》："横，阑木也。"段注："阑，门遮也。引申为凡遮之称。凡以木阑之皆谓之横也。古多以'衡'为'横'也。《陈风》传曰'衡门'，横木为门也。《考工记》'衡四寸'，注曰'衡，古文横'，假借字也。"《经典释文》："'衡'即训为'横'。《韩诗》：'东西耕曰横。'""衡"本为横绑牛的两个角上用来防止牛用角抵触人的横木，这种横木是不分方位的。《说文解字》："牛触，横大木。"段注："古多假'衡'为'横'。"《诗经》"従衡其亩"。"纵横"可不与方位相关，而只相对于观察者而言，顺直为纵，垂直为横。

"纵横"与数量词的组合，本指形状为正方形，数量词为其边长。例如：

（1）若积金玉奇物，纵横千里，直上至天，终不至大贤、圣人、仙士来，赖助帝王之治。(汉《太平经·丙部》)

（2）（衣）纵横皆二尺二寸，正方者也。(唐《仪礼注疏》卷三十四)

（3）凡一骑军，纵横各四步，立定。(宋《武经总要前集》卷五)

（4）（方印）纵横二寸七分，上镌十六字。(清《随园诗话续编》卷三)

例（1）的"纵横千里"用夸张的表达来指堆积宝物之多，与不求贤士的行为极度对比，"纵横"显然不指面积。例（2）指衣服的尺寸，数量词为长度，后续句表明对象为正方形。例（3）为战阵中的骑兵列队形式，是一边长为四步的正方形，四角各站立一人。后两例带了"皆"和"各"，表明数量词为各边长长度，而不是其他。例（4）"方印"说明对象为方形，数量词为一边长。我们对印章，只会关心它的形状和边长，很少关心它的面积大小。"纵横"的这种用法与"纵广"对应，如《元史》中既有"（坛）纵广五丈（卷七十二）"，也有"（坛）纵横五丈（卷八十二）"。

在指土地、城池等对象时，可以表示面积大小，一般为约数。例如：

（5）犹得欹侧八九丈，纵横数十步。(南北朝《小园赋》)

（6）（赤光）纵横一尺余。(隋《广弘明集》卷十七)

（7）（池）纵横丈余。(宋《昨梦录》)

（8）（阿鼻地狱）纵横二十万里。(明《狮吼记》第二十三出)

例（5）为《小园赋》中的一句，以"纵横数十步"极言其面积小。该句"欹侧"二字，为倾斜义，所以对象并不是正方形。"纵横"只是测量对象的一种方法，将其折合为方形来表示。后三例的光、池和地狱也是如此。语料中"纵横"还可以表示镜子、手板等物的面积大小。

当"纵横"与面积量词"亩"或"顷"组合时，数词不再是长度而是面积，用例极少。例如：

（9）（园）纵横距一顷有奇。（明《云间据目抄》卷五）

（10）神宇各三楹，纵横不逾半亩。（清《日下旧闻考》卷六十一）

（11）（池）纵横数亩。（清《花月痕》第六回）

例（9）"纵横距一顷有奇"与例（5）的"纵横数十步"都表示园地的大小，所不同的是二者数量词的性质。例（10）表示房屋面积大小，用法与（8）同。例（11）和例（7）都表示池塘的面积，不同也在于数量词的性质。所以"纵横"也是由表一维而发展为表示二维的。

"纵横"的特殊之处在于其构词语素可以单独成词，对用或独用，两者所带数值不同。例如：

（12）觚各阔三分，顶纵七分，横五分。（清《小沧浪笔谈》卷三）

（13）（嘉良夷）地纵八百里，横四千五百里。（宋《新唐书》卷二百二十二）

例（12）的"觚"为方形，顶的尺寸以"纵横"表示，"纵横"表示形状与边长，而非面积。例（13）的"嘉良夷"，为今四川西北部的"嘉绒"族群，其居住面积以"纵""横"各若干来表示。

"纵横"用于长条状物,如山脉、连营、铁路等时,指的是曲线长度,而非面积。例如:

(14)(营)纵横七百余里。(元末明初《三国演义》第八十四回)
(15)(噶喇叭山)山纵横千里。(清《海录》)
(16)铁路纵横有四千三百一十九启罗迈当。(清《出使英法意比四国日记续》卷九)

例(14)指刘备的连营,长度绵延数百里。例(15)的山脉一般是长条状,例(16)的铁路一定是长条状,因此此二例也指长度。

"纵横"接长度标指时,"纵横"为方位名词,而非空间量标指。例如:

(17)纵横径各满一寸。(《唐律疏议》卷二十一)
(18)池横阔一寸八,纵阔一寸。(唐《卫公兵法辑本》)
(19)伦敦纵广二十余里,横长三十余里。(清《伦敦与巴黎日记》卷十六)

广长,《周髀算经》卷上:"东西、南北谓之广、长。"可见"广长"最初也与方位相关联。并列结构。例如:

(1)沉机长二丈,广八尺。(《墨子·备城门》)
(2)陛高二尺五,广长各三尺。(《墨子·备城门》)

这两例中的"广""长"分别表示长度和宽度。后例的"各"表明"广""长"相等,这是其表示面积的语义基础。表示边长兼面积的例如:

第三章 低维与高维

　　（3）（蒲昌海）广长三四百里。（汉《前汉纪》卷第十二）

　　（4）王城广长四百里，围千六百里。（三国《六度集经》卷二）

　　（5）（龟）广长三尺。（宋《类说》卷五）

　　（6）壁间留"龟鹤"二字，广长一丈。（金《中州集·壬集第九》）

例（3）的"广长"，在《汉书》中表述为"广袤三四百里"，因而与"广袤"一样同属面积表达。例（4）"王城"周长一千六百里，所以"广长四百里"指边长，也指城的面积大小。例（5）和例（6）为中小尺寸，也表示长度兼面积大小。

纵广，由"纵"和"广"组合，并列关系。《妙法莲华经》："直曰纵，横曰广。"但"广"较自由，而"纵"较不自由，多与"广"合用。该词也由正方形边长引申为兼表面积，再引申为仅表面积。例如：

　　（1）（膀胱）纵广九寸。（汉《黄帝八十一难经》）

　　（2）（坛）纵广八尺。（元《文献通考》卷八十）

　　（3）（舌）纵广四逾缮那。（晋《佛说大乘菩萨藏正法经》卷二十六）

　　（4）（蝗虫）纵广三百里。（南朝梁《宋书》卷三十三）

　　（5）（园）纵广足满十顷。（南北朝《佛说未曾有因缘经》卷下）

　　（6）（山）纵广五六十亩。（宋《太平御览》卷九百八十七）

例（1）为医书对脏器的描述，一般不会关注其面积，而关注形状与边长。膀胱并非正方形，此处取于近似。同样是坛，《独断》中表述为"坛方广五丈"，而例（2）表述为"纵广八尺"，可见"方广""纵广"都可表示形状与边长。例（4）侧重于说明受蝗灾面积的大小，方法是以正方形边长表示。例（5）和例（6）的"纵广"与"亩""顷"组合，直接表示面积，与边长和形状脱离了关系。"纵广"用作面积标指，常见于三国至唐代的佛经，常常表示夸大的意义。所组合的量词，有"逾缮那""逾阇那""由旬""由延"等，这些量词都是梵语 yojana 的音译词，词根为 yuj，义为"挂轭"[①]，隐喻公牛挂轭日行长度，现代一般认为一由旬为 22.4 华里。如例（3）的"舌"，可换算为近 90 里方圆。这些被夸大的对象一般为寺庙、道场、过火、雨血等宗教相关事物和现象，一般为中大尺度和约数。

"纵广"可与"东西南北""正等""正圆""正方""四方""边"等组合，表明对象的形状与边长。例如：

（7）而彼无边功德宝庄严世界者，东西南北纵广正等六十四由旬。（晋《如来不思议秘密大乘经》卷十四）

（8）其土正圆，纵广九千由旬。（晋《长阿含经》卷十八）

（9）其土正方，纵广一万由旬。（晋《长阿含经》卷十八）

（10）其城四方，纵广八万四千由旬。（南北朝《毗耶娑问经》卷下）

（11）如前所说过此国已有河名阿弥多，其边纵广七百由旬。（南北朝《正法念处经》卷七十）

"纵广"偶作偏正结构，"纵"为方向，"广"为长度。例如：

（12）伦敦纵广二十余里，横长三十余里。（清《伦敦与巴黎日记》卷十六）

径阔，也作"经阔"，可指直径，也可以正方形边长表示面积，偏正结构。例如：

[①] 慈怡：《佛光大辞典》，佛光出版社 1988 年版。

（1）屋径阔一丈六尺。(唐《卫公兵法辑本》卷中)
　　（2）（饼）各径阔二尺。(宋《太平广记》卷二三七)

　　例（1）以正方形边长表示面积。例（2）的"径阔"表示直径，兼以直径表面积大小。
　　广狭，可以表示宽度，也可以边长或直径兼表面积，并列结构。例如：

　　（1）（湾）广狭八九丈。(《全唐诗》卷零四四五)
　　（2）铭呵罗提之国，国地形正员，广狭九十万里。(宋《云笈七签》卷二十二)
　　（3）寨广狭可有几里？方圆有五里之遥。(清《七侠五义》第一百一十回)

　　例（1）的"湾八九丈"，指宽度。例（2）和例（3）以直径或边长表示面积大小。
　　圆袤、宽圆，偶以正方形边长表面积。"圆袤"为偏义复词，"圆"为陪衬。例如：

　　（1）拔野古地圆袤二千里。(宋《新唐书》卷二百一十七)
　　（2）（卸石寨）宽圆约数十里。(清《女仙外史》第十四回)

　　例（1）百度百科"拔野古"条注"方圆千里"，以边长表面积。例（2）疑与例（1）同。
　　经纬，经纬本为丝织品的纵线和横线，转喻道路和土地时，与方位相联系。《周礼·考工记》："国中九经九纬。"贾疏："南北之道为经，东西之道为纬。"《大戴礼记·易本命》："凡地，东西为纬，南北为经。"《周髀算经》："南北为经。"《楚辞》王注："纬曰横，经曰纵。"又泛化为长度标指，不论方位，常与"径"相通，也特指河流长度。例如：

(1)（横木）经尺一。(《墨子·备蛾傅》)
(2)（瓜）经四五寸。(南北朝《齐民要术》卷十)
(3)（蛇）粗围经尺而已。(清《乡曲枝辞》)
(4) 流经十六里。(宋《新唐书》卷三十九)
(5)（河）经一百三十余里。(民国《清史稿》卷三百九)

例（1）是没有方位的长度。例（2）和例（3）的"经"通"径"，指直径。例（4）和例（5）的"经"指河流长度。

"经纬"可指有方向的道路，可指方形的边，也可间接指面积。例如：

(6)（城）经纬各十二里。(汉《汉旧仪》)
(7) 国家际天极地，经纬万里。(明《皇明经世文编》卷四百三十九)
(8) 无数天神，共经纬九万里之地。(清《海国四说》卷一)

例（6）的"经纬"指城内的道路，并分别与南北、东西方位相配。例（7）和例（8）的"经纬"指方形的边，也间接指面积。

广衍，偶作面积标指，偏正结构。"衍"，本义为水流入海。《说文解字》："衍，水朝宗于海也。"引申为延展，散布。如"繁衍""推衍"。又引申为平广的土地，"广衍数于万（《墨子·非攻》）"。郑玄《周礼》注："下平曰衍。"又引申为土地面积。例如：

(1)（红花）广衍有一千余亩。(明《二刻拍案惊奇》卷四)
(2)（磁州）今为河北要郡，平原沃野，广衍数百里。(明嘉靖年间《磁州志·叙》)

（3）兹独被以佳名，蜿蜒高峻，广衍百余里。（光绪年间《黎平府志》卷二）

例（1）"广衍"与面积量词"亩"组合。例（2）和例（3）"广衍"与边长数量合用，以边长表面积。

开方，可作边长或面积标指。乘法是加法的一种特殊形式，除法是减法的一种特殊形式。"开方"能表示开平方，也能表示平方，表现了乘法和除法的相通关系。例如：

（1）所处庐开方四尺。（唐《南史》卷二十五）
（2）那御教场十里正方，周围四十里，开方一百里。（清《荡寇志》第七十一回）
（3）七十四里，开方之得积方里者，五千四百七十六里。（清《刘礼部集》卷五）

例（1）的"庐"是古代为母守孝所处之处，不可能只有一尺见方大小，应是为每边四尺长的正方形。例（2）的"教场"为正方形，边长十里，周长四十里，面积一百平方里，所以"开方"为面积标指。例（3）的74的二次方为5476，作者用"开方"表示二次方。

一般的，"开方"是"平方"的反运算，"开"为求得义，古人视为除法。例如：

（4）开方，求方幂之一面也。（唐《九章算术》卷四注）
（5）开立方，立方适等，求其一面也。（唐《九章算术》卷四注）
（6）开方除之，即二十四觚之一面也。（唐《九章算术》卷一注）
（7）如一图为正平方形，四边等角皆直，有长、广无厚，以一边自乘，得面积。如有积求边者，当以积开平方得边，若知积

为二十五，开平方而得五为边。（清《周易倚数录》附卷）

例（4）和例（5）说明"开"即求得义。例（6）"除之"而得，即"开"为求得义，以除法得到。例（4）和例（5）的"一面"即一边，例（6）的"二十四觚"即正二十四边形。例（7）详细介绍了平方和开方的算法，正方形的边自乘为面积，开平方为边，如25开平方得5为边。

"开方"有"开平方""开平方除得""平方开得""开平方除之得""平方开出"等表述。例如：

（8）十六开平方，除得四步。（宋《梦溪笔谈》卷十八）

（9）平方开得四十八，即勾也。（元《测圆海镜细草》卷七）

（10）三千三百六十四步开平方除之，得五十八步。（明《算法全能集》下）

（11）平方开出弦数二十丈有奇。（清《野叟曝言》第一百十一回）

周袤，与"广袤"同义，偏义复词，"周"为陪衬。以边长表面积，用例较少。例如：

（1）《汉书》云"开上林苑，周袤三百里"。《汉宫殿疏》云"方三百四十里"。《汉旧仪》云"上林苑，方三百里"。（南北朝《三辅黄图》卷四）

上例中，"周袤"在不同的书中与"方"换用，因而也是正方形一边长之义，故而"周袤"是用以表示面积大小的标指。再如：

（2）有井忽涌为小池，周袤十数丈，常有云气。（宋《雍

录》卷四）

（3）东五里为长春岭，黄壤秀异，周袤约十里。（清《泰山道里记》七）

（4）（台湾）周袤三千里，水陆之产咸备。（清《三藩纪事本末》卷四）

例（4）的"三千里"的测量结果是令人怀疑的，一方面当时所用单位只有现在的一半左右，测量也不精确，另一方面我们不能确定当时测量的范围。再如魏源是这样描述台湾的：

（5）（台湾）亘闽海中，袤二千八百里，衡五百里。（清《圣武记》）

依上例看，"袤"指的是纵长，与"衡（横）"相对。"袤"后的数值与例（4）的"周袤"相近，所以"周袤"可能也是纵长。但也不排除"周袤"表示周长的可能性，因为"周袤三千里"大致相当于现在的"周长一千五百里"，与台湾本岛的海岸线周长相近。但如果测量的对象为台湾本岛及周边海域，则不能确定"周袤"所指为何了。

二 周长表面积

周长虽是一维长度，依托的对象却是闭合的二维形状，所以周长能表示面积大小。这类标指以"周""圆""环"及其双音节词为主，"围"基本不能作面积标指。

周，本为长禾苗的农田形，引申为旁边、周围、周长。《九章算术》已有"周三径一"的比率。

（1）田周廿七步。（岳麓书院藏秦简《数》）
（2）故太伯起城，周三里二百步，外郭三百余里。（汉《吴

越春秋》卷一)

(3) 柱高三丈,周十围。(清《孽海花》第十二回)

例(1)的"周"用于农田测量,与"周"的本义相距不远。例(2)为建筑城墙的周长,该例关注长度而不是面积。例(3)测柱子的周长,量词为周长量词"围",该例无关于田地。

"周"可以周长表示面积大小。例如:

(4)(盬)河东盐池。袤五十一里,广七里,周百一十六里。(汉《说文解字·盐》)

(5) 五印度之境,周九万余里,三垂大海。(唐《大唐西域记》卷二)

例(4)的长袤相加乘以二,刚好是周长的长度。作者为何把长、宽、周都罗列上,而不避重复呢?此处"周"应是以周长表示面积的用例,用于强调河东即今运城盐池之大。有人专门为运城盬盐立传,认为它是"与我华夏民族同龄的古老而殊异的宝藏"①。例(5)的"周"指"五印度"面积的大小,该例是以周长表面积的典型用例。

"周"与"亩"和"顷"组合,直接表示面积。例如:

(6)(乘湖)周五百顷,去县五里。(汉《越绝书》卷二)

(7) 池周三百亩。(宋《新唐书》卷三十五)

(8) 抛沙墩,周百余亩。(清《嘉庆重修一统志》卷一百三)

以上三例,分别描写湖面和高地的面积。例(7)的"周三百亩",在《旧唐书》中作"周三顷",光绪年间《荆州府志》作"池

---

① 周宗奇:《盬盐传:一种古老资源的当代文化解读》,作家出版社2015年版。

周三百步",《全唐文纪事》作"周回三顷"。

"周"与数量词组合,不是前指,不用于说明对象面积,而是后指时,可以表示范围。例如:

(9)村周十余里俱小山。(明《万历野获编》卷三十)

周回,是"周"双音化的一种词形,可以以周长表示面积,并列结构。《文字源流浅析》指出,"回"为"徊""迴"之省文,取义于蛇"回旋迅猛"之象。"回"遂有"转"义,偶作周长标指。"周"是数学中的科技用语,"周回"多出现在史书和笔记中,指建筑、水面和区域的大小。例如:

(1)日月径千里,周回三千里。(唐《北堂书抄》卷第一百五十)

(2)(秦始皇陵)周回五里有余。(汉《汉书》卷第三十六)

(3)仇池百顷,周回九千四十步,天形四方。(南朝宋《后汉书》卷八十六)

(4)苦国在大食西界,周回数千里。(唐《通典》卷一百九十三)

例(1)的"周回"按"周三径一"的比率计算刚好是周长。例(2)突出始皇陵占地面积之大,以周长表示面积大小。例(3)的仇池是正方形,以每步约1.1米算,"百顷"为6666667平方米,"周长九千四十步"为6682225平方米,大体对应。可见,面积与周长是相通的。例(4)"周回"直接用于国家面积的描述。

"周回"与"亩""顷"等组合使用时,直接表示面积。这种用法主要集中在唐代。例如:

(5)(冢)周回数亩。(北魏《水经注》卷二十七)

（6）池周回三顷。（唐《大唐新语》卷十三）

"周回"可表范围。例如：

（7）蕃贼尸堆积于池隍，周回数里。（宋《册府元龟》卷四百）

周轮，周长标指，偏义复词。"轮"，本指车轮。《说文解字》："有辐曰轮，无辐曰轾。"《玉篇》："轮，车轮也。""轮"从"仑"得声，"仑"有圆义，如"抡圆胳膊"之"抡"，"囫囵"之"囵"，"河水清且涟猗"之"沦"——毛传"小风水成文转如轮也"，"干瘪"之"瘪"——取不圆义，"议论"之"论"——取圆话义，"人伦"之"伦"——取圆满义，等等。又引申为周围、边缘。例如：

（1）钱七千万，皆厚轮大郭。（宋《太平御览》卷第八百三十五）

贾注《周礼》引马融："东西为广，南北为轮。"是为引申义。
"周轮"南北朝时偶作周长标指，兼表面积，多用于墓地，也用于高台和区域，多表约数，有夸大之义。例如：

（2）陵周轮数里。（南北朝《十六国春秋别传》卷十六）
（3）台周轮八十余堵。（唐《晋书》卷八十六）

周匝，"匝"为"帀"之误字。"帀"，《文字蒙求》："从倒屮，屮者出也，出而倒之，则反其故处，是周帀也。"佛经中习用"周匝"表夸大义，偏义复词，"匝"为陪衬。例如：

（1）（树）周匝二千里。（魏晋《大楼炭经》卷第六）

第三章　低维与高维

(2)（城）周匝七十里。(唐《北史》卷九十七)

(3)（石）周匝六七亩。(宋《太平广记》卷一八)

(4) 其中周匝一亩稍平，故名大坪。(清《嘉庆重修一统志》卷三百八十四)

例(1)是佛经中的表达，例(2)已用到正史中，两例都以周长表面积大小。例(3)和例(4)直接与面积量词连用，"周匝"为面积标指。

"周匝"也可表示范围。例如：

(5) 火焰所照，周匝四十里，如日之明。(魏晋《大楼炭经》卷第三)

(6) 符咒护四百里周匝，无敢烧者。(魏晋《生经》卷第二)

例(5)兼表面积和范围的过度，"周匝"既前指火焰所照面积，也后指明亮范围。例(6)侧重范围，而不关注面积。

周阔，"周"的双音化词汇之一，可以周长表面积，偏义复词，"阔"为陪衬。例如：

(1) 今有圆田，周阔七十二步，径二十四步，问该田几何？答曰：该田一亩一百九十二步。(明《算法全能集》下)

(2) 墙外种竹勒，周阔数尺。(清光绪年间《郁林州志》卷十八)

例(1)的"周阔"恰好是直径的三倍，符合古代"周三径一"的比率。该圆田面积为比率3乘以12的平方，等于432平方步。古代一亩地240平方步，刚好是一亩又192平方步，即该题计算结果。因而该例的"周阔"正是周长。例(2)说明竹子的尺寸，只有可能是周长。

"周阔"可以周长表示面积。例如：

(3) 今此大地,厚四十八万由旬,周阔无量。(隋《起世经》卷一)
(4) 南岸明堂周阔数百丈。(明《阳明先生道学抄》卷上)
(5) 索罗模大湖,周阔二百余里。(清《尔雅郭注补正》卷中三)

以上三例分别表示大地、房室和大湖的面积大小,都以周长来表示。

"周阔"偶可与面积量词组合表示面积,为面积标指。例如：

(6) 凡一龙宫,周阔数亩。(明《太平清话》卷三)

周环,"周"的双音化词汇之一,可以周长表示面积,并列关系。"环"本义为圆圈形玉器,泛指圆圈形物如"游环",又引申为旋转、围绕、包围等动态义,也作周长标指。"周环"用作周长标指,在唐代用例较多,后代有仿例。例如：

(1)(莲子湖)周环二十里。(唐《酉阳杂俎》卷十一)
(2) 国周环近将千里。(唐《晋书》卷四十)
(3)(九龙池)周环数顷。(宋《南部新书》庚集)

例(1)和例(2)指水面和区域的面积,以周长表面积。例(3)与面积量词组合,直接作面积标指。

"周环"也可作曲线长度。例如：

(4) 每旦起即徐步,周环约五里所。(宋《明道杂志》)

（5）（水）周环二百余里。（明《荆州方舆书》）

例（4）指散步路线的曲线长度，例（5）指湖水的水岸长度。二者都是曲线，形状也应是闭合的。

周围，"周"的双音化形式之一，也可以周长表示面积，并列结构。例如：

（1）每方长五十里，周围计二百里。（清《虞初新志》卷十九）

（2）诸国周围或可百里，或数百里，或可百驿。（《全唐文》卷九百十四）

（3）（湖）周围数百顷。（宋《太平御览》卷六十六）

例（1）的边长数计算后刚好是周长数，"周围"表示周长。例（2）的国家面积，以周长表示。例（3）直接带上面积量词，"周围"为面积标指。

"周围"也可表示范围。例如：

（4）这座大山，周围数百里，向无人烟。（清《镜花缘》第五十八回）

（5）（基）周围一顷余内，有小土山。（清《宸垣识略》卷九）

例（4）的"周围"既表示前句"小山"的面积，又表示后续句的范围。是从面积向范围变化的中间阶段。例（5）的"周围"不表示"基"的面积，只表示后续句的范围。

周广，是"周"的双音化词汇之一，可以周长表面积，偏义复词，"广"为陪衬。例如：

（1）（曹操）与天子猎于许田，军士排开围场，周广二百余里。（元末明初《三国演义》第二十回）

（2）其地周广数步。（《唐文拾遗》卷二十一）

（3）盐池周广可百里。（元《秋涧先生大全文集》卷第一百）

（4）汇流为湖，周广数亩，本名灰泉湖。（清《读史方舆纪要》卷三十一）

（5）太保潭周广数顷。（清嘉庆年间《扬州府志》卷八）

例（1）"周广"为军士排开长度，而不是面积。例（2）和例（3）既表周长又表面积。例（4）和例（5）"周广"直接与表示面积的量词组合，"周广"为面积标指。

周垣，有的为"周亘"之误，用例很少。"亘"为回水旋转之形，"垣"为墙体。如《前汉纪》的"（冢）周亘数里"，在《汉书》中作"周垣数里"。也有一种来自于四闭的城墙，偏正结构。可以周长表面积。例如：

（1）郊有苑囿，林麓薮泽连亘，缭以周垣四百余里。（汉《三辅黄图》卷四）

（2）（宫）周垣千八百步。（宋《新唐书》卷三十七）

（3）（环咏亭）周垣亩许。（明《岱史》第十一卷）

例（1）《后汉书》作"缭以周墙，四百余里"，可知其"周垣"即围绕一圈的围墙，当然这也是周长。例（2）与例（1）同，但不知"垣"是"亘"还是"墙"。例（3）直接与面积量词组合，"周垣"作面积标指。

周遭，"周"的双音化词形之一，可以周长表面积。"遭"为圆形义。《说文解字》："遭，一曰逦行。"段注："俗云周遭是也。"《说文解字》："逦，行逦逦也。"段注："萦纡也。"《说文解字》："萦，收卷也。"段注："收卷长绳，重叠如环，是为萦。《诗·周南》：'葛藟萦之。'传曰：'萦，旋也。'"《说文解字》："纡，诎也。一曰萦也。"段注："萦者环之相积，纡则曲之而已。""周遭"形成于唐代，为周边义。例如：

（1）山围故国周遭在。（《全唐诗》卷零三六五）

宋代以后，可以以周长指面积，偏义复词，"遭"为陪衬。例如：

（2）溪山泉石四妙，毕具委曲，周遭可十余里。（宋《文山先生全集》卷五）
（3）洞庭周遭六百里。（宋《浮溪集》卷三十）
（4）（天蜀国）周遭五千里。（明《诚意伯刘文成公文集》卷十）

以上三例分指景区大小、湖面大小和国家面积大小，都是以周长指面积。

"周遭"与面积量词组合时，是面积标指。例如：

（5）君家邸第好园林，槐柳周遭十亩阴。（清《敬业堂诗集》卷十九）
（6）最爱吴淞水，周遭十亩居。（清《湖海诗传》卷四十）

以上两例分别指园林中的槐柳面积和居所面积。例（6）中的"周遭"不是前指"吴淞水"，水面无法居住，也不可能只有十亩大小；"周遭"不可能指吴淞水周边，而是吴淞水的一侧面积十亩的地方。

周递，本为依次相续义，偶作面积标指，偏正结构。例如：

（1）晋以后，岁周递有增减。（清《鉴止水斋集》卷十五）
（2）五峰周递联属其中。（民国《明溪县志》卷二）
（3）（鸦鸣国）周递数百里。（唐《河东记》）

例（1）指"岁"的数量计算依次有增减。例（2）指五座山峰依次相连。例（3）表示国土面积，但是"百里"为直径或周长不明。

圆，在先秦已用于指圆形，到唐代才用于指球形。从平面上的圆形义发展到球形义，用了上千年时光。可见"圆"的意义也是由低维向高维发展的。

"圆"与数量词组合，一般表示周长，如《九章算术》"周三径一"又作"圆三径一"，用于表示周长与直径的比率。"圆"可表示圆形、周长，或以周长兼表面积大小，对象为圆形的龟甲、盘子、鼓面、镜子等中小尺寸可玩赏事物，偶可指城市大小。例如：

（1）（白龟）其圆五尺。（《庄子·外物》）
（2）金阙银盘，圆五十丈。（汉《神异经》）
（3）火齐珠二百颗，圆大一寸五分。（清《觚剩续编》卷三）
（4）洛阳城圆数十里。（宋《欧阳修集》卷七十五）

例（1）的白龟是圆形的，周长为五尺。按作者原意，该句有主观上认定龟体较大之义。因为下文有"乃刳龟，七十二钻而无遗"一句，"刳"义为从中间掏空，如"刳木为舟"，余下的龟壳用于占卜，能承受"七十二钻"，可见龟甲面积较大。例（2）出自志怪小说，因而所谓"金阙银盘"从材质上就进行了夸饰，而这种盘子的周长居然达到五十丈，显然极尽夸张。例（3）的火齐珠为立圆形，所以"一寸五分"指球形的周长，该例"圆"后连接着"大"，把大小的含义凸显了出来。例（4）的"圆数十里"以周长指城市面积大小，与此例相同的例子如：

（5）（洛阳）皇城周回十八里二百五十八步。（《洛阳日报》2011年4月28日第10版）

"周回"为周长标指，该例的"周回十八里多"与上例"圆数十里"相差不大，无论如何这个"圆"都不可能指直径，否则数据相差太大①。

广员（圆），可以周长表面积，也可直接作面积标指，偏义复词，"广"为陪衬。例如：

（1）（桃林）广员三百里。（《山海经》卷五）
（2）五渚湖水，广圆五百余里。（北魏《水经注》卷三十八）

例（1）中的"广圆"指周长，宋词有"烟花百里武山俏，桃林深处有嬉笑"一句，即指此例中夸父所化桃林。"广圆三百里"为周长，"烟花百里"为直径，符合周三径一比例。例（2）"五渚"指今之太湖，汉《吴越春秋》补注："以其周行五百里，故以五湖为名。"所以该例中的"广圆"指周长。这两例都以周长兼表面积大小。

幅员，偶作"幅圆""幅陨""福员""福云"。"幅"本指布帛的宽度。《说文解字》："幅，布帛广也。"《正字通》："幅，布帛经纬广狭之度也。"布帛的宽度是约定的，形成了制度，古代对用作货币的布幅有严格规定。例如：

（1）且夫富如布帛之有幅焉，为之制度，使无迁也。（《左

---

① "圆"偶作"方圆"的省形，如"（区）圆二尺（《齐民要术》卷二）"，与此不同。

传·襄公二十八年》)

(2) 布袤八尺，福（幅）广二尺五寸。布恶，其广袤不如式者，不行。(睡虎地秦简《金布律》)

例（1）的"迁"即改变，"使无迁"即强令之不变。例（2）的"幅"以法律形式确定其尺寸。"幅"又由布宽泛指土地宽度如"幅员"，又引申为布帛和衣服边缘如"边幅"，又引申为文章、书画的大小如"画幅"，又语法化为画和布的量词，其义核始终指向一个平面的宽度。"福"与祭祀有关，是"幅"的假借字。"员"本指鼎口的圆形，"圆"为"员"之今字。"陨"，本指坠落。《说文解字》："陨，从高下也。"即从高处落下，如"星陨如雨（《谷梁传》卷五）"。章太炎《国故论衡》"幅员"作"福云"，指出"幅陨"犹"广员""广运""广均"。"广"为宽义，与"幅"同。"云""运""员""均"都有圆义，如"云纹"即圆纹之一种，"运斤成风"即抡圆斧头，制作陶、瓦器时的旋转台"均"作圆形运动，这种行为《管子》作"运均"。"云""运""员""均"为音近义通的关系。"圆"指周长，《诗经》"幅陨"郑笺"圆谓周也"。

"幅"后接"广""阔""长"等长度标指时，不是长度标指。如：

(3) 布袤八尺，福（幅）广二尺五寸。(睡虎地秦简《金布律》)
(4) 有细斑布，幅阔一尺许。(唐《朝野佥载》)
(5) 四品五品，幅长八尺。(唐《通典》卷一百三十八)

"幅"直接出现在数量词之前时，才是长度标指。如：

(6) 汉法：幅二尺二寸。(唐《仪礼注疏》卷十三)

"幅员"后接长度标指时,是面积标指。例如:

(7) 其国,城隍周七十余里,幅员广数千里。(清《明史》卷三百二十四)

"幅员"是偏义复词,侧重于"圆"的周长义,而"幅"的宽度义无显现。多为中大尺度、约数,指土地、城池、园林、树荫等占地面积,以土地面积为主。例如:

(8) (蔓) 荫地幅员十丈。(唐《酉阳杂俎》卷十八)
(9) 丹阳练湖,幅员四十里。(宋《郑忠肃奏议遗集》卷上)
(10) 定远羊马城,幅员十四里。(唐《元和郡县图志》卷四)
(11) (祖州) 城高二丈,无敌棚,幅员九里。(元《辽史》卷三十七)
(12) 熙、河、洮、泯、叠、宕等州,幅员二千余里。(宋《临川文钞》卷三)
(13) 堂堂大宋万里幅陨。(宋《斐然集》卷二十五)
(14) (宇宙) 幅员数万里。(宋《直斋书录解题》卷二)

例(8)至例(13)分别指蔓荫、湖泊、城市、地区、国家等的占地面积。例(13)的"幅陨"后置于数量词,例(14)指宇宙大小,都是特例。例(9)的练湖,在《丹阳县志》中作"周四十里"。例(10)的羊马城14里应是周长,很难是边长,一般没有尺寸大到边长十四里、方形的羊马城。例(11)的祖州,据搜狗百科其外城墙周长为"1750米",所以"幅员九里"无论如何也不会是方形的一边长。例(13)的大宋万里幅员,指周长才符合史实。

"幅员"与表示面积的"亩""方里"等组合时,数词表示面积而不是长度。例如：

（15）（咸池）幅员六十余亩。（宋《太平御览》卷六十七）
（16）（佛兰西国）幅员二十一万五千七百方里，户二千九百二十一万七千口。（清《海国图志》卷四十一）

例（15）介绍咸池的面积大小，例（16）介绍法国的面积和人口。因有面积量词"亩"和"方里"，两例中"幅员"是纯粹的面积标指。

"幅员"因多与土地相关，所以又引申为百姓和领土等。例如：

（17）百姓：典册流辉，幅员有庆。（宋《文天祥集》卷四）
（18）领土：幅员若金瓯，丝发无璺破。（明《刘基集》卷十三）

广袤方圆，长度标指，指正方之一边长、周长，并兼表面积，并列结构。例如：

（1）（荷兰）其国之广袤方圆五百七十五里，居民男百四十万，女百四十五万。（清《海国图志》卷四十）
（2）（小吕宋各岛）广袤方圆四千七百里，居民六百万丁。（清《海国图志》卷十）
（3）（婆罗岛）广袤方圆七十八万七千方里，内有广湖林树。（清《海国图志》卷十二）
（4）南边藩属地，广袤方圆千一百五十万顷。（清《海国图志》卷十六）

以上各例描述各地的面积、人口等情况。例（1）的"广袤方圆"指正方形之一边长，因为后置数量与折合为正方形后的边长数相符。

例（2）的后置数词符合其周长数，该例周长数兼表面积大小。例（3）和例（4）符合面积数，而且分别用了面积量词"方里"和"顷"，说明"广袤方圆"为面积标指无疑。

环，本为玉环，引申为圆形和周长。作周长标指的如：

（1）环寸之蹯。（《战国策》卷二十）
（2）筑州城环十三里。（唐《樊川文集》卷七）

例（1）的"蹯"即兽掌，不会以面积计算，"环寸"应指周长。例（2）的城墙在建筑过程中，只可能是周长，而不是城内面积。

又引申为周长标指。常见于《新唐书》《宋史》等史书，有时也兼指面积大小。例如：

（3）一室环丈许，不觉隘。（宋《水心先生文集》卷二十四）
（4）（昆明池）介碧鸡、金马之间，环五百余里。（元《宋史》卷一百六十七）
（5）地方环数万里，生徒万余。（明《张文定公觏光楼集》卷三）

例（3）后续句有不以为小的表述，所以"环丈"以周长表面积。例（4）介绍昆明池面积大小。据360百科，昆明池今天湖岸线长163.2公里，与之数据接近。例（5）"环"与"方"连用，表示面积，后续句"生徒万余"介绍人民数量，这正是介绍一地情况的常见句法结构。

"环"偶可与面积量词组合。例如：

（6）花池二，一在城中西北隅，环一顷八十亩。（清雍正年间《山西通志》卷二十七）

环地，为"环"的双音词。以周长指面积，偏正结构。例如：

（1）况庐江五城，环地千里，口众贼重。（唐《樊川文集》第十八）

（2）（俱兰国）环地三千里。（宋《新唐书》卷二百二十一）

（3）（解州）统五县，环地几六百里。古公侯封国，不是过也。（清光绪年间《解州志》卷十四）

例（1）为介绍庐江的文字，"环地千里"以周长表面积，"口众"指人口多。例（2）介绍西域俱兰国面积，《大唐西域记》作"周二千余里"，可见"环地"为周长无疑，只是二者数字传抄不同。例（3）的"环地"以周长指解州面积大小。后续句与古诸侯国面积对比。

有时，"环地"直接与面积量词组合。例如：

（4）天津河环地百有余顷，山势四围。（清乾隆年间《泰安府志》卷二十五）

（5）汪家坡者，列堵数百家，环地数百顷。（民国《许昌县志》卷十六）

广围，常作周长标指，可以周长表面积，偏义复词，"广"为陪衬。表示周长的，可与"径""圆"组合。例如：

（1）为柜室中，高若干尺，内广围径若干尺。（元《道园学古录》卷四十五）

（2）罗汉松在陆家巷，广围可径丈。（明《紫堤村志》卷三）

（3）金铜葫芦塔，广围圆一十七丈二尺，高十九丈三尺五寸。（清《职方典下》第一千五十卷）

例（1）和例（2）的"广围"能与"径"组合，用以指周长。例（2）的"可"插入"广围"和"径"之间，说明后两者是两个语义单位。例（3）的"广围"与"圆"组合，都表示周长，为并列关系。

明清时"广围"独用的很多。例如：

（4）偶于其所得一巨井，广围二丈余。（明弘治年间《嘉兴府志》卷二十二）

（5）有松高尺许，广围二丈。（清康熙年间《黄山志定本》卷五）

（6）筑土城，七百余丈广围。（清乾隆年间《汀州府志》卷五）

以上三例的"广围"都是周长标指。例（4）的"井"、例（5）的"松树"，人们不会关注其截面积，而只能关心截面周长。例（6）描写建筑城墙"土城"自身的长度，不关注城墙围起来土地的面积，该例的"广围"后置于数量词。

"广围"可以同时表示周长和面积，即以周长表示面积大小。例如：

（7）（林）广围三百里。（宋《太平御览》卷一百五十九）

（8）是山也，广围百里。（明《永乐大典·算法》）

（9）（诸胜）大都广围千里，高百三十里。（明《补续全蜀艺文志》卷五十六）

例（7）在《山海经》中表述为"广员三百里"，"广员（圆）"是周长标指，所以"广围"也是周长标指。该句同时表示树林的面积大小。例（8）和例（9）都是以周长表示面积大小的用例。

当"广围"与面积量词组合时，就成了面积标指，不再是周长标指。例如：

(10)（地）广围八九十亩。（元《北轩笔记》）
(11) 又有破堰，在牛路东北，广围四亩。（清同治年间《宜城县志》卷一）
(12) 所潴积沙成洲，其圆如璧，广围亩许。（清雍正年间《浙江通志》卷二百二十八）

广阔，偶以周长表示面积大小，也作面积标指，并列结构。一般用于大尺度，表约数。例如：

(1) 其北有林焉，名曰桃林，是广员三百里。（《山海经》卷五）
(2) 其地广阔一万六千由旬。（南北朝《护国尊者所问大乘经》卷二）
(3)（筑坑砌圹）广阔止用三尺。（明《三宝太监西洋记通俗演义》第十四回）
(4) 只见平面一片二亩广阔的院子。（清《海上花列传》第三十八回）

例(1)的"广员"指面积，唐《括地志辑校》及《史记正义》所引《括地志》均作"广阔三百里"，可见，"广阔"也指面积。例(2)为佛经中的用例，佛经中空间量表达一般为夸大的约数，该例也不例外。例(3)为小尺度，但这种用例是仅见的。例(4)的"广阔"后置于数量词，直接与"亩"组合。

宽阔，在明代时指宽度，随后可以周长表面积，可与"方围""周围"等标指同现，并列结构。例如：

(1)（河）约有八九里宽阔。（明《西游记》第九八回）

（2）因这花园周围有三十里宽阔。(清《天豹图》第五回)

（3）这花园有百余亩宽阔。(明《禅真逸史》第二十一回)

（4）便是一片草场，足有十来亩宽阔。(晚清《痴人说梦记》第二十八回)

例（1）"宽阔"指河宽。例（2）"周围"与"宽阔"呼应，以周长表示面积。该例后续句还有园内一处失火被扑灭，另一处居然不知的事情发生，极指其大。例（3）和例（4）直接与表示面积的数量词组合，"宽阔"为面积标指。

三 长度、宽度表面积

长度、宽度标指也可以作面积标指，但未见"高""深"作面积标指的，说明我们以水平方向认识面积，而不是以垂直方向认识面积。以长度或宽度表面积的用例起源较晚，用例不丰富。

亘、横亘，中古以后用作长度标指，后又偶用作面积标指。"横亘"为偏正结构。例如：

（1）兹山（敬亭山）亘百里。(南北朝《谢朓集》)

（2）五湖延袤，亘百里。(清乾隆年间《震泽县志》卷三十四)

（3）（于阗国）其地方亘千里，连山相次，所都城方八九里。(北齐《魏书》卷一百二)

（4）土堆高数丈，横亘百余亩。(清光绪年间《苏州府志》卷七)

例（1）的"亘"，吕注："亘，长也。"《百度百科》"敬亭山"条："东西绵亘十余里。"即东西向走势，山体狭长。例（2）的"五湖"即太湖。汉《吴越春秋》补注："以其周行五百里，故以五湖为名。"唐《吴地记》："太湖周回三万六千顷。"其中的"周行"指周长,"周回"指面积。而"亘百里"似指湖长。例(3)的"亘"与"方"连用,以折合边长指面积。例(4)"横亘"与"亩"组合,很显然作面积标指。

长袤,指长度和面积,并列结构。例如:

(1)牒阔可二尺,长袤丈。(宋《夷坚志》卷第十)
(2)(龙)或横阔三五里,或百十丈;长袤至二三十里,或六七里。(宋《玉髓真经》卷三)
(3)(石骨)长袤数百亩。(宋《玉髓真经》卷十九)

例(1)和例(2)的"阔"分别与"长""长袤"对文,可见"长袤"指长度。例(3)"长袤"与面积量词"亩"组合,直接作面积标指。作面积标指的用法由表示长度的而来。后代"长袤"主要指长度,而不是面积。例如:

(4)堰有九,长袤皆至万丈。(明《鲍翁家藏集》卷五十八)
(5)有古渠二曰汉源,长袤二百五十里。(清《西夏书事》卷七)

例(4)的对象"堰"和例(5)的"渠",很明显指其长度。

袤长,长度标指和面积标指。"长袤"的逆序词。例如:

(1)(骠国)东北袤长。(宋《新唐书》卷二百二十二)
(2)台湾省孤悬海外,幅员袤长。(清《大清缙绅全书·光绪十九年冬》)

以上二例都指区域土地狭长,为形容词。作名词性标指的如:

(3)（马礼国）袤长数千里。（宋《新唐书》卷二百二十二）

(4)（乌斯藏）南北袤长四十里，东西延广四百五十里。（清乾隆年间《雅州府志》卷十二）

(5) 浊漳在县境，袤长八十里。（清乾隆年间《潞安府志》卷四）

(6) 淤积沙坦（滩），袤长数十亩。（民国《顺德县志》卷二）

例（3）与例（1）位于同书同卷，"袤长"指该国国土狭长，数量为长度。例（4）的"南北袤长"和"东西延广"对文，"袤长"指南北长度。例（5）指河流长度。例（6）的"袤长"与面积量词"亩"组合，为面积标指。

袤亘，一般用作长度标指，兼表示面积大小，并列结构。例如：

(1) 山在县东百二十里，南北袤亘八百余里。（清雍正年间《山西通志》卷二十五）

(2) 玉环在巨海中，岛屿萦纡，袤亘八九十里。（清光绪年间《玉环厅志》卷十三）

例（1）的"袤亘"与南北方位相连，指长度无疑。例（2）的"玉环"是浙江省的一个近海的县，似以曲线长度表面积。

绵地，可用作长度和面积标指。"绵"本指像绵丝一样连续，在唐代时引申为动态长度义。"绵地"为扩大领地的意思，动宾结构。例如：

(1)（守卒）绵三百里而余。（唐《柳宗元集》卷二十六）

(2) 一战绵地五百里。（唐《谷梁传》卷十三疏）

例（1）指军队出行的长度。例（2）指向前推进、扩大领地的面积。

宋以后"绵地"可作长度和面积标指,偏正结构。例如:

(3) 河东被边,绵地数千里。(宋《浮溪集》卷二十六)
(4)(维扬)古都会,控淮带江,绵地数千里。(宋《华阳集》卷七)
(5) 距县治西北一舍许,绵地六亩,有奇山形环抱,竹树繁蔚。(清道光年间《昆新两县志》卷十)

例(3)的"河东"指山西界内黄河以东地区,"绵地"指其边长。例(4)的"维扬"为扬州别称,其"控带"地区应为面积,而非长度。这是以长度表示面积的用例。例(5)"绵地"直接与表示面积的数量词组合,用作面积标指无疑。

延广,长度标指和面积标指。主要用于指狭窄的对象或宽度可忽略的对象。例如:

(1) 其地东至东山,西抵西岭,延广四百八十余丈。(明《宛署杂记》卷十八)
(2)(峡)延广六百余里。(清《明史》卷一百七十八)
(3) 有汇泽曰南湖,延广数百亩。(明《永乐大典·算法》)
(4) 浦中洲生仅寻丈许,今已延广三十余亩。(清同治年间《上海县志》卷二十八)

例(1)和例(2)对象都是狭长的,数量仅指长度。例(3)南湖以河道为湖,例(4)"洲"为在河口的沉积带,都是狭长的。后两例的"延广"为面积标指。

宽广,本为形容词,《敦煌变文集》中有"国必宽广"的用法。后以宽度表面积,可单独作面积标指,有时指宽度,并列结构。

例如：

  （1）原题宽广各一尺二寸。（明《大明会典》卷一百五十五）

  （2）有大穴，人以炬入，其中宽广可八十步许。（明《朝鲜志》卷下）

  （3）第四洞宽广一亩。（清光绪年间《东安县志》第八）

  （4）惟自鞍子岭而下，西岸宽广百余尺，疑即有宋运河故道也。（民国《淮阳县志》卷一）

  例（1）的"宽广"指正方形之边长。例（2）也是正方形之边长，同时间接作面积标指。例（3）直接作面积标指。例（4）指河道宽度。

  广，是二维平面中的一维，既可以指二维中较短的一维，也可以一维的大小指面积的大小。"广"与数量词组合一般表示宽度。例如：

  （1）（缘）广寸半。（《礼记·深衣》）

  （2）（洲）长二里，广一里。（北魏《水经注》卷三十四）

  例（1）的"广"与数量词组合用于描写深衣的缘饰宽度，该缘饰为一个狭窄的长条形状。例（2）描写洲岛的宽度，该宽度只是长度的一半。二例的"宽"都只是组成二维平面的一维，表示宽度，不表示面积。当以"广"与数量词组合描写土地大小时，"广"为面积标指。在这种情况下，语句中不出现长度标指。例如：

  （3）太华之山，削成而四方，其高五千仞，其广十里，鸟兽莫居。（《山海经》卷二）

  （4）大夫种行成，吴复封之地，广百里，东至于鄞。（宋《宝庆四明志》卷一）

（5）（石室）高可建十丈旗，广容百余人坐。（明《古今游名山记》）

例（3）的"广十里"，因对象为"四方"形，所以实为"方十里"，该例既表形状、边长，也表面积。例（4）的"广百里"，应是折合之后的面积，对象不一定是正方形，但也是以边长表示面积的用例。例（5）的"广容百余人"，指石室面积大小，而非宽度。

（6）池塘广数亩。（《唐文拾遗》卷五十）

（7）（石龟）其广数亩，高三仞。（五代《墉城集仙录》卷九）

（8）（防风氏）身广九亩，长三尺。（宋《梦溪笔谈》卷二十三）

（9）井水涌溢，渐成此池，可广百余顷。（宋《太平御览》卷九百三十四）

（10）（太湖）周围五百里，广三万六千顷。（明《醒世恒言》第七卷）

（11）（岩顶）广十余亩。（明万历年间《杭州府志卷》二十五）

（12）（故家之第）广数十亩，楼宇连亘。（清《聊斋志异》卷一）

以上各例，只关注对象的面积，而忽视了其形状和边长。这种用法都指较大尺度对象，一般为占地面积。

表示面积的"之广"和"广"都可以后置于数量词。例如：

（13）况万里之广，重华生于东夷。（南北朝《弘明集》卷一）

（14）今京兆尹理京师部二十有三县，幅员之广其犹古也。

(《全唐文》卷三百十四)

（15）（丹马国）幅员之广共三万八千三百零二方启罗迈当，民民一兆九十六万九千。(清《出使英法意比四国日记续》卷十)

（16）大铜盘可二尺广。(南北朝《续齐谐记》)

（17）吴越千里广，故郢临上游。(宋《沈氏三先生文集》卷一)

以上各例，除例（16）为小尺度数量，其余均指大尺度区域面积。例（15）的"启罗迈当"为公里的法译词，前加"方"为面积量词，所以"幅员之广"为面积标指。

甚至"广"后会出现"积"字，形成短语"广积"。"广积"与"面积"同义，结构类似。只是"广积"很罕见，难说已成词。例如：

（18）印度幅员之广积计一百五十万英方里，居民二百四十余兆。(清《出使英法意比四国日记续》卷二)

阔，本为疏远，南北朝时为宽度义，唐代时可以宽度表面积。例如：

（1）大开深槽，阔一二丈，长有三五丈。(南北朝《灵城精义》)

（2）魏地阔千里，如席卷舒。(唐《史记正义》卷九十)

（3）未尝闻有地方阔千里而犹畏人者也。(宋《孟子注疏》卷二)

例（1）中"阔"与"长"并举，指宽度。例（2）是对"席卷千里"做的注，"席"为平面，自然"阔千里"指面积。该例以长度表面积。例（3）"方"与"阔"连用，指面积。

"阔"又与面积数量词组合,成了面积标指。例如:

(4) 龙自高山脱下平洋,阔有十余亩。(五代《灵城精义》卷上)

(5) 蚝房经年久者,长成数丈,阔则数亩。(明《天工开物·燔石》)

(6) 池阔数亩,深七丈。(明弘治年间《八闽通志》卷七)

(7) 烟雾阔可十亩。(清《清稗类钞·名胜类》)

(8) 黑水潭阔数顷,深不可测。(清咸丰年间《武定府志》卷三十八)

宽,本指屋宽大,唐代时发展出宽度和面积的用法。例如:

(1) 水宽一十二步。(唐《缉古算经》)

(2)(都宛)宽方千里。(唐《晋书》卷八十九)

例(1)的"宽"指河流的宽度。例(2)的"宽"与"方"连用,表示面积。稍后发展出面积的用法。例如:

(3) 入郭宽万里,岳阳堪图画。(《全唐诗补编》卷九)

(4)(回鹘国)莫不地宽万里。(唐五代《敦煌变文集新书》卷二)

例(3)和例(4)以边长表面积。

后与表面积的数量词组合,为面积标指。例如:

(5) 门外平湖百顷宽,庭前翠竹绕栏杆。(宋《漫塘集》卷四)

(6) 城北荷塘十亩宽。(宋《东塘集》卷十四)

（7）手植依然一亩宽。（宋《陈君式恭轩》）

（8）顺城门外李戚畹园，宽可五百亩。（明《游居柿录》卷四）

（9）凿地宽可十亩，筑亭其中。（清《国朝先正事略》卷第二十七）

例（5）至例（7）为诗句，"宽"后置应是受了韵律的影响，但其意义是表面积无疑。

狭，偶尔也以宽度表示面积。例如：

（国）狭于千里。（唐《毛诗正义》卷一）

该例是比较用法，而非典型的标指用法。

延袤，曲线长度标指，也可作面积，并列结构。一般为大数和约数，史书中多用。例如：

（1）恢长城之固，延袤万里。（汉《前汉纪》卷三十）

（2）坛高三尺，土阶三等，延袤一亩。（汉《越绝书》卷八）

（3）潭在深谷底，延袤亩余。（明《宋学士文集》卷三十六）

（4）太湖延袤五百余里。（明《天下郡国利病书·苏州府》）

例（1）的"延袤"修饰"长城"，为曲线长度。例（2）和例（3）的"延袤"与"亩"组合，指面积。例（4）的"延袤"指闭合的湖岸曲线，并以湖周长表示湖面积大小。晋《吴录》"以其周行五百里，故以五湖为名。"

周旋，《说文解字》指出，"旋"字构形为" "下有"足"，表示旋转旗帜以指挥之义。"周旋"本为动词"运转"义，后作曲线标指，间接以曲线长度指面积大小，偶可作面积标指，偏义复词，"旋"为陪衬。例如：

（1）左执虚豆，右执挟匕，周旋而贰。(《管子·弟子职》)
（2）以与君周旋。(《国语·晋语》)
（3）（河水）周旋万步。(南朝宋《后汉书》卷三十三)
（4）（倭国）在洲岛之上，或绝或连，周旋可五千余里。(晋《三国志》卷三十)
（5）（涛涌沙涨）周旋千余顷。(唐《陈书》卷二)

例（1）和例（2）的"周旋"都有不以直意而以曲意对待的意思。例（3）的河水是曲线流向的，数量为曲线长度。例（4）指日本南北断续有五千多里，间接指日本面积大小。例（5）直接与面积量词"顷"组合，"周旋"为面积标指。

回环，为曲线标指。本为动态义，记录行经距离。例如：

（1）迢迢兮回环数万里，绵历百余州。(《唐代墓志汇编续集》)
（2）众流入峡，奔腾汹涌，曲折回环，可六七十里。(元《长春真人西游记》卷上)

以上两例分别记录人和水的行径距离，例（1）的上文交代有墓主辗转任职经历各地的情况，例（2）的"曲折"表明路线为弯曲状。"回环"的对象可以为静态的。例如：

（3）博莫如鉴湖有八百里之回环，灌九千顷之膏腴。(明万历年间《绍兴府志》卷一)
（4）（大蒙其地）北至神川，东北至黔巫，回环万里。(清

《读史方舆记要》卷一百十三)

(5) 必如中国之黄河，回环万余里。(清《海国图志》卷六十四)

以上三例的鉴湖、蒙古和黄河，都是弯曲的外形轮廓，以这种弯曲的长度计量其总长度，有时也间接表示面积大小，如例（3）和例（4）。例（4）并非科学意义上计量蒙古面积大小，而是以行经一遍的曲线长度表示面积估计值的方法。"回环"不能说是周长标指，即便行经路线是闭合的，因为行经只可能是概算，而非精算，同时行经只可能在道路上，路上以外的地方没有准确计入。"回环"表示曲线长度有时据特殊地貌而定。例如，《辞海》"洄曲"河条，注释为"古地名，在今河南省漯河市沙河与澧河汇流处，是水回旋而流之意"。当地民谚说"西岸到东岸，旱路四十五，水路一千三"，其中的"水路一千三"即是曲线长度。

连亘，曲线长度标指，面积标指，偏正结构。例如：

(1) 五州连亘数千里。(明《宋史新编》卷二百)
(2) 池面连亘数亩。(明《永乐大典·算法》)
(3) (商冢) 在修武东二里，连亘百亩。(乾隆《续河南通志》卷十六)

例（1）的数量词表曲线长度，间接表面积大小。例（2）和例（3）直接表示面积大小。

第四章

单音、双音与多音

第一节 双音节化

双音节化的空间量标指一般起源于汉代以后,各朝代都有新的双音化标指产生。上文出现过的能表达高维意义的标指,其语义和造词法如表 4-1 所示。

表 4-1　　　　双音节标指的意义与结构(一)

标指	语义						结构
	边长直径	长度	周长	以边长、直径、长度、周长表面积	面积	体积	
方面、方长径阔	●			●			偏正
方幂、平幂、面幂、圆幂、面积、平圆					●		偏正
体积						●	偏正
立圆	●					●	偏正
立幂、积方					●	●	偏正
立方	●				●	●	偏正
平方	●			●	●		偏正
周递				●			偏正
绵地、环地、周垣、连袤		●		●	●		偏正
广衍	●			●	●		偏正

续表

标指	语义						结构
	边长直径	长度	周长	以边长、直径、长度、周长表面积	面积	体积	
长袤、袤长、宽广、延广	●				●		并列
广袤、纵广、纵横	●			●	●		
延袤		●	●	●	●		
广阔、周回、周围			●	●	●		
宽阔、广狭			●	●			
袤亘		●		●			
广轮、广长、经纬	●						
回环、周环		●	●	●			
大小	●			●	●	●	
周袤、圆袤、宽圆	●		●	●			前陪衬
幅员			●	●	●		
广围、广圆、广员			●	●	●		偏义复合
周旋		●	●	●	●		
方广	●			●	●		后陪衬
周亘、周匝、周遭、周广、周阔			●	●			
方阔、广运	●			●			
开方	●				●		动宾
见方	●				●	●	动宾→前附加
方圆	●		●	●	●		偏义并列

表 4-1 表明，这些高维标指的造词法主要为复合式造词法，以偏正、并列、动宾和偏义复合四种语法造词法为主。只有"见方"为前附加派生式语法造词法。

并列式结构的各词，其语义从正方形之一边长、正圆形之直径长度和周长到以这些种类的长度间接表示面积，其内部语义和结构关系都发生了融合。

偏义复合法是运用较多的造词法,有前陪衬和后陪衬两类。例如,"幅员",侧重于"圆(员)"的周长义,而宽度"幅"则成为前陪衬音节。再如"周旋",可指曲线长度、周长,可以周长表面积及直接表示面积,这个词中,"旋"从未单独作过标指使用,因而是双音化过程的一个后陪衬音节。

上述标指,单义词是少数的,多义词是多数的。能以一维兼指二维或三维,并发展出二维或三维标指用法的,也占了多数。义项增多意味着标指内部结构会发生变化。以"方圆"为例,"方圆"可指正方形之边长或正圆形之直径,侧重于"方"或"圆"的一方,另一个语素为陪衬,此时"方圆"为偏义复合词。当"方圆"作周长标指和面积标指时,其内部结构发生融合,作面积标指的情况下,语义融合程度最高,因为越往后发展,"方圆"的整体意义越不等于成分意义的简单相加①。"见方"也是这样,该词初为动宾结构,为"求得'方'"之义,"方"可分别指长度、面积和体积。后发展为前附加式派生词,"见"为词头。

下面对上文未出现过的双音节标指进行归类梳理,分为常序词和逆序词两类,叠音词放在常序词中。

一 常序词

常序词与逆序词相对而言,是逆序词的主词,其语序是起源较早的、常见的、优势分布的语序。多音节词也有逆序问题,本节主要讨论双音节词的常序和逆序现象。

长短$_1$、短短、窄小、窄窄、广延、遥亘、袤纵,长度标指,多为约数。除"广延"和"遥亘",多指小量。"长短""遥亘"为并列式构词。"窄小"为偏义复词,"小"为陪衬。"广延"为偏义复词,"广"为陪衬。"短短"和"窄窄"为叠音词,叠音词没有逆序问题。

---

① 吴振国:《现代汉语中的粘合式联合结构》,《语言研究》2004年第1期。

第四章 单音、双音与多音 189

例如：

(1)（藨）长短四五寸。(南北朝《齐民要术》卷第十)
(2) 坐着一个一丈来长短骷髅。(明《初刻拍案惊奇》卷七)
(3)（松树）短短一尺余。(五代《祖堂集》卷八)
(4) 三寸窄小的金莲。(清《小五义》第六十三回)
(5) 足下弓鞋窄窄约三寸。(清《续济公传》第一百十五回)
(6) 金缕倾宫，广延百里。(唐《晋书》卷二十六)
(7)（迷津）遥亘千里。(清《红楼梦》第五回)
(8) 庙后一百二十丈袤纵。(清同治年间《浏阳县志》卷九)

例(2)的"长短"后置。例(4)和例(5)的"三寸"指脚长，而非宽度，所以"窄小"中的"小"无实义，为陪衬。例(8)"袤"与"纵"都指纵深，并列关系。

横阔、纵阔、宽窄、宽细。宽度标指。前两者为偏正结构，"宽窄"为并列结构，"宽细"为偏义复词，"细"为陪衬。例如：

(1) 池横阔一寸八，纵阔一寸。(唐《卫公兵法辑本》)
(2) 宽窄若干步。(明《练兵实纪·杂纪卷五》)
(3)（箱子）四寸宽窄。(明《西游记》第七三回)
(4)（缝隙）只有三寸宽细。(清《海国春秋》第二十一回)

阔狭、开阔、开广、阔广，宽度标指，长度标指。作长度标指指正方形一边长，有的兼指面积大小。"阔狭""阔广"为并列结构，"开阔""开广"为前附加派生词。例如：

(1)（香炉峰）高低有万寻，阔狭无数丈。(《全唐诗》卷零四三零)

(2) 台盘阔狭才三尺。(宋《诗话总龟前集》卷二十三)

(3) 方幅一帧，阔狭止尺余。(明《味水轩日记》卷一)

(4) 这间房子统共不过一丈开阔。(清《二十年目睹之怪现状》第六十四回)

(5)（宝剑）有三尺六寸长，三指开阔的宽。(清《施公案》第二零九回)

(6) 山路有数丈开阔。(清《说唐全传》第三十一回)

(7) 惟衢路一，今东西开广四十步。(清嘉庆年间《山东通志》卷十五)

(8) 只见那擂台有一丈二尺高，周围有五六丈开广。(清《七剑十三侠》第九回)

(9)（畦）阔广一步，短长随之。(清《三农纪》卷九)

(10) 增凿方池，阔广一丈八尺。(清康熙年间《朝城县志》卷九)

除例（5）、例（6）、例（7）和例（9）表示宽度，其余都为正方形一边长，并可兼表面积大小。

"开广"也作动宾短语，"扩大河宽、街宽"之义，与例（7）用法不同。例如：

(11) 重浚桃花港四百丈，开广二丈四尺，浚深五尺。(清《雍正浙江通志》卷五十二)

例（11）的"开广"与"浚深"对文，为拓宽河道义。

高低、高下、短短、径高、高耸、长短$_2$、高矮，高度标指。"高下"为偏义复词，"下"为陪衬，一般有夸大义。"短短"为叠音词，"径高"为偏义复词，"径"为陪衬。其余为并列结构。例如：

（1）树小花鲜妍，香繁条软弱。高低二三尺，重叠千万萼。（唐《白氏长庆集》卷九）

（2）水约六尺高低，尽淹已获之禾。（清光绪年间《盐城县志》卷十七）

（3）（屏墙）高下八九尺。（唐《大唐新语》卷十三）

（4）二十丈高下的身躯。（明《西游记》第六十四回）

（5）（松）短短一尺余，纤纤覆绿草。（五代《祖堂集》卷八）

（6）（鱼）径高二丈。（宋《密斋笔记》卷四）

（7）（殿）横袤十七丈，高耸二丈。（宋《玉峰志》卷下）

（8）其塔高耸量一由旬。（宋《佛说众许摩诃帝经》卷第十一）

（9）八尺长短身材。（元末明初《水浒传》第七回）

（10）我这车法，有三丈高矮。（清《荡寇志》第一百十三回）

以上各种标指，多有后置于数量词的用法，说明它们的用法发展比较快，比较口语化。例（7）的"横袤"为以正方形边长表示面积大小的用法。"高耸"指高度。例（8）"高耸"后加"量"字，为可量化的度量名词。

深峻、深浅、进深，用作深度标指。前两者为并列结构，后者为偏正结构。例如：

（1）其涧深峻百丈有余。（南北朝《大藏经》第八十五卷）

（2）泉深浅三尺余。（《全唐文》卷九百九十三）

（3）只有一二尺深浅的水。（元末明初《水浒传》第一回）

（4）（抱厦）进深七尺五寸。（清《扬州画舫录》卷三）

"进深"本为动宾短语，随着由动态向静态转化，变成偏正结构。

例如：

(5)（长棍等）必须进深五尺。（明《纪效新书》）
(6) 两进深的宅子。（清《二十年目睹之怪现状》第六十四回）

例(5)指敌方武器向己方伸来五尺。例(6)的"进"为动词，前加动量词"两"作状语。"进深"为水平方向的深度，与一般垂直方向深度不同。

横径、纵径、纵经、横经，分别指纵向和横向的直线长度，可为正方形边长或正圆形直径，也可分别指椭圆形的两个径。均为偏正结构。"经"与"径"通，《全唐文》："经，径也。言通径也。"例如：

(1) 镜横径八寸。（宋《太平广记》卷二三）
(2) 鼍腹纵径尺有八寸。（明《永乐大典·算法》）
(3) 臣所得始建国铜器盖款，纵径一寸八分，横径二寸三分弱。款二行字，径二分。（清《八琼室金石补正》卷二）
(4) 郡领九县，纵经千里，皆有瘴气。（宋《太平御览》卷七百九十一）
(5) "子乃言"三字，横经五六寸，长二尺余。（明《留青日札》卷九）
(6) 湖水暴涌，漂流人民室庐，纵经十里，横经三里。（清《樗园销夏录》卷下）

例(1)为圆镜的直径。例(2)的"鼍"也是圆形，可见"横径"和"纵径"有时不作方向和长短的区别。例(3)的铜器盖用"纵""横"指方向，为椭圆形两径。相对照的是后续句中的汉字宽度用"径"。例(4)至例(6)都用"经"，义同"径"。

直径、通径、全径、对径、面径、半径，除"半径"，其余都是直径标指。均为偏正结构。一般为科技用语，要求精确值，少作日常用语。"对径"之"对"为对面相向义，"面径"之"面"为表面义。例如：

(1) 半周半径，田即定。(岳麓书院藏秦简《数》)
(2) 天东西径三十五万七千里，直径亦然。(唐《隋书》卷二十三)
(3) (赤道)直径四尺九寸。(后晋《旧唐书》卷三十五)
(4) (丘)通径七丈四寸。(清《明史》卷第四十七)
(5) 地之全周为九万里也。以周径密率求之，得地之全径为二万八千六百四十七里又九分里之八也。(清《明史》卷二十五)
(6) 盖地球对径二万四千里。(清《出使英法意比四国日记续》卷五)
(7) 黄磁大盆一，约二尺对径，中盛清汤。(清《清宫禁二年记》)
(8) 大盘有面积对径二尺余者。(民国《饮流斋说瓷说杯盘》第八)
(9) (花)面径七八寸。(宋《太平广记》卷四零九)
(10) (石)面径数仞。(明《古今说海》)

例(2)的直径似有方位，与"东西径"相对，应指南北的直径长度。例(5)为地球直径，符合当时测量结果。例(7)的"对径"为大盆直径，"对径"后置。例(8)以"对径"即直径表示面积大小。

围径、圆径、圆阔、粗径、广径、大径$_1$、周径，直径标指，偏正结构。日常生活中所见不要求精确计量的圆形物体的直径。例如：

(1) 鼓用牛皮，围径五尺七寸。(汉《周易通卦验》)

（2）屋圆径二百一十六尺。（唐《北史》卷四十七）
（3）（洞门）圆阔一尺六寸。（《全唐文》卷九百三十四）
（4）截粗径二寸。（明《火龙神器阵法》）
（5）（石鼓）广径一尺有奇。（明《帝京景物略》）
（6）盘大径二丈三尺。（清《求阙斋日记类钞》卷上）
（7）井周径九尺有奇。（清《蕉轩随录》卷十二）

例（1）"屋圆径"与下文"堂方"对文，指圆屋的直径。例（3）"圆阔"与下文"洞门方"对文，因而为圆形洞门的直径。例（4）又见于明代《纪效新书》卷十八。"粗径"一词在《纪效新书》中出现了三次，《火龙神器阵法》出现一次，《清稗类钞》出现一次，可视为兵书中的专用词语。

"周径"偶可以直径表面积大小。例如：

（8）陀婆离地小，周径不百里。（清《明史》卷三百三十二）

修径、长径、大径₂，直径标指，长度标指，偏正结构。类圆形和类球形器物较大的直径，也指蛇身长、杆影长等与圆有关的长度。例如：

（1）口八尺之景（影），修径尺五寸。（汉《淮南子·天文训》）
（2）（美玉）长径二尺。（宋《铁围山丛谈》卷一）
（3）云一片，大经丈余。（清《绿野仙踪》第九十九回）

例（1）指影长，为长度。例（2）的"长径"为椭圆形物体的最大直线长度。《农政全书》中有"椭圆之长径"。例（3）的"云"也不是正圆形，该例用"经"。

第四章　单音、双音与多音

穿径、穿心、心径、过心、对心，直径标指。"穿径""心径""对心"为偏正结构，"穿心""过心"为动宾结构。例如：

（1）轵，小穿也。玄谓此。大穿径八寸十五分寸之八，小穿径四寸十五分寸之四。（唐《周礼注疏》卷三十九）

（2）碑中一穿径八寸许。（清《金石萃编》卷二十九）

（3）钱径56毫米，圆穿径9毫米。（当代《吉语花钱 古代铜版画》）

（4）钱径44毫米，方穿径9.5毫米。（当代《吉语花钱 古代铜版画》）

（5）石台一座，周围一百五十步，穿心五十步，为民兵练习之所。（清嘉庆年间《武义县志》卷二）

（6）省砌为圆，心径九丈，周廿七丈。（明《皇明经世文编》卷之四百九十二）

（7）环欘部心径一寸，围三寸。（清《周礼正义》卷七十六）

（8）右两柱高不过五尺，大必过心二寸。（清《滇南矿厂图略》卷上）

（9）（杉柏木材）过心九寸至一尺一二寸不等。（民国《桐梓县志》卷二十五）

（10）（玄珠岛）对心三十里。（清《海国春秋》第十一回）

（11）见一鬼工毯，对心四寸许。（清《水曹清暇录》卷十六）

例（1）的"穿"是建筑上的构件，为名词。"大穿径""小穿径"都指这种构件的直径。例（2）至例（4）分别描述了石碑和钱币上穿孔的直径，这种孔径与建筑上"穿"的直径是对应的关系，两者尺寸理论上是相应的。"方穿径""圆穿径"分别指对象为方或圆，方的数值为正方形一边长，圆的为直径。例（5）的"穿心"为穿过中心义，数值比例为周径比。例（6）和例（7）的"心径"数值比例也是周径比，"心径"为直径，即穿过中心的直径义。例（8）和例（9）的"过心"也是穿过中心的直径义。例（10）和例（11）的"对心"为对着中心的直径义。

周圆、广圆、四围、方围、径围、圆围、周长、椭圆、宽圆、圆大、团围、匝围、围长、围大、回圆，周长标指。并列结构的有"周圆""圆围""圆大""围大""团围""回圆"，偏正结构的有"四围""方围""周长""围长""椭圆"，偏义复合的有"广圆""宽圆""匝围"，第一个音节是陪衬。"大"也是周长标指，所以"圆大""围大"是并列结构。"椭"，段注："椭，当作'隋'。隋隋，狭长貌。《广韵》曰'椭，器之狭长'。"《春秋繁露》："又算家有椭圆之术，凡非正方非正圆通谓之椭。"因而"椭圆"为偏正结构。上述偏义复词，不能单独作面积标指。例如：

（1）城周圆百余里。（南朝宋《后汉书》卷八十八）

（2）湖水广圆五百余里。（北魏《水经注》卷三十八）

（3）腰间四围十三尺。（《全唐五代词》卷四）

（4）城四围九里有三十步。（宋《三朝北盟会编》卷二百四十四）

（5）（玉玺）方围四寸。（宋《云麓漫钞》卷十五）

（6）（白毡帐）径围七十二尺。（宋《燕北录》）

（7）柱圆围二丈有余。（明《永乐大典·算法》）

（8）堰周长八十余里。（清《皇清奏议》卷四十）

（9）金牌可能有八寸椭圆。（清《雍正剑侠图》第六十五回）

（10）里许宽圆一个空窟。（清《海国春秋》第三十九回）

（11）火齐珠二百颗，圆大一寸五分。（清《虞初新志》卷十八）

（12）一物圆如罗盘，二尺余团围。（清《续子不语》卷九）

（13）枝叶平密，匝围数丈。（清《寄园寄所寄》卷三）

（14）（机铳）围长六七寸。（清《南越笔记》卷六）

（15）（底骨）围大六尺，径二尺。（清《海国图志》卷八十四）

（16）（玉玺）回圆四寸。（民国《后汉演义》第六十八回）

例（2）的"广圆"，《水经注》中有13次用作周长标指，指湖水、石山等的周长，一般为中大尺度。其后清代有少许仿例，基本不见于其他时代。例（5）的"方围"和例（16）的"回圆"应都是正方形的周长，其余各例一般为圆形或形状不明。

围亘、环亘、环绕、盘亘、连环、四转，周长标指，有的可作曲线标指，有动态有静态。"围亘""环亘"为并列结构，"环绕""盘亘""连环""四转"为偏正结构。例如：

（1）五年五月大猎，长围亘二十里。（宋《资治通鉴考异》卷八）

（2）初据山为城，高三丈有五，围亘七百九十余丈。（清《雍正处州府志》卷十七）

（3）岸固以桩木，环亘可七里。（元《宋史》卷九十七）

（4）山突起五十余丈，环亘十余里。（清《读史方舆纪要》卷二十六）

（5）贼环绕数十里攻之。（明《元史》一百八十八）

（6）（九曲黄河）环绕九千里阔。（清《说岳全传》第一回）

（7）诸贼联络数十余巢，盘亘三百余里，彼此掎角。（明《王阳明集》卷十五）

（8）（黄山）高三千七百余丈，盘亘三百里。（清《蕉轩随录》卷一）

（9）（山寨）连环三四百里。（清《彭公案》第一百零七回）

（10）（小西天）四转三十里。（清《续济公传》第一百四十

三回）

例（1）、例（3）、例（5）、例（7）都为动态长度，可能指曲线长度，也可能为周长。例（5）和例（7）描述对象一致，所用标指不同。例（6）为静态曲线长度。例（9）为周长或曲线长度不明。其余为静态周长标指，对象形状不明。

高圆，直径标指，高度和直径标指，高度和周长标指，并列结构。例如：

（1）空毯子一个，高圆共三寸。（宋《金华冲碧丹经密旨传》卷下）

（2）练塘之阳有蹲墩，高圆丈许。（明崇祯年间《嘉兴县志》卷一）

（3）（皮帽姑姑）高圆二尺许。（明《草木子》卷三）

例（1）对象为球形，"高"为垂直方向直径，那么"圆"只可能为水平方向直径，而不可能是周长。例（2）的"蹲墩"为水中礁石，"高""圆"应为其高度和直径。例（3）的"皮帽姑姑"为元代蒙古贵妇帽子，"高"为帽高，"圆"应为周长，因为只有二尺左右周长（古尺）的帽子才能戴着合适，也符合考古发现的情况。但从下文的"用红色罗盖"一句看，也不排除加上帽饰，直径二尺的情况。

二 逆序词

逆序词，是与主词语序颠倒的词形，是一种便捷的造词法。逆序词的结构由主词而定，不必再作分析。逆序词还有以下特点：1. 出现时代晚于主词，由主词语序颠倒而形成；2. 在出现后的一定时段内用例少于主词，不排除少量逆序词取代原主词而成为主词的情况；3. 逆序词的义项少于主词，不排除变为主词的原逆序词在后来又发展出多项义项的可能。

圆高，高度和直径标指。例如：

  有耸石一，圆高五丈。（明《徐霞客游记·粤西游日记三》）

例中的耸石，不是球形，而是半球形的，其高与底部直径分别为五丈。这种用法只是"高圆"用法的一种。

圆周、围圆、圆广、围方、垣周，周长标指。例如：

（1）玑径八尺，圆周二丈五尺强。（唐《尚书正义》卷三）
（2）（塔）围圆六十尺。（《全辽文》卷八）
（3）四丈围圆的一个大白盖。（明《西游记》第四十九回）
（4）鱼小者圆广尺余，状如鳖。（明《雨航杂录》卷下）
（5）坛围方八十丈。（清《明史》卷四十九）
（6）坛垣周二百六十八丈四尺。（清《宸垣识略》卷三）
（7）池垣周四围。（清《续子不语》卷二）

径圆、阔径、径方、径广、径心，直径标指。例如：

（1）径圆千里纳女腹。（唐《韩愈诗全集》）
（2）（铁蒺藜）阔径一尺。（宋《虎钤经》卷六）
（3）（竿）径方一寸五分。（宋《虎钤经》卷九）
（4）（遂）径广二尺。（明《农政全书》卷四）
（5）现存有三尺径心石凳。（民国《开阳县志稿》第二章）

例（2）为类球形武器的最大直径。

广纵、袤广、横纵、面方、轮广、员幅、广宽、长广、广方、广周，以正方形边长或直径指面积大小。例如：

（1）其制衣也，广纵不过一尺若五六寸。(汉《论衡》二十五)

（2）其城广纵各二千里。(三国《阿弥陀三耶三佛萨楼佛》卷下)

（3）龙马衔甲，赤文绿色，甲似龟背，袤广九尺。(汉《尚书中候》)

（4）河中土为高丈余，袤广十余里。(宋《太平广记》卷一六一)

（5）（吴三桂府）袤广数十里。(清《吴逆始末记》)

（6）积金玉璧奇伪物，横纵千里，上至天。(汉《太平经·丙部》)

（7）天墉城面方千里。(南北朝《海内十洲记》)

（8）立圆坛于南郊之左，高及轮广四丈，周十二丈，四陛。(唐《隋书》卷七)

（9）其国轮广三千余里，土地洿下而平博。(唐《梁书》卷五十四)

（10）其地枕秦跨楚，包络险阻，员幅数千里。(明《湖广通志》卷一百九)

（11）别筑此宫，以备不测，广宽十里有余。(明《东周列国志》第六十三回)

（12）亭内有水晶方几，长广五丈。(清《淞隐漫录》)

（13）顾畏亭广方一丈三尺，高一丈五尺。(清同治年间《续纂扬州府志》卷三)

（14）今府城本吴芮筑，广周七里。(清《读史方舆纪要》卷八十五)

"广宽"有时指宽度。例如：

（15）七里河堤，轮长一百六十丈，广宽二丈高四尺。（清光绪年间《邢台县志》卷二）

袤延，长度标指，以周长表面积，以方形一边长表面积。例如：

（1）萧砀分列黄河南北两岸，袤延五六百里。（清《平定教匪纪略》卷十）

（2）（太湖）袤延五百余里。（清《韩大中丞奏议》卷七）

（3）（加拉哥维亚国）袤延百余里。（清《朔方备乘》卷十六）

例（1）为曲线长度。例（2）为周长，并以周长表面积大小。例（3）为正方形边长表示面积，因下文有"地面积方约有六百二十里"一句，可知"六百二十"为周长，"百余里"为边长，否则文义不通。

浅深，深度标指。例如：

（1）旧坝冲刷，计阔二十余里，浅深一二丈不等。（清《河防刍议》卷六）

（2）再用簪去挖约有二寸浅深。（清《林兰香》第四十一回）

高经（径）、耸高，高度标指。例如：

（1）此妙塔七级，耸高十丈。（清《金石续编》卷五）

（2）（佛像）高径尺。（清《清稗琐缀》）

（3）高经十二丈、方经二十四丈顽石。（清《红楼梦》第二回）

亘长、纵袤，长度标指。例如：

（1）（山）亘长数百里。（清《荡寇志》第一百十三回）
（2）（忻城县）横广一百四十五里，南北纵袤一百一十里。（清《职方典下》第一千四百十三卷）

例（1）的"亘长"为曲线标指。例（2）的"纵袤"与"横广"相对，分别指长和宽两个维度。

这些词的情况可制成表 4-2：

表 4-2　　　　　　双音节标指的意义与结构（二）

标指	边长直径	长度	宽度	高度	深度	厚度	周长	以边长、直径、长度、周长表面积	结构
短短、窄窄		●							叠音
短短				●					
横阔、纵阔			●						偏正
进深					●				
横径、纵径、纵经、横经、修径、长径、大径、径过	●	●							
弥亘、横亘、连亘、连延、连绵、蔓延		●							
直径、通径、全径、对径、面径、半径、围径、圆径、圆阔、粗径、广径、大径、穿径、心径、对心、方径、口径	●								
四围、方围、周长、围长、椭圆、四转							●		
地方	●						●	●	
盘亘、连环、环绕、围绕		曲线					●		
周径							●	●	

第四章　单音、双音与多音

续表

标指	语义							结构	
	边长直径	长度	宽度	高度	深度	厚度	周长	以边长、直径、长度、周长表面积	
遥亘、延亘、长亘、绵延、绵长、延长、袤纵、绵亘		曲线							并列
厚薄						●			
宽窄、横广			●						
阔狭			●				●		
阔广、横袤	●						●		
高低、高矮				●					
长短		●		●					
深峻、深浅					●				
周圆、圆围、圆大、围大、粗大、粗细、团围、回圆							●		
围亘、环亘、		曲线					●		
延袤		曲线					●		
高圆	●			●			●		
径高				●					前陪衬
径围、广圆、宽圆、匝围							●		
窄小、广延、广亘		●							偏义复合
宽细			●						后陪衬
高下、高耸				●					
绵历		曲线							
周轮、圆裔							●	●	
穿心、过心	●								动宾
开阔、开广	●		●				●		
见长		●							前附加派生词
见宽			●				●		
见圆							●		

续表

标指	语义							结构
	边长直径	长度	宽度	高度	深度	厚度	周长	以边长、直径、长度、周长表面积	
圆高	●			●					
圆周、围圆、圆广、围方、垣周							●		
径圆、阔径、径方、径广、径心	●								
广纵、袤广、纵横、面方、轮广、圆方、员幅、长广、广方、广周、横纵、长方	●							●	逆序词
广宽	●		●					●	
袤延		●						●	
浅深					●				
高经（径）、耸高				●					
亘长		曲线							
纵袤		●							

第二节　多音节化

空间量标指有一些多音化形式，一般由旧的标指组合而来。

一　三音节

三音节空间量标指多与周长、直径有关。

方广周，周长标指，为模糊量。结构为"方广+周"，是偏义复词，"方广"起陪衬作用。"方广"本为偏义复词，强调"方"，"广"起陪衬作用。"方广"指正方形一边长、面积等义。例如：

(1) 今推得城方广各一十一里二百二十步又三十一分步之二十。(宋《数学九章》卷四)

(2)（大石片）方广数亩。(金《续夷坚志》卷四)

例(1)的"方广"，与《考工记》中"匠人营国，方九里"之"方"用法一致，都指城之一边长，其中的"广"起陪衬作用。例(2)的"方广"作面积标指，不显示对象的形状和边长。

明代以后，"方广"作为陪衬，附于"周"之前，表示周长。例如：

(3)（敌楼）在枫桥塊下，方广周十三丈有奇，高三丈六尺有奇。(明崇祯年间《吴县志》卷一)

(4) 全城归于寿城，方广周十里，其阙三千六百三十余堵。(清光绪年间《寿州志》卷四)

例(3)枫桥敌楼，是苏州抗倭工事之一，现保存完整，基座宽15米，进深10.2米，高7米，与该例中记录尺度相近。可知"方广周"指周长。该例又见于清代《吴门表隐》和民国《吴县志》。例(4)为清代用例。

方广径，长度标指，指方形一边长度，也可兼指面积，为模糊量。为"方广+径"的偏正式结构。例如：

(1) 颜鲁公书"龙溪"两大字镌于石壁，方广径丈。(唐《颜鲁公集》卷二十四)

(2)（秀水县）东西南北方广径二百里余。(明万历年间《秀水县志》卷一)

例(1)为方块字的边长。例(2)的"方广径"与"东西南北"组合，表示对象为正方形。

方圆径，长度标指，指正方形的边长或圆形的直径，兼表面积大小。为"方圆+径"的偏正式结构，为"方径+圆径"的缩略，"方圆"为并列式结构，一般在口语中表达模糊量。例如：

（1）数之法出于方圆，圆径一而周三，方径一而匝四①。（汉《周髀算经》卷上）

例（1）的"圆径一"与"周三"比值是大致的圆周率，"方径一"与"匝四"是正方形一边长与周长的比值。

无法确定对象的形状时，应理解为对象的最大内径。例如：

（2）却遣丹而作紫金，方圆径寸，可重一斤。（汉《金碧五相类参同契》卷上）

（3）于土中得一铜炉，方圆径尺。（清《述异记》卷上）

以上二例的对象分别为"紫金"和"铜炉"，对象形状不明，只能理解为对象的最大内径。

当对象形状能确定时，即可以确定"方圆径"所指。例如：

（4）字皆方圆径尺。（宋《续资治通鉴长编》卷四十）

（5）崔嵬突出中一穴，方圆径尺，水清而不竭。（明嘉靖年间《六合县志》卷一）

（6）其临困时，方圆径三四寸，疮有数十孔。（清《医心方》卷十五）

例（4）指方块字的边长。后两例对象大体为圆形，尺寸为直径长度。

---

① "匝"尚未发现其与数量词组合的情况，不好说是标指。

穿心径，直径标指。由"穿心+径"形成的偏正式词语。"穿心"本为动宾短语，为"穿过中心"之义，因而有"穿心胡同""穿心街""穿心大路""穿心阁""穿心楼""穿心河""穿心港"等称呼。例如：

（1）山止有二股，从绝涧而入，不满十里；穿心曲折走一过，乃有廿余里。(明崇祯年间《开化县志》卷七)

（2）下作四洞，人可往来，俗曰穿心楼。(清《职方典上》第七十七卷)

例（1）的"穿心"为穿过山中心之义，为动宾式短语。例（2）的"穿心楼"得名于其下有可往来之洞，可从中心穿过。

直径恰为穿过圆形中心之径，所以也可称为"穿心径"，或简称"穿心"。例如：

（3）或问：一只银盘三尺周，内容三只水晶球，若人算得穿心径，万两黄金也。(元《四元玉鉴》卷中)

（4）石台一座，周围一百五十步，穿心五十步，为民兵练习之所。(明嘉靖年间《武义县志》卷二)

（5）（大团花）周围一尺八寸有零，穿心径六寸。(清《蚕桑萃编》卷十)

（6）沟间冲出大石磨一扇，穿心计一丈二尺有奇，厚三尺六寸有奇。(民国《重修紫阳县志》卷一)

例（3）的"银盘"、例（5）的"团花"和例（6）的"石磨"，都为正圆形。例（3）是"穿心径"较早出现的用例，例（5）的团花周长"一尺八寸"与直径"六寸"符合周三径一的比例。例（5）"穿心径+数量词"，例（4）和（6）"穿心+数量词"，可见"穿心"与"穿心径"同义。例（4）的"石台"，依周长"一百五十步"和直径"五十"的比值，也是正圆形的。

非正圆形的对象，可用"穿心"表示大致的径长，有时以该长度表示面积大小。例如：

（7）咱家吐蕃大将是也。吐蕃路熟，穿心七百里，生羌杀手二十万人，横行昆仑岭西片。（明《紫钗记》上）

（8）（云雾山）穿心四五十里，周围百十余。（清《天下郡国利病书·形胜》）

（9）定例庶人茔地九步，穿心一十八步。凡发步，皆从茔心数至边。（清《穆宗毅皇帝实录》卷之一百四十四）

以上三例的对象不是正圆形，用"穿心"表示大致的径长和面积。例（8）的山周长和径长近似于周三径一的比值。例（9）的墓地从中心到边沿9步长，穿过中心则为18步。

周围阔，周长标指，多为精确量。为"周围+阔"形成的偏义复词，"阔"为陪衬。"周围"为周长标指"周"的双音化形式之一，也可以周长表示面积。例如：

（1）每方长五十里，周围计二百里。（清《虞初新志》卷十九）

（2）诸国周围或可百里，或数百里，或可百驿。（《全唐文》卷九百十四）

例（1）的边长数计算后刚好是周长数，"周围"表示周长。例（2）的国家面积，以周长表示。

（3）（敌台）其制高三四丈不等，周围阔十二丈，有十七八丈不等者。（明《八编类纂》卷七十七）

（4）（孔子墓）周围阔十里，树木繁茂。（清《肇域志·山

东四》)

例（3）的对象为长城敌台，"周围阔十二丈"大体符合今天长城敌台的基座周长长度。上文"方广周"条下，苏州枫桥敌楼，周长标指用的是"方广周"。例（4）的孔子墓指孔林，孔林周长大约十里，所以"周围阔"指周长。

城市、墓台和湖池的周长也可以"周围阔"表示，可以周长兼指面积大小，偶尔直接作面积标指。例如：

(5) 筏城周围阔四十里。（宋《楞严经笺》）
(6) (胡苏台) 高三丈余，周围阔二十余丈。（明万历年间《河间府志》卷二）
(7) 池周围阔五丈。（清《考工典》第二十卷）
(8) 鳌水在县北三十里，周围阔五里。（清雍正年间《四川通志》卷二十四）
(9) 府治东三里有庵甸海，周围阔数千顷。（清乾隆年间《广西府志》卷二十五）

例（5）至例（8）均以周长表示面积大小。例（9）的"周围阔"直接与面积数量词"千顷"组合，作面积标指。

广圆方，"广圆"与"方"组成的并列结构，面积标指。例如：

(小城) 广圆方八九十亩，号殿城。（明万历年间《襄阳府志》卷四十八）

例中的"广圆方"，在《昌黎先生集》中作"广员"，可见二者都是面积标指。

开立方、开立幂，开平方、开平幂，开立圆、开平圆。"开"为动词"求得""计算出"之义。《九章算术》："开方，求方幂之一面也。"又,"开立方,立方适等,求其一面也"。开立方、开立幂,开平方、开平幂为求正方体与正方形一边的术语,为"开+立方、立幂/平方、平幂"的动宾式结构。"开+立圆/平圆"为求正球体或正圆形直径的术语。例如:

(1) 据开平方,百之面十;其开立方,即千之面十。(汉《九章算术》卷四)

(2) 开平幂者,方百之面十;开立幂者,方千之面十。(汉《九章算术》卷四)

(3) 开立圆术曰:以二乘积,开立方除之,即立圆径。(汉《九章算术》卷四)

(4) 开方,乃算法中大节目,勾股旁要演段锁积多用。例有七体:一曰开平方、二曰开平圆、三曰开立方、四曰开立圆,五曰开分子方,六曰开三乘以上方,七曰带纵开方。(宋《杨辉算法·算法通变本末》)

例(1)和例(2)位于同书同卷中,"方"对应于"幂",这两例都是求平方根或立方根的运算,所以二者都为方之一边义。例(3)有求立圆径的方法。例(4)提到"开平圆"与"开立圆"。

平圆径、立圆径。直径或边长标指,为"平圆/立圆+径"的偏正式结构。"面"即为边,在方为面,在圆为径。中国古典数学方圆术中,圆为正方形的内接图形,直径与边长相等。例如:

平圆径六尺,立圆径四尺,平方面五尺,立方面三尺。(元《四元玉鉴》卷下)

平方积、平圆积、积方里,立方积、立圆积,前三者为面积标指,后两者为体积标指,精确量。"积"在尾音节的为"平圆、平方/立圆、立方+积"的偏正式结构。"积"在首音节的为"积+方里"并列式结构，该结构来自于并列式结构面积标指"积里"。例如：

（1）令广袤各一尺，高一尺，相乘得立方积一尺。（唐注《九章算术》卷五）

（2）平圆积取九分之一，立圆积取九分之二，平方积取五分之三，减立方积九分之八盈二尺。（元《四元玉鉴》卷下）

（3）此术广从里数相乘，得积里。方里之中有三顷七十五亩，故以乘之即得亩数也。（唐注《九章算术》）

例（3）"广从相乘"得出面积数，后续句有"方里""顷亩"等面积量词，所以"积里"为面积标指。

"积方里"偶可作面积标指。例如：

（4）除之则得七十四里强也。以所得数开方之，得积方里者，五千四百七十六里强也。（清《刘礼部集》卷五）

（5）计县境积方里万有一百五十。（清光绪年间《东安县志》第一）

例（4）的"积方里"为5476，这个数字是从74"开方"得出的，所以"开方"为二次方之义，"积方里"为面积标指。例（5）的"积方里"指东安县面积。

纵横径、方圆大、周圆大、周遭径，不常见的标指。例如：

（1）他物殴人伤及拔发方寸以上，各杖八十。方寸者，谓量。拔发无毛，之所纵横径各满一寸者。若方斜不等，围绕四寸为方寸。（《唐律疏议》卷二十一）

（2）坛面方圆大丈许，有四踏道。（宋《东京梦华录》卷十）

（3）枝叶蒙茸如盖，周圆大有十围。（明《续西游记》第九

十四回)

（4）（木棉）周遭径尺，修数丈。（清《潜研堂文集》诗集卷一）

例（1）的"纵横径"为"方"即正方形一边的长度，由"纵横"和"径"组成偏正结构。例（2）为坛面的大小，形状不明。例（3）的"周围"与"大"都是周长标指，二者是并列关系，在该例中与周长量词"围"组合使用。例（4）描述木棉树的直径与高，分别用标指"周遭径"和"修"。"周遭径"为偏义复词，"周遭"为陪衬。

面积方，面积标指。为"面积+方"的并列结构。例如：

（伯尔尼）长三百里，宽二百里，地面积方四千七百六十里。（清《海国图志卷》四十七）

该例的"地面积方"也可读断，为"地面+积方"结构。

二 四音节

四音节标指多与面积有关。

面积方里，面积标指，可为精确量，也可为约量。为"面积+方里"的并列式结构。例如：

（1）熟地八百数十顷，按见时面积方里详加履勘。（清《皇朝续文献能考》卷十八）

（2）据绥芬厅戊申报告书载，面积方里计共三十三万四千八百方里。（民国《宁安县志》卷一）

例（1）的"面积方里"与面积量词"顷"对应，所以是面积标指。"方里"与"面积"为并列关系，二者删除其一均不影响句义。

例（2）带单位词"方里"，所以这种表达中，"方里"有面积标指的作用。

有时，数词后不带量词，"方里"有量词兼面积标指的作用。例如：

（3）（三天吉港）面积方里约二十。（民国《大埔县志》卷十一）

延袤周遭，曲线或周长标指。为"延袤+周遭"并列式结构。例如：

（1）贼回旋联络，延袤周遭二千余里，东掠西窜。（明《王阳明集》卷十五）

（2）余署后圃有池可二亩，延袤周遭约二十丈许。（清乾隆年间《桂平县志》卷二）

（3）与七州县犬牙交错，延袤周遭近五百里。（清乾隆年间《东湖县志》卷十四）

例（1）的"延袤周遭"指贼人行经的曲线长度。例（2）为池的曲线走向长度。例（3）为周长标指，东湖县周长长度与今之夷陵市大致相当。

广袤周轮，长度标指，指方形边长或圆形直径，模糊量，并不强调对象形状。由"广袤+周轮"形成的并列式结构。

"广袤周轮"指方形边长或圆形直径，但对象的形状并不明确。例如：

京尹虽居都邑，而境壤兼跨，广袤周轮，几将千里。（南朝梁《南齐书》卷四十）

按史书记载，东晋京尹可管辖西北至陕西雍州，西至湖北巴东，均有两千余里。所以"广袤周轮"在此处指大致的面积大小，"千里"为边长或直径，对象形状不明。

广长周匝、周匝广长，长度标指，指方形边长长度。二者同时期出现，互为逆序词。为"广长+周匝"和"周匝+广长"形成的偏义复词，"周匝"为陪衬。

"广长周匝"和"周匝广长"指方形边长。例如：

（1）诸盖幢幡，各有数千，广长周匝，各二千里。（魏晋《正法华经》卷第一）

（2）郁单曰天下，周匝广长，各四十万里。（魏晋《大楼炭经》卷第一）

以上两例，都有"各"在标指与数量词之间，所以对象为方形，数量为方形之边长长度。

周回纵广，周长标指。为"周回+纵广"结构的偏义复词，"周回"为周长标指，"纵广"本为方形边长和面积，在"周回纵广"中作陪衬。例如：

其树上出高百逾阇那，枝叶荫覆五十逾阇那，周回纵广五百逾阇那。（隋《起世因本经》卷五）

周匝纵广，周长标指。为"周匝+纵广"形成的偏义复词。"周匝"为周长标指，"纵广"本指方之边长，在"周匝纵广"中起陪衬作用。例如：

（1）时熙连河侧娑罗双树，周匝纵广，四百八十里。（南北朝《摩诃摩耶经》卷上）

（2）宝盖之中有极小，周匝纵广满八由旬。（晋《大般涅槃

经》卷一）

（3）此城名拘舍跋提，周匝纵广五十由延。（晋《大般涅槃经》卷一）

例（1）的"树"为圆形，而例（2）和例（3）的"宝盖"和"城"形状不明确。

广轮延袤，长度标指，指正方形一边长。为"广轮+延袤"形成的偏义复词，"延袤"为陪衬音节。例如：

（1）先王画野分州，立百里之国万区，仙于越为瘠壤，截长补短，犹然称邑焉。其间广轮延袤，统辖所至，以备职方氏之采择者，此有司所当详也。（明《万历仙居县志》卷一）

（2）国朝左连江海，右控山谷，广轮延袤千里。（明万历年间《杭州府志》卷十八）

（3）（粤西）幅员之广轮延袤数千里。（清《授时通考》卷八）

例（1）的"广轮延袤"，指"画野分州"之后的一邑面积，方法是"截长补短"，以正方形计算。例（2）的杭州府"广轮延袤千里"大体上与今浙江省面积和形状相符，今浙江省东西、南北直线距离各近500公里。例（3）中"幅员"为面积标指，作"广轮延袤"的定语，"广轮延袤"以正方形一边长指面积大小。

袤延方圆，长度和面积标指，指正方之一边长长度，以长度表示面积，也可直接表示面积。为"袤延+方圆"组成的偏义复词。"袤延"为"延袤"的逆序词，指曲线长度，在"袤延方圆"中作陪衬。

"袤延方圆"《海国图志》中有12条用例。例如：

（1）（巴悉国）袤延方圆九百七十二里，其地之山不高而大半平坦。（清《海国图志》卷六十八）

（2）（可仑比亚）袤延方圆七十二万方里，居民三百四十万名。（清《海国图志》卷六十九）

例（1）描述巴西的面积和地形，"972里"为正方形的边长，兼以边长表示面积。例（2）描述哥伦比亚的面积和人口，"72万方里"为面积数，而不是边长数。两例中的"袤延方圆"，前者为长度标指，后者为面积标指，前者以折合为正方形边长的长度表示面积，后者直接表示面积，前者的数量为长度，后者的数量为面积。

袤延圆方，面积标指。"袤延+圆方"组成的偏义复词。"袤延"指曲线长度，在"袤延圆方"中作陪衬。"圆方"为"方圆"的逆序词，指正方形一边长、面积等。例如：

（1）皇帝行宝四字，圆方八寸，厚二寸，皆细交龙光。（宋《册府元龟》卷二十五）

（2）小城盖王居也，其内处偏高广，圆方八九十亩，号殿城。（明万历年间《襄阳府志》卷四十八）

（3）宝石一块，半寸圆方。（民国《义县志》前卷）

例（1）的"圆方"指正方形玉玺的一边长。例（2）与面积标指"亩"组合，为面积标指。该例在《昌黎先生集》中作"员八九十亩"。例（3）不知宝石形状是方是圆。

"袤延圆方"为面积标指。仅《海国图志》中出现四例。例如：

（4）（花旗国）袤延圆方三百万方里。其山在西方一带峰岭，余地大半平坦。（清《海国图志》卷六十）

（5）（默西可国）袤延圆方二百八十四万四千方里。与花旗国交界之地，乃平坦无木，遍处牧场。（清《海国图志》卷六十四）

以上两例中的"袤延圆方"都与面积量词"方里"组合,为面积标指。

延袤方圆,为"延袤+方圆"组成的并列式结构。"延袤"本为长度标指,后作周长和面积标指。"方圆"指正方形一边长或圆形直径,也作面积标指。"延袤方圆"仅《海国图志》出现一例。例如:

(新荷兰)延袤方圆九百万方里。(清《海国图志》卷十六)

该例与面积量词"方里"组合,为面积标指。

广袤方圆,长度标指,指正方形之一边长、周长并兼表面积大小,或直接表面积大小。为"广袤+方圆"组成的并列式结构。"广袤方圆"在宋代已出现,是形容词,为面积广大义。例如:

(1)物起星辰,稠重层叠,广袤方圆,萦回周匝,动辄一山二三十里而秀尖,此为玉楼金殿。(宋《玉髓真经》卷三)

《海国图志》中有125例"广袤方圆",意义分别为:正方之一边长、周长并兼表面积大小、面积。例如:

(2)(荷兰)其国之广袤方圆五百七十五里,居民男百四十万,女百四十五万。(清《海国图志》卷四十)

(3)(千地亚岛)广袤方圆八十八里,居民二十七万。(清《海国图志》卷四十八)

(4)(小吕宋各岛)广袤方圆四千七百里,居民六百万丁。(清《海国图志》卷十)

(5)(马他牙士里岛),广袤方圆一万零五百里,长二千二百里,阔约四百五十里及七百里。(清《海国图志》卷三十六)

(6)(婆罗岛)广袤方圆七十八万七千方里,内有广湖林树。(清《海国图志》卷十二)

(7)南边藩属地,广袤方圆千一百五十万顷。(清《海国图志》卷十六)

以上各例描述各地的面积、人口等情况。例(2)和例(3)的"广袤方圆"分别指正方形之一边长,因为后置数值与折合为正方形后的边长数相符。例(4)和例(5)的后置数词符合其周长数,以周长兼表面积大小。例(5)的周长数值后,又跟上"长""阔"数值,这也是一种表示面积的方法。因对象为海岛,所以周长为曲线长度,远大于长、阔相加的二倍的值。同时,以上各例都有计算不精确的问题,只能取近似值。例(6)和例(7)符合面积数,而且这两例分别用了面积量词"方里"和"顷",说明"广袤方圆"为面积标指无疑。

"方圆"可以中置。例如:

(8)(小爪哇)广袤二千七百四十五方圆里。(清《海国图志》卷十四)

经过比对,上例中的数值为周长数。该例的"方圆"与"广袤"分别处于数词的前后两端,与"广袤方圆"式表达有变换关系。

广袤圆方,面积标指。由"广袤+圆方"组成的并列式结构。"广袤方圆"为《海国图志》翻译西人所著《万国地理全图集》所用的面积标指。同时代的日本著作中也有这个词。例如:

(1)(西欧罗巴)广袤圆方四百五十万里。(日本江户后期《小楠遗稿·杂著》)

(2)《万国地理全图集》曰,欧罗巴列国,广袤圆方九百七十五万方里,长一万零五百里,阔七千五百里,居民二万万丁。(清《海国图志》卷三十七)

(3)《万国地理全图集》曰,峨罗斯国,广袤圆方四百五十

万方里，居民四千八百万丁。(清《海国图志》卷四十三)

例（1）是日本人的用例，该例的数词是面积数而不是边长数，"里"在该例中是长度量词而不是面积量词。例（2）和例（3）有面积量词"方里"，数词是面积数。例（2）有对象长、阔的描述。

幅员纵横，面积标指，以正方形一边长或周长表示面积大小。为"幅员+纵横"组成的并列式结构。例如：

（1）（瑞士）幅员纵横各数百里。(清《清朝柔远记》卷十七)

（2）当阳幅员纵横不百五十里而泉岩竞势。(清乾隆年间《当阳县志》卷九)

例（1）有"各"，表明数量为方形的两边长。例（2）的"不百五十里"是正方形的一边长。两例都以边长表示面积大小。

下例则为以周长表面积：

（3）（连山县）东西广一百四十五里，南北袤二百九十里。幅员纵横五百里，不惟小矣。(民国《连山县志》卷二)

例（3）有长宽数值，"五百里"绝不会是直径或方之边长，而只可能是周长，只有是周长才大致符合县域大小。

高下周旋、纵广高下、方圆纵广、纵广方圆、长围周亘、周回连延、方圆广阔、绵历围绕、延亘周围、周围阔径、方围宽阔、周围连环、纵横袤亘、宽广长袤、广衍横纵、纵横开广、延袤长亘、周围阔长、延袤横直、横纵广衍、周围宽广、袤延广纵、围圆粗细、幅员面积、宽广面积，这些都是不常见的标指。例如：

（1）山高下周旋三万里。(《列子·汤问》)

（2）如有硬石，纵广高下满一由旬。（南北朝《别译杂阿含经》卷第十六）

（3）此地狱方圆纵广十五由旬。（南北朝《南无诸佛要集经》卷二）

（4）其地狱纵广方圆十六由旬。（南北朝《南无诸佛要集经》卷三）

（5）五月乙亥，上大猎于拔延山，长围周亘二千里。（唐《北史》卷十二）

（6）（昌山）周回连延一十八里。（宋《太平御览》卷四十八）

（7）（东钱湖）方圆广阔八百顷。（元《宋史》卷九十七）

（8）其岭峻，绵历围绕二十余里。（明《永乐大典·算法》）

（9）（建康城）延亘周围凡五十余里。（明《皇明从信录》卷三）

（10）设立峰墩二座，高三丈，周围阔径顶面五丈，下根九丈。（明嘉靖年间《惟扬志》卷九）

（11）中为平湖，方围宽阔约百丈余。（明《海内奇观》卷七）

（12）山周围连环三百余里。（清《永庆升平前传》第八十回）

（13）长江上下，纵横袤亘千余里，城郭间阎，悉罹烽燹。（清《里乘》卷十）

（14）（亭之址）宽广长袤计积二百七十步四尺之余。（清康熙年间《从化县新志》卷四）

（15）西北独郊原，广衍横纵数千里。（清乾隆年间《蒙自县志》卷六）

（16）砻石为台，纵横开广计二丈许。（清嘉庆年间《如皋县志》卷九）

（17）山顶延袤长亘百里。(清嘉庆年间《重修一统志》卷四百三十)

（18）秦家厂月堤内填实，周围阔长三百七十丈。(清道光年间《武陟县志》卷十四)

（19）(池)延袤横直不下二百余（丈）。(清道光年间《广东通志》卷一百二十五)

（20）官之北余旷士一区，横纵广衍，以步计约百十数。(清宣统年间《东莞县志》卷十七)

（21）洪泽湖周围宽广五百余里。(清光绪年间《重修安徽通志》卷六十四)

（22）大名县之地，袤延广纵一百余里。(民国《大名县志》序)

（23）晃一晃叫粗，就有八丈围圆粗细。(明《西游记》第七十四回)

（24）廊坊市，总人口343.3万人，幅员面积6429平方公里。(CCL语料库)

（25）室高二十尺，宽广面积方十五六尺。(民国《临河县志》卷下)

例（1）的"高下周旋"似为并列结构，指传说中的仙山的高度和曲线长度。因"周旋"本指曲线长度。例（2）的"纵广高下"由"纵广"和"高下"并列而成，作边长标指。例（3）和例（4）同出于一书，"方圆纵广"和"纵广方圆"都为并列关系的以边长或直径表示面积的标指。例（5）由"长围"和"周亘"并列而成长度或周长标指。例（6）"周回连延"似指周长，为"周回"与"连延"组成的偏正结构。例（7）是"方圆"和"广阔"并列作面积标指。例（8）的"绵历围绕"似指曲线长度，"绵历"本为曲线长度，"围绕"指周长，"绵历围绕"为偏义复词。例（9）描述刘基设计的明初南京城周长，"延亘"为曲线长度，"周围"为周长，"延亘周围"

为偏义复词。例（10）似描述周长，"周围"指周长，"阔径"为陪衬。例（11）的"方围宽阔"为周长标指，"方围"与"宽阔"为并列结构。例（12）的"周围连环"为周长标指，"周围"与"连环"为并列结构。例（13）的"纵横袤亘"指曲线长度，不考虑宽度，为并列结构。例（14）"宽广"和"长袤"并列，组成新的面积标指。例（15）的"广衍"与"横纵"都为正方形一边长，二者并列，兼表面积大小。例（16）的"纵横开广"指正方形一边长，由"纵横"和"开广"并列而成。例（17）的"延袤长亘"为曲线长度，由"延袤"和"长亘"并列而成。例（18）的"周围阔长"，似指长度，"周围"为陪衬，偏义复词。例（19）的"延袤横直"为并列结构，指曲线长度。例（20）的"横纵广衍"是"广衍横纵"的逆序词。例（21）描述洪泽湖的周长，"周围宽广"为偏义复词，"宽广"为陪衬。例（22）描述大名县面积，由"袤延"和"广纵"并列而成，以正方形一边长表面积。例（23）为"围圆"和"粗细"形成的并列结构，周长标指。例（24）的"幅员面积"为并列式面积标指。例（25）的"宽广"和"面积"并列。

本书出现的多音节标指按语义和结构可制成表4-3：

表4-3　　　　　　　多音节标指的意义与结构

标指	边长直径	长度	高度	周长	以边长、直径、长度、周长表面积	面积	体积	结构
方广径、方圆径、周回连延	●				●			
穿心径、平圆径、立圆径、立方面、纵横径	●							
平方面	●					●		偏正
平方积、平圆积						●		
立方积、立圆积、立方体							●	
周回连延				●				

第四章 单音、双音与多音

续表

标指	语义							结构	
	边长直径	长度	高度	周长	以边长、直径、长度、周长表面积	面积	体积		
积方里、广圆方、面积方、面积方里、延袤方圆、广袤圆方、方圆广阔、宽广长袤、幅员面积、袤延广纵						●		并列	
周圆大、周围连环、围圆粗细、方围宽阔				●				^	
延袤周遭、长围周亘		●		●				^	
广袤周轮、纵横开广、纵广高下、宽广面积、幅员纵横、方圆纵广	●							^	
广袤方圆	●			●	●	●		^	
高下周旋		●	●					^	
纵横袤亘、延袤长亘、延袤横直		●						^	
广衍横纵					●			^	
方广周、延亘周围				●				前陪衬	偏义复合
周遭径、周匝广长、周围阔长	●							^	^
袤延方圆	●				●	●		^	^
广轮延袤	●							后陪衬	^
周围阔、周回纵广、周匝纵广、周围宽广、周围阔径				●				^	^
绵历围绕		●						^	^
开立方、开立幂,开平方、开平幂、开立圆、开平圆	●							动宾	
广长周匝、横纵广衍、纵广方圆	●							逆序词	
袤延圆方						●		^	

223

第三节　单音节化

　　在空间量标指从汉代以后纷纷然双音节化与多音节化的背景下，"广""阔"却由双入单，变成了单音节面积标指。汉以前"广圆""广阔"等双音化形式用以指面积大，但在唐宋之间都以单音形式直接作面积标指①。

　　这种"逆双音节化"的单音节化造词法，在空间量标指演变中虽不多见，在汉语的历史发展中却是常见的方式，具有类型学意义，代表了新词产生的一种方式。例如，潘悟云（1995）根据南岛、侗台和上古汉语音节结构类型的特征，指出华澳语言中很多单音节词由多音节词发展而来②。周及徐（2000）指出双音节词的单音节化形式如"败绩→败""夭瘀→夭"等在先秦大量存在，汉代时这种变化就比较少了③。蔡长虹（2007）指出单双音节词可以双向转化，当代汉语单音节化如"博客→博""赞成→赞"等的趋势有所增强④。

　　当然，双音节标指仍是主流，单音节化和多音节化是辅助手段。在空间量标指词的聚合中，数量最多的是双音节词，其次是多音节词，最后才是单音节词。单音节词中，只有面积标指"广""阔"是由双音节词单音节化而来。"周""环"等词作面积标指，双音节形式不比单音节形式早，只有双音化问题，而不存在逆双音化问题。

　　广，在唐代以后用作面积标指，为以周长表示面积的用法。证据

---

①《管子》"辟地广而民不足者"之"广"，以单音节形式表示面积大小，但这个"广"为形容词。双音节的"广圆"等在汉代就能作表示面积的名词，并与"广"有替换关系。"广"以单音节形式表面积，跟"广"的二维维度特征有关。

② 潘悟云：《对华澳语系假说的若干支持材料》，《中国语言学报》1995年第8期。

③ 周及徐：《上古汉语双音节词单音节化现象初探》，《四川大学学报》2000年第4期。

④ 蔡长虹：《当代汉语词汇的单音节化现象考察》，《汉语学报》2007年第1期。

是唐以前"广"为宽义,并不能以宽度兼表面积,不能单独作面积标指,只能以语素形式存在于双音节词中,由双音节词作面积标指,这个双音节词是周长而不是宽度的意义。例如:

(1)(桃林)广员三百里。(《山海经》卷五)

上例在唐代《史记正义》中有"广员三百里"与"广阔三百里"两种引文,唐代《括地志辑校》也引作"广阔三百里",唐代《史记索隐》却引作"广三百里",为"广"作面积标指的用法。可见,双音节的形式占了多数,单音节的面积标指"广"由双音节的"广员""广阔"等单音节化而来。对于例(1)中的"广圆"指周长,宋词有"烟花百里武山俏,桃林深处有嬉笑"一句,即此例中夸父所化桃林。"广圆三百里"为周长,"烟花百里"为直径,符合周三径一比例。又:

(2)五渚湖水,广圆五百余里。(北魏《水经注》卷三十八)

例(2)"五渚"指今之太湖,汉《吴越春秋》补注:"以其周行五百里,故以五湖为名。"所以例(2)中的"广圆"指周长。该例以周长兼表面积大小。

阔,可直接作面积标指。由"广阔""阔狭"等双音节词单音节化而来。因上文例(1)中桃林"广员"可替换为"广阔",所以"广阔"也以周长表示面积大小。再如:

(1)其地广阔一万六千由旬。(南北朝《护国尊者所问大乘经》卷二)

(2)班布守地阔狭、顷亩列之如后。(唐《神机制敌太白阴经》卷六)

例（1）"广阔"同于上文例（1）的"广圆"，以周长表示面积，该用例较早。例（2）的双音节词"阔狭"与"顷亩"相联系，可见"阔狭"也不指宽度，而是面积。

"广""阔"以单音节形式表示面积的用法见本书"长度、宽度表面积"一节。"宽"的双音节形式表面积的用法在其单音节形式表面积用法出现之后，是双音化现象。

第五章

聚合与组合

本章讨论标指的聚合与组合系统。

第一节 替换与补充

空间量标指的聚合系统异常复杂,在形成年代、语源、频率、音节数量、适用语体、语用类型、搭配数量词、表确数或约数、表大量或小量,空间义的多寡等方面,多有某些不同。词义部分相同的,有补充关系;词义全同的,有替换关系。

一 替换关系

语义、语用全同的标指,在同一方言区同时出现,并在同一方言区不同时期出现频率有消长现象的,它们之间的关系是替换关系。严格意义上的替换关系集中在"长""宽""方"三个标指的某一义位上,"高"和"深"标指之间一般为补充关系。

长与高,"高"用作身高标指,最早出现在佛经中,可能与译经活动有关。随后出现在《敦煌变文》《五灯会元》等佛教经籍中,宋代用法扩大到道教经籍如《云笈七签》中。江淮官话背景的白话小说《西游记》和《封神演义》在内容上与佛教和道教相关,"身高""身长"同现,前者数量超过后者。可以粗略推测,"身高"大概源于佛教,口语中从江淮官话区向外扩散,两者替换的高峰期是明代万历年间前后。可资比较的是,北方方言背景的《红楼梦》没有"身高",

只有"身长",可能到清代中期"身高"的表述仍未影响到北京;而元末明初成书的《水浒传》和《三国演义》虽有南方方言背景,却也没有"身高",只有"身长"。清代的话本小说《济公全传》《小八义》《三侠传》等都有"身高"的表达,对于"身高"在口语中的传播起到了推动的作用。清末的《儿女英雄传》只有"身高","身长"遂退出使用。这组数据如表5-1所示。

表 5-1　　　　　　　　"身高"与"身长"的替换

	水浒传	三国演义	封神演义	西游记	红楼梦	儿女英雄传
身长	11	14	6	2	2	0
身高	0	0	8	4	0	1

"高"指草木高度,汉代《氾胜之书》就已出现,中古以后主要出现在《搜神记》《大唐西域记》《广异记》《太平广记》等佛教相关的典籍中。草木"高"替代草木"长"约完成于近代汉语前期,作为正史的《旧唐书》《宋书》中出现"树高"的时候。

修与长,"修"从"彡","彡"为连续文饰,因而有连续不绝义。徐中舒《甲骨文字典》:"《说文解字》:'彡,毛饰画文也。'段注:'饰画者,馭而画文也。毛者,聿也,所以画者也。乃以笔所画之文为彡,然实际亦应包括刀刻、刺绣等纹饰,器物衣饰之纹皆连绵衔接,故引申有相续不绝之义。'"由连续不绝而引申为长。同时,"修"具有修饰、文采义,如"修长"赞身材好,"修行"赞品行好,"修竹""修茂"赞植竹美,"修言""修文"为修饰、整治义。从"彡"的字多与修饰有关,如"彪"为虎文,"彩"为文采,"形"为有文可见等。而"修"作长义,其对象一般是人所直接接触的,需要加以修饰欣赏把玩的物体。"壶""笛"如此,房屋更是如此,新房收房后第一件事就是"装修",使其美然,符合自己的审美习惯。所以"修"为长度所指的对象一般含有审美意味。

"长"替换"修"有个过程,以"堂X""壶X""笛X"为例,

"笛长（南朝梁《殷芸小说》卷一）""堂长（《隋书·卷三十三》）""壶长（清《绿野仙踪》第五十三回）"出现的时间跨度很大，如表5-2所示。

表5-2　　　　　　　　"长"与"修"的替换

	堂X	壶X	笛X
修	先秦	先秦	宋
长	唐	清	南朝梁

广、博、阔与宽，四者替换的时间跨度较大。"广"是古代主要标指，到明代已明显减少，清代所剩无几，"宽"在清代占了主流。"博"用于上古。"阔"用于晋至明代，明代时与"宽"相当，到清代衰落。如下表5-3所示。

表5-3　　　　　　"广""博""阔""宽"的替换

	《周礼》	《墨子》	《九章算术》	《水经注》	《缉古算经》	《西游记》	《歧路灯》
广	14	46	84	90	40	1	0
博	3	3	0	0	0	0	0
阔	0	0	0	2	0	3	1
宽	0	0	0	0	1	3	7

《水经注》中"阔"代替了"广"表示"潭"和"渠口"宽度约量的功能，"宽"也是在这种语境中出现的，《缉古算经》中有"水宽"的描述。"广""阔"都有夸大义，如《西游记》既有"臂阔三停"，也有"腰广十围"。《歧路灯》的唯一一例"阔"的用法是"膀阔七寸"，表明其退出最晚的仍是表示夸大的意义，"广"从《西游记》中退出时也仅余下表示夸大的意义。"宽"在《歧路灯》中用于书"三寸宽"，条幅宽"三分"或"一丈"，印痕宽"三分"，这些为实量。表示过量的只有河水"却有两箭宽"一例，该例表明"宽"已代替了"广"和"阔"表示过量的意义。王力曾指出"广""阔"

"宽"为同源词①,传世文献中三者用法应是其分化后的用法。

方、方广、方圆与见方,元代之后,"方"在民间流传的木匠书中双音化为"方广"和"方圆"。如表5-4所示。

表5-4　　　　　　"方"与"行""方圆"的替换

	方	方广	方圆
元《梓人遗制》	3	21	0
明《鲁班经》	7	0	43

官方颁布的工程标准,在明代选择使用了"见方"。我们把"方"表示一维、二维和三维的,分别命名为"见方$_1$""见方$_2$"和"见方$_3$",则有表5-5:

表5-5　　　　　　"方"与"见方"的替换

	方（个）	见方（个）		
		见方$_1$	见方$_2$	见方$_3$
宋《营造法式》	161	0	0	0
明《南船纪》	14（方$_1$）	6	0	0
明《工部厂库须知》	0	20	3	3
清《工部工程做法》	0	595	215	47

二　补充关系

语义、语用并不全同的标指,在同一维度标指的语义场之中,各下位词用于强调上位词某一方面语义,它们之间的关系为补充关系。补充关系是同一维标指之间的主要关系。

方圆、见方与平方,现代汉语中,"方圆"前置于数量词和"见方"后置于数量词的用法还在口语中使用。语法上,"方圆"与数量

---

① 王力:《同源字典》,见《王力全集》第13卷,中华书局2014年版。

词组合常作谓语,"见方"与数量词组合常作定语。语义上,"方圆"联系的数量词一般为若干公里的中量,多为约量,指称对象多为地理区域;"见方"联系的数量词一般为若干米的小量,可为确量或约量,指称对象多为人工制品。二者的区别如表5-6所示。

表5-6 "方圆"与"见方"的互补

	功能	范围	属性	对象
方圆+数量	谓语	千米左右	约量	地理区域
数量+见方	定语	一米左右	确量或约量	人工制品

使用频率上,二者衰减都很明显。即便在农民口语中,"方圆""见方"也几乎已被"平米"和"平"替换。"方圆"在农民口语中一般表范围,而"见方"则多为农村木匠使用。文艺作品中,从五四到当代,"方圆""见方"二者每百万字的用频已由七个降至两个,而全新的"数词+平方米"结构则由零增加为八个。

面方与方面,二者是一对特殊的逆序词。例如:

(1)(天墉城)面方千里。(南北朝《海内十洲记》)
(2)(方丈洲)在东海中心,西南东北岸正等,方丈方面各五千里。(南北朝《海内十洲记》)

例(1)和例(2)的"面方"和"方面"用于描写土地面积大小。例(2)的"西南东北岸正等",说明对象为正方形。因而这两例都以正方形边长表示面积。

二者出现年代相同,使用频率相当,这迥异于其他空间量标指中的逆序词。其他空间量标指中的逆序词一般频率比主词低,词义比主词少,出现比主词晚。而"面方"和"方面"的区别主要在于语体,前者侧重于工程专著和农学专著,后者侧重于数学专著。这种差异可以表5-7表示。

表 5-7　　　　　　　　"面方"与"方面"的互补

	数学语体		工程和农学语体	
	唐《缉古算经考注》	明《算法全能集》	宋《营造法式》	明《农政全书》
面方	0	0	2	26
方面	6	4	0	0

长系标指，"长"系标指包括"长""袤""修（脩）""短""窄""亘""绵""延"等词语及以其为词根形成的某些双音节词如"长袤""延亘""绵延""延长"等词语。这几个词以"长"为中心，"长"以外的长度标指基本是为补充"长"的意义而存在，只是一群配角，无法挑战其地位。但"长"在先秦并不表示"袤"和"修"的意义，"袤"强调长而"修"强调美感，后来"长"逐渐兼并了二者的义域，而后两者先秦以后几乎消失。"短"和"窄"多表示长度的比较，语用上强调不长，用频很低。"亘""绵""延"表达动态长度，为了强调对象过于长而存在，具有"长"所无的语用义，这种语用义在现代汉语中最终被"长"替换。如表 5-8 所示。

表 5-8　　　　　　　　长系标指之间的互补

	初现	语体	类型	量词	数词	频率	强调
长	先秦	全部	动态→静态	全部	确数、约数	多	中性
袤	先秦	科技	静态	全部	确数、约数	少	中性
修	先秦	工匠业	静态	小尺寸	确数、约数	极少	美感
短	唐	口语	动态	小尺寸	确数、约数	极少	缺量
亘	魏晋	书面	静态→动态	大尺寸	约数	一般	过量
绵	唐	书面	动态	大尺寸	约数	一般	过量
延	宋	书面	动态	大尺寸	约数	少	过量

亘系标指，与"延亘""弥亘"等标指共同组成了一个一般表示动态长度的标指系统，这个系统中的标指有［+动态长度，+大尺度，+约数，+低频，+书面语体］等特征。在时间上有出现早晚的区别，

所强调的侧面各有不同。如表 5-9 所示。

表 5-9　　　　　　　　亘系标指之间的互补

	初现	语体	类型	量词	数词	频率	强调
亘	魏晋	书面	静态→动态	中大尺寸	约数、确数（少）	一般	长度
延亘	魏晋	书面	动态→静态	大尺寸	约数	少	长度
弥亘	魏晋	书面	动态→静态	大尺寸	约数	少	有宽度的长度
横亘	唐	书面	动态→静态	中大尺寸	约数、确数（少）	少	横向的长度
连（联）亘	宋	书面	动态→静态	大尺寸	约数	少	长度
广亘	宋	书面	动态→静态	大尺寸	约数	极少	长度
长亘	宋	书面	静态	中大尺寸	约数、确数（少）	少	长度
亘长	清	书面	静态	大尺寸	约数	极少	长度
袤亘	清	书面	静态	中大尺寸	约数	极少	有宽度的长度

绵系标指，与"亘"系词用法大体一致，以表动态长度为主。"绵"系词不表示中小尺度，仅与大尺度的量词"里"组配。"绵"系的"连绵""绵延"一直用到现代汉语，比"亘"系词语义简单、更贴近于口语。如表 5-10 所示。

表 5-10　　　　　　　　绵系标指之间的互补

	初现	语体	类型	量词	数词	频率	强调
绵	唐	书面	动态	大尺寸	约数	少	长度
连绵	唐	书面	静态	大尺寸	约数	一般	长度
绵历	唐	书面	动态	大尺寸	约数	极少	长度
绵亘	唐	书面	动态→静态	大尺寸	约数	一般	长度
绵延	宋	书面	静态	大尺寸	约数	一般	长度
绵长	清	书面	静态	大尺寸	约数	极少	长度

延系标指，与"亘"系词用法大体一致，以表动态长度为主。"延"系仅与大尺度的量词"里"组配。"延"系词也比"亘"系词语义简单，

更贴近于口语。如表 5-11 所示。

表 5-11　　　　　　　　延系标指之间的互补

	初现	语体	类型	量词	数词	频率	强调
延	宋	书面	动态	大尺寸	约数	少	长度
延袤	汉	书面	动态→静态	大尺寸	约数	一般	长度
连延	魏晋	书面	动态→静态	大尺寸	约数	少	长度
蔓延	宋	书面	动态→静态	大尺寸	约数	少	长度
延长	清	书面	动态→静态	大尺寸	约数	少	长度
广延	清	书面	静态	大尺寸	约数	极少	长度
袤延	清	书面	静态	大尺寸	约数	极少	长度

宽系标指，包括"广""博""阔""宽""狭""窄"等词语及以其为词根形成的某些双音节词如"开广""从阔""宽窄""宽细"等词语。"广"与"长"的地位有些类似，从先秦到元明一直是主要的标指。"博"与"修"相类，用于强调长宽强烈对比下的美感。"阔"与"袤"都有强调过量的意味。"狭""窄"与"短"相类，都用于比较和缺量。如表 5-12 所示。

表 5-12　　　　　　　　宽系标指之间的互补

	初现	语体	类型	量词	数词	频率	强调
广	先秦	全部	静态→动态	小尺寸→全部	确数、约数	多	中性
博	先秦	工匠业	静态	小尺寸	确数	少	美感
阔	晋	口语	静态→动态	大尺寸→全部	约数	多	过量
宽	唐	口语	静态→动态	小尺寸→全部	确数、约数	多	中性
狭	宋	书面语	动态	大尺寸	约数	少	缺量
窄	清	口语	动态	小尺寸	约数	极少	缺量

"博"的所指对象多为衣带、衣边等衣饰，笏、圭等礼器，车辐、削、耜等匠人相关物品等，着重于加工过之后的狭长物体。这些物体一般也是把玩的对象，因而"博"有审美的意蕴。"广"也有这种功能，指衣边有"（缘）广（《礼记·深衣》）"，指匠人相关物品的有"端广

(《周礼·考工记》)"等。同时,"广"除了与"博"在先秦有部分功能相似外,多数情况下二者是不同的。1."广"可指所有尺度,不着重于长宽维度的对比。2."广"虽有数量对比,但对比不强烈,细长条状物只是其用法之一。3."广"常与"丈""里"等大尺寸量词组配。而"博"只适用小尺度对象。4."广"的对象更自由,可指堂室、兵器、国土等,确数、约数均可,小尺寸、大尺寸均可,几乎不受限制。5."博"的组合能力差,双音词形式没有"广"多。"博"的语义特征为[+狭长物,+数量对比,+确数,+小尺度,+宽度],受限很大;而"广"则是一个普通词语,包括了"博"的大部分功能及其他词表示宽度的用法。

高系标指,"高"系标指有"崇""高""峻""竖"等,以"高"为主。"高"系标指中,"高"作身高是替代"身长"的后起的用法。"崇""峻"各有不同的语用色彩。如表5-13所示。

表 5-13   高系标指之间的互补

	初现	语体	类型	量词	数词	频率	强调
崇	先秦	工匠业	动态→静态	中小尺寸	确数	少	中性
高	先秦	全部	动态→静态	全部	确数、约数	多	中性
峻	汉	口语	静态	中大尺寸	确数、约数	少	过量
矮	唐	口语	动态	小尺寸	确数、约数	少	中性
低	唐	书面语	动态	小尺寸	确数、约数	极少	比较
竖	宋	书面语	静态	小尺寸	确数	极少	中性

深系标指,深系的标指主要为"深",双音节词有"深浅""浅深""进深"等几个。"袤"和"浅"偶可作深度标指。例如:

(1) 雪袤丈。(宋《新唐书》卷二百一十九)

(2) 凿土袤丈。(元《宋史》卷四百五十七)

(3) 水浅数寸。(清《八仙得道》第三十一回)

例(1)、例(2)的"袤"和例(3)的"浅"为深度标指。有时

"深"可与"袤"同现,中间加表示约数的"可",这种句法极怪异。例如:

(4) 谷水,深可袤丈。(宋《太平广记》卷三九九)

"深"并不是三维空间量中最为必要的标指,与其他维度词会发生语义交叠,可以表厚度、高度、长度等。例如:

(5) 山阳济阴雹如鸡子,地深一尺五寸。(汉《前汉纪》卷十八)
(6) 坛十有二寻,深四尺,加方明于其上。(《仪礼·觐礼》)
(7) 孟尝君有白狐裘,毛深二寸。(清《东周列国志》第九十三回)

例(5)指冰雹的厚度。"沙深""冰深"等也是这种用法。例(6)为祭坛的高度。"草木深"也是这种用法。例(7)为兽毛的长度。我们把"雪深""雪厚""草深""草高""毛深""毛长"在CCL语料库的现代库和古代库的频率制成表5-14。

表5-14　　　　"深""厚""高""长"的互补

	雪		草		毛	
	现	古	现	古	现	古
深	113	146	24	122	15	15
厚	146	12				
高			35	11		
长					104	88

从表5-14可知,在现代汉语中"雪厚"的频率略多于"雪深","草高"的频率略多于"草深",在古代汉语中不仅相反,而且差距很大。"毛深"无论古今都少于"毛长"。从共性看,"深"与"厚""高""长"语义是有交叠的。

第二节 两次后置

从语言表层形式看，汉语空间量标指的位置，相对于数量词，有前置于数量词、后置于数量词和中置于数量词三种。即：

  a. 标指+数量词。如：大喙长尺余。(《禽经》)
  b. 数量词+标指。如：一节（甘蔗）数寸长。(北魏《齐民要术》卷十)
  c. 数+标指词+量。如：（方明）以木为之，四方尺。(宋《海录碎事》)

a、b 两式几乎适用于所有空间量标指。上古的"博""修"等标指缺乏发展的机会，只有 a 式分布，没有 b 式分布。表示正方形边长、面积和体积的"方""方圆"等又发展出 c 式分布。

从来源上看，从 a 式、b 式到 c 式。空间量标指经历了两次后置，第二次后置的表层现象是标指中置于数量词。c 式中，在数词为面积或体积的情况下，"方"类标指完成了由名词向"方寸"类量词中构词语素的演变。

一　第一次后置

空间量标指的语序第一次后置，形成于空间量构式从 a 式到 b 式的发展。空间量标指从南北朝开始，已经后置，这个时间点晚于数量名结构的出现。例如：

  (1) 一节（甘蔗）数寸长。(北魏《齐民要术》卷十)
  (2) 大铜盘可二尺广。(南北朝《续齐谐记》)
  (3) 先锄其地，深三尺，阔一尺五寸。将马粪干者和细泥，

并水填一尺高，令人于其上踏熟。（唐《种树书》）

（4）一千里方。（唐《周礼注疏》卷三十三）

（5）（作帻）皆二尺五寸围。（唐《初学记》卷二十四）

（6）（蛇）纵广数尺方圆，生气物也。（宋《尔雅翼》卷三十）

（7）（舟舫）十里绵亘。（宋《蜀梼杌》卷上）

（8）堂堂大宋万里幅陨。（宋《斐然集》卷二十五）

从标指的种类看，"长""宽""高""方"等主要的空间量标指在宋代以前都有后置的用法出现，这些用法率先出现在口语材料中，符合语法演变的一般规律。虽然频率很低，经常会反复，如例（3）"填一尺高"在元代《农桑辑要》中就被录为"填高一尺"，例（4）在同书同卷中又表述为"千里之方"。例（6）在晋《博物志》中作：

（9）海有物，状如凝血，纵广数尺，正方圆。（宋《太平御览》引晋《博物志》卷三）

唐五代时期，一般的数量名结构才占优势地位。相比之下，空间量标指的后置也仅是在时间上晚些而已。杨永龙先生指出，唐诗中 a 式和 b 式的比例为 111 例∶54 例①。二者的变化集中出现在元明清时期。这组数字如表 5-15。

表 5-15　　　　　　空间量构式 a 式与 b 式的替换

	元	明	清
a 式	77%	32%	10%
b 式	23%	68%	90%

也即空间量标指后置到明代才占主流地位。

---

① 杨永龙：《从"形+数量"到"数量+形"——汉语空间量构式的历时变化》，《中国语文》2011 年第 6 期。

元代"深""厚""大""大小"等出现后置用法。例如：

（10）这井是砖砌的井，至小有二丈深。（元《老乞大谚解》卷上）

（11）楼上灰尘三寸厚。（《元代话本选集》第二十八卷）

（12）行者变做五寸来大的胡孙。（元《朴通事》下）

（13）宋季铜钱牌或长三寸有奇，阔一寸大小。（元《至正直记》卷一）

明代"长短""高下""广围""围圆粗细""宽""远""径阔"等出现后置用法。例如：

（14）坐着一个一丈来长短骷髅。（明《初刻拍案惊奇》卷七）

（15）二十丈高下的身躯。（明《西游记》第六十四回）

（16）筑土城，七百余丈广围。（清乾隆年间《汀州府志》卷五）

（17）即又大做斗来粗细，二丈长短。（明《西游记》第三回）

（18）晃一晃叫粗，就有八丈围圆粗细。（明《西游记》第七十四回）

（19）他那床头边有半步宽的个空处。（明末清初《醒世姻缘传》第六十回）

（20）离了十数里远。（元末明初《三国演义》第四十五回）

（21）尺五径阔饼。（明《天工开物·陶埏》）

清代"高矮""度""径""口径""周径""宽径""对径""径圆""圆径""见方""圆""广阔"等出现后置用法。例如：

（22）我这车法，有三丈高矮。（清《荡寇志》第一百十三回）

（23）（胡同）只有二尺度。（清《济公全传》第六十八回）

（24）二尺径铜盘。（清《清代野记》卷上）

（25）十寸口径之炮弹。（清《异辞录》卷三）

（26）十余里周径。（清《野叟曝言》第九十六回）

（27）尺五六的宽径。（清《老残游记》第三回）

（28）（乐器）约三尺对径。（清《清宫禁二年记》）

（29）（石）约有五寸径圆。（民国《大清三杰》第二二回）

（30）（桃）约有四寸圆径。（民国《汉代宫廷艳史》第三十七回）

（31）里面装着四副银模子，都有一尺多长，一寸见方。（清《红楼梦》第三十五回）

（32）五寸圆的单钱。（清《雍正剑侠图》第四十三回）

（33）只见平面一片二亩广阔的院子。（清《海上花列传》第三十八回）

空间量标指词后置的时间先后与其地位相称，重要的标指如"长"先发生后置，次要的标指如"见方"、后起的标指如"宽"后发生后置。这其中有一个符合逻辑的时间序列。

空间量标指从 a 式到 b 式的发展与汉语单位词的发展相平行，时间节点略晚于后者。根据王力（1980）的描述①，汉语单位词及数量词的语序发展大致为：

先秦：羌十羌/羌十人/黄金一斤→汉代：鱼百枚/羊万头
　　→先秦：一箪食→汉代：一尺布/千足羊
　　　　→中古：数量名结构普及

不同类别的单位词如天然单位词"枚"、容量单位词"箪"、度量衡单位词"尺"等，其量词用法的形成时间与在短语中的位置变化时

---

① 王力：《汉语史稿》，中华书局 2001 年版。

间各不相同。新兴结构由少到多,或被更新的结构取代,有个发展的过程。

"一尺布""黄金一斤""羊万头"三者语义区别可以以下变换形式表示:

  布一尺:一尺布;布长一尺:一尺长的布
  金一斤:一斤金;金重一斤:一斤重的金
  羊万头:万头羊

"布一尺"代表了空间量,"金一斤"代表了重量,"羊万头"代表个体数量,三者有区别。重量与个体数量都指整体而言,不会分出局部,而空间量有几个维度,不得不对局部进行标记。如"布一尺"指哪一维度就存疑,"重一斤""羊万头"不存在类似问题。所以以空间量标指标记维度成为必要,同时也说明空间量标指所在结构与普通数量名结构本质上无区别。

空间量标指是名词,已得到学界大家的论证。例如陆俭明(1989)、杨永龙(2011)指出,a 式中的标指为名词。杨永龙先生指出的原因为:一、该标指已名词化;二、该标指可作主宾语和限定性定语;三、该标指可受代词"其"修饰,标指与数量词之间可受"各"等修饰;四、数量词可与谓词性表量成分对文[①]。

我们非常赞同杨、陆二位先生的观点,并补充能够加入 a 式中间的副词"才""殆"等,及动词性成分"逾""覆""有""是""正"等"满""不能""止于"等。标指与数量词之间插入副词时,说明数量词是谓语,因而标指是主语;标指与数量词之间插入动词时,标指作主语,这都说明标指是名词性的。以"方广""纵广"和"幅员"为例,"方广"与数量词之间可以插入"才""可"等成分:

[①] 杨永龙:《从"形+数量"到"数量+形"——汉语空间量构式的历时变化》,《中国语文》2011 年第 6 期。

（34）（总岩）方广才数尺，县孔甚多。(明《钟惺集》卷二)

（35）其城以木围之，方广可数里，诛茆覆屋。(明《东西洋考》卷四)

"纵广"与数量词之间可以插入"正等""满""可""足""亦""不能""止于"等成分：

（36）诸佛灭后，各起塔庙，高千由旬，纵广正等五百由旬。(晋《妙法莲华经》卷三)

（37）其土纵广满十由旬。(南北朝《正法念处经》卷六十八)

（38）城西北即摩陂也，纵广可十五里。(北魏《水经注》卷二十一)

（39）其地纵广足一由旬。(南北朝《大方等无想经》卷一)

（40）其苑纵广亦千由旬。(隋《起世经》卷六)

（41）关中纵广不能千里，岂能办此也。(宋《雍录》卷九)

（42）（风）纵广止于数十里之间。(宋《梦溪笔谈》卷二十四)

"幅员"与数量词之间可以插入"殆""空""不逾""几""覆""有""是"等成分：

（43）自天都至秦州甘谷城，南北一直五百里，幅员殆千余里。(宋《续资治通鉴长编》卷五百十)

（44）寒暄异中华，幅员空万里。(《清诗别裁集》卷二十七)

（45）昌镇疆宇，幅员不逾五百里。(清《日下旧闻考》卷一百五十四)

（46）南直隶幅员几二千里。(清《阅世编》卷三)

（47）枝布方圆覆六十里。（唐《法苑珠林》卷六十八）

（48）（九头虫）方圆有丈二规模，长短似鼋鼍样致。（明《西游记》第六十三回）

（49）正面是会仙台，方圆是二里大。（清《永庆升平后传》第十七回）

二　第二次后置

c式形成于"方+量词"的后置。以"里"为例，这个过程是：

$$\text{a式（方一里）} \xrightarrow{\text{紧缩}} \text{a式（方里）} \xrightarrow{\text{后置}} \text{c式（N方里，义为"N个'方一里'"）}$$

空间量标指第二次后置在宋代已经出现。例如：

（1）（方明）以木为之，四方尺。（宋《海录碎事》）

（2）谁知天壤间，眇然一方寸。（宋《云溪集》卷四）

例（1）的"方明"是古代祭祀的牌位。胡培翚正义："方明，以方四尺之木为之，上下四方，共有六面。"可见"四方尺"指正立方体的边长为四尺。可知"四方尺"等同于"方四尺"。例（2）指登高望远，看到大地似为一寸见方的面积。这两例中的"方"标指中置，与下面例子不同：

（3）二百四十方步为一亩，合阔八步，长三十步。（明《同文算指通编》卷一）

（4）二百四十方步为亩，二十五方尺为步，一百方寸复为尺也。凡若干步之积步约为亩，以二百四十方步而一。若干尺之积约为步，以二十五方尺而一。若干寸之积约为尺，以一百方寸而

一,约步约亩,则递以步法亩法除之。(明《新法算书》卷九十)

例(3)指出一亩的面积为240平方步,可以折合为8×30的长方形。例(4)也出现了240方步,同时还有25方尺、100方寸。内含有1方尺=100方寸的算式。

c式中"方步"之类中的"方"是不是从b式后置的"方"前移而形成的呢?应该不是。b式清代以前并不多见。能查到的有限的几个例子如下:

(5)一千里方。(唐《周礼注疏》卷三十三)
(6)方格之中乃用十四条一尺方之木连成八等边形。(清《中西兵略指掌》清卷八)
(7)治马蛆蹄,槽下立处掘一尺方,埋鸡子许大圆石子。(清《串雅》卷四)

以上三例中的后置"方"构式都不典型。原因在于:一、数词都是"一",不能广泛使用。二、这种用法极其罕见。新的语法是在大频率语用基础上形成的,没有语用基础,很难想象能产生新用法。双音节词"方圆""见方"的后置式在清代以后很常见,但清代以前却罕见,不是当时的主流用法。

实际上,"方尺""方丈"等结构为"方一尺""方一丈"的缩略。例如:

(8)臝深尺,内方尺而圆其外。(《周礼·考工记》)
(9)无方丈之室。(北齐《魏书》卷一百八)
(10)钟方尺积千寸。(唐《周礼注疏》卷四十)

例(8)的"方尺"作谓语,与"深尺"对文。例(9)的"方丈"作定语。例(10)的"方尺"为体积,一立方尺等于一千立方寸。在知网古籍库中，检索到明代以前的"方尺"类词语数量为：

方寸 2038 例　方丈 1894 例　方分 217　方尺 188 例　方里 75 例

高频的使用使得"方尺"类结构用法凝固。例如：

（11）饮服方寸匕。（汉《金匮要略方论》卷上）
（12）服三方寸匕。（唐《孙真人备急千金要方》卷七十二）

例（11）的"方寸匕"为一寸见方大小的药匙，"方寸"作定语。例（12）的"三方寸匕"，"三"所修饰的中心语为"匕"而不是"方寸"。而本节例（1）至例（4）中的数词，是直接修饰其后的单位词"方步""方寸"等的。这个过程如何发生的呢？

（13）凡量度万形，先定一有几何之度。如三丈之物，以一丈之度量之，谓之某物与定度为三倍大，则一丈之度名曰公度。因其能量之势，定各所量之物也。凡量高、长、广、远，皆属线类，是以线为公度，盖比例之，两率为同类也。故量线者，先具一定线，或一丈，或一尺，以为公度。量面者，先具一定面，或方步，或方丈，边等，角直，以为公度。量线用直线，以直线在万线中为最短，故量面用平面，用正方，以平面在万面中为最短正方之理，视万形之理为最准。故量体亦定一度，如一石，斗为六面体，各面等，各角及边等。（明《新法算书》卷九十）

（14）如正方田一段，各边四步，自之，其容为十六方步。有长方，以所设两边相每乘，得面之容。如长方田一段，纵五、横六相每乘，其容为三十方步。（明《新法算书》卷九十）

（15）余案四洲志所言方里者，开方法也。开方法方十里者，为方一里者百，方百里者为方一里者万，方千里者为方百者百，为方一里者一百万。今云在欧罗巴洲者，幅员二百零四万方里，是仅长二千里,宽一千里,又长二百里,宽二百里耳。衍而伸之,以方五百里计,亦仅长四千里,阔五百里,又长二百里,宽二百里耳。在阿细亚洲者,五十万方里,以方二百里计之,当长二千五百里,宽二百里。然东自黑龙江之东海边,西至普鲁社实近二万余里,此方数殊不合,则方一里者不足据也。(清《朔方备乘》卷五十五)

例(13)详细讲明了"方步""方丈"成为量词的过程,即测量需要标准,长度以一丈为标准,面积则需要以"方一步""方一丈"等为标准,体积也是如此。计算出来的结果,是以"若干个'方一步''方一丈'"来计量的,比如"五方步"语义为"五个'方一步'的大小"。这在例(14)中表现最为明显。该例中四步见方的田地,有十六方步;纵五横六的田地,面积为三十方步。那么为什么该例用了两个"容"呢?很明显是以"方一步"作为基本单位,"十六方步"即为"十六个'方一步'","三十方步"为"三十个'方一步'"。数学和几何学科解释空间量都是这样的方法,地理学和地图学也是如此。例(15)即是地理学和地图学中的应用。"方十里"为一百个"方一里",转换式即为"方十里为一百方里"。该例中的"以方五百里计"和"方二百里计",是地图学中每个正方形格内设计容纳的比例尺。

地图学和天文学中的同比例方格也叫"方",可以以数词称数,是一种特殊形态的"方"。例如:

(16)在顺天府西一方,宜减八分;距二方,宜减十六分。若舆图细分,即宜细算如图上。登州在京师东为二方半,宜加二十分。(明《新法算书》卷二十五)

(17)每分之方数减太阴引数所应得月景各半径,并之之方数,开方得根为太阴。(明《新法算书》卷八十七)

(18)方数者,方形边自乘之数。(明《新法算书》卷八十七)

例（16）是地图学中的"方"，可以数词称数。例（17）的"方数"是天文学中的"方"，例（18）是其定义。例（18）的"方数"是以天文学中的某种数量值为标准，是一种特殊的面积表达。

《新法算书》和《同文算指通编》是在明代利玛窦等人译著基础上由李之藻、徐光启等人修订编著的。这些书中，中国传统的"方一尺"之类的表达仍不少见。例如：

（19）木料方二尺以上。（明《新法算书》卷一）

（20）得太阳体之立方五千八百八十六万三千八百六十九。（明《新法算书》卷六十四）

（21）问玉率方寸重七两，石率方寸重六两，今有璞方三寸，重一百七十六两，内玉石各若干？法以见方三寸自乘，再乘得立方二十七寸。（明《明文算指通编》卷三）

以上三例中的空间量标指都在构式前端，为 a 式，是汉语古老的空间量句法形式。在清代，c 式的用量集中于受西学影响大的著作中。我们把含"方"的 a 式和 c 式制为表 5-16。

表 5-16　　　　空间量构式 a 式、b 式与 c 式的替换

	同文算指通编	新法算书	海国图志	朔方备乘	时务通考
a 式	7	5	169	14	5
c 式	1	10	432	105	871
c：(a+c)	13%	67%	71%	88%	99%

可见从明末到清末，c 式一直处于扩张状态。但这仅限于受西学影响的科技类图书，小说中并不是如此。《红楼梦》中有一例"方"的 a 式分布，《儒林外史》《儿女英雄传》中既没有 a 式，也没有 c 式。这反映出面积和体积表达在口语中并不常用，也反映出 c 式的用法在口语中的频率超过 a 式发生在清代以后。

方志一般为地方人士编纂,有一定的口语性,清代方志中有 c 式的分布。例如:

(22) 地面积共二千五百八十六方里。(清雍正年间《阿迷州志》卷二十四)

甚至类推出"方圆里"和"见方里"的结构,但都极罕见。例如:

(23)(小爪哇)广袤二千七百四十五方圆里,居民七百万。(清《海国图志》卷十四)

(24)(地球)通体共有一千三百三十七兆八十三万零一百见方里。(清《海上尘影天》第二十九回)

本书"立方、立圆"一节中已谈到"立方寸"在宋代已是成熟的体积量词,但口语中尚未广泛使用,也极少见到"立方尺""平方寸"等用法。因而,汉语中先有"方里"类结构,至迟宋代时在"方里"类结构前面加数词形成了 c 式,c 式是汉语固有的结构形式。明代以后 c 式在欧洲语言的影响下扩大使用,渐渐成为主流。那么这一过程受哪一种欧洲语言的影响最大呢?欧洲语言中,希腊语、英语、德语等为 c 式结构,法语、意大利语、西班牙语为 b 式结构,拉丁语则为"量词+数词+标指"结构。拉丁语语序完全不对路,那么当时为什么不选择 b 式的译法呢?首先是汉语 c 式结构成型在前,翻译者不得不考虑汉语的情况;其次《几何原本》等明末译作底本有很多是与汉语语序更相近的语言写成的[①]。

[①] 明代徐光启与利玛窦以拉丁文为底本合译《几何原本》前六卷,李善兰与伟烈亚力以英文底本合译后九卷。见李民芬、郭世荣《〈几何原本〉后九卷与其底本的比较研究》,《内蒙古师范大学学报》2013 年第 3 期。

第三节　句式的复杂化

空间量构式从汉代以后陆续出现了句式杂糅、双标指、标指前置于名词和双量词现象，这些现象都使空间量构式出现某种程度的复杂化。

一　句式杂糅

古代汉语面积表达主要有三种基本形式：

　　a. 方+长度数量词。
　　b. 面积数+亩/顷。
　　c. 积+面积数+长度量词。

a式是较常见的面积表达式，适用对象和范围较广。b式多用于田宅计量。c式起源较晚，多见于数学书。例如：

　　（1）膊崇四尺，方四寸。（《周礼·考工记》）
　　（2）能得甲首一者，赏爵一级，益田一顷，益宅九亩。（《商君书·境内》）
　　（3）今有积五万五千二百二十五步，问为方几何？答曰：二百三十五步。（汉《九章算术》卷四）

例（1）为a式，其数量词表示长度，该式表示面积时，需以数量词的二次方计算。例（2）为b式，该式数量词直接表示面积。例（3）为c式，其中数词为面积数，量词表长度。这三种形式经常会有换算关系，例（3）包含有a式和c式的换算。再如：

（4）方一里者为田九百亩。(《礼记·王制》)
（5）二百四十步为亩。(汉《楚辞章句》卷一)

例（4）包含 a 式和 b 式的换算。例（5）包含 b 式和 c 的换算。

这三种句式，虽然 a 式为主流表达式，但因其数量词需换算后才能表示面积，所以很快就与 b 式杂糅为 d 式，结构为"方+面积数+亩/顷"。例如：

（6）（仇池）方百顷。(南朝宋《后汉书》卷八十六)

"方"类标指如"延袤""纵广""方圆""广袤"等都可进入 d 式。例如：

（7）坛高三尺，土阶三等，延袤一亩。(汉《越绝书》卷八)
（8）（园）纵广足满十顷。(南北朝《佛说未曾有因缘经》卷下)
（9）（蛎屿）方圆数十亩。(南北朝《永嘉郡记》)
（10）平阳地震，雨血于东宫，广袤顷余。(唐《晋书》卷一百二)
（11）（咸池）幅员六十余亩。(宋《太平御览》卷六十七)
（12）池阔数亩，深七丈。(明弘治年间《八闽通志》卷七)
（13）井水涌溢，渐成此池，可广百余顷。(宋《太平御览》卷九百三十四)
（14）（东钱湖）方圆广阔八百顷。(元《宋史》卷九十七)

例（5）在明代《同文算指通编》中作"二百四十方步为一亩"。"方步"是新兴的面积量词，"二百四十方步"结构为"面积数+新兴面积量词"，可命名为 e 式，该式的新兴面积量词为现代汉语的"方米""平方米""平方公里"等的前身。e式与d式杂糅，形成新的结构"方+面积数+新兴面积量词"，可命名为f式。例如：

(15) 室之广长约廿方尺。(清《清宫禁二年记》)

(16) 神农架方圆3200平方千米。(CCL语料库)

(17) 吉林油田方圆几百平方公里。(CCL语料库)

f式结构在北大语料库中超过200例，是一种常见结构。

晚清洋务派著作的面积表达新旧交织，形式复杂，反映了时代的演变特点。以1842—1852年成书的《海国图志》、1877—1879年成书的《伦敦与巴黎日记》、1890—1894年成书的《出使英法意比四国日记》为例，三部书从a式到f式，每种用法都有出现。例如：

(18) (荷兰) 其国之广袤方圆五百七十五里，居民男百四十万，女百四十五万。(清《海国图志》卷四十)

(19) 印度种茶三千余亩。(清《伦敦与巴黎日记》卷二)

(20) (毛尔塌) 方英一百十五里。(清《出使英法意比四国日记续》卷十)

(21) (南边藩属地) 广袤方圆千一百五十万顷。(清《海国图志》卷十六)

(22) 西印度群岛之地约九万五千英方里。(清《出使英法意比四国日记续》卷八)

(23) 巴黎会院广一十五万方尺。(清《伦敦与巴黎日记》卷十一)

例(18)至例(23)分别属于a至f式。此外，还有一些属于a的变式。例如：

(24) (小吕宋各岛) 广袤方圆四千七百里，居民六百万丁。

（清《海国图志》卷十）

（25）（新着大岛）袤一千三百里，延九百里，居民七万二千丁。（清《海国图志》卷六十四）

例（24）以周长数兼表面积大小，例（25）分列长、宽，表示面积大小。

详情可列表 5-17 如下：

表 5-17　　　　　　晚清洋务派著作中的面积表达

	标指		数量词		备注
	同	异	同	异	
《海国图志》	方、广、面积、见方、方广、幅员、零形式	宽、面积方、广袤、长宽、长……宽……、方圆、圆方、积方、袤延、袤……延……、延袤、地方、袤延方圆、袤延圆方、延袤方圆、广袤方圆、广袤圆方	Num 里、Num 方里	Num 方圆里、Num 亩/顷	1 "Num" 为数词。2 "启罗迈当" 为法语 "公里" 的音译词。3 该表以 "里" 代表长度量词。4 "立方洋里" 也是面积量词。"一立方洋里等于百平方洋里。"（《出使英法意比四国日记续》卷二）5《出使英法意比四国日记》中的 "启罗见方里数" 不带数词，"启罗" 表示法里，"见方里" 为量词。
《伦敦与巴黎日记》		广袤、平方、宽广、长方		见方英里 Num、Num 亩、Num 见方英里	
《出使英法意比四国日记》		周围		Num 英/德/法/日本方里、Num 立方洋里、Num 方英里、Num 启罗迈当、Num 方启罗迈当、Num 启罗迈当方里、方 Num 英里、方英 Num 里、周围方里 Num 英里、德/中国 Num 方里、法里 Num 方启罗迈当	

从表 5-17 可以看到，三书作者中，魏源对标指的使用犹豫不决，薛福成对量词尤其是表示量词来源的国别词犹豫不决，郭嵩涛处于中间状态。从魏、郭到薛，各相差大致 20 年，他们对面积表达形式运用的差异大体上反映了他们语言与思想西化程度的不同。详见《从"面积"表达看晚清语言革新与思想演进》。[①]

二 双标指

从唐代开始，汉语中出现一些带有两个标指的空间量构式。数量词相对于两个标指，可以居于两个标指中间，也可以居于两个标指之后。数量词居于两个标指之间的结构是"前标指+（插入成分）+数量+后标指"。插入成分可为"可"或"有"等。后标指一般是"圆""围""方圆""粗细"等周长标指；前标指为"周围""粗""大"等周长标指，或"大径""纵广""方"等相关标指。例如：

（1）独出诸峰表，周围百丈圆。(《全唐诗续拾》卷二十八)
（2）郫县侯生者，于沤麻池侧得鳢鱼，大可尺围。(唐《酉阳杂俎》续集卷八)
（3）（蛇）纵广数尺方圆，生气物也。(宋《尔雅翼》卷三十)
（4）第三峰有竹，大径七尺围。(宋《养疴漫笔》)
（5）轴木大七尺围方妙。(明《天工开物·甘嗜》)
（6）那上万的铁笛一齐长起来，粗有三五丈之围。(明《三宝太监西洋记通俗演义》第八十二回)
（7）见一片大青石板，可方丈围。(元末明初《水浒传》第一回)
（8）如何亦是海枣之类，其形如枣，其大有五尺长，三尺

[①] 刘永华：《从"面积"表达看晚清语言革新与思想演进》，《史学月刊》2013 年第 12 期。

围。(明《三宝太监西洋记通俗演义》第三十二回)

（9）有人于罗山见一树，大三丈余围。(清《南越笔记》卷十四)

（10）瓷罐约有三尺半高下，周围尺半粗细。(清《绿野仙踪》第三十六回)

（11）这西苑又名西海子，周围数里方圆。(民国《清宫十三朝演义》第八十五回)

以上例子中的空间量结构，一般表示周长的长度。例（2）、例（5）、例（9）与例（8）的"大"不同，前三者的"大"表示周长，后者的"大"表示体积，因为后者的"大"是"长"和"围"组成的立体形状。例（2）的"大可"和例（7）的"可方"之中，"可"的位置可处于标指"大"和"方"的前面或后面。

这种结构的后标指也可为"宽大""宽阔""宽""阔"，意义可为周长、直径和长度；前标指为"周围""围圆"等周长标指，或为直径标指"径"、曲线长度标指"环绕"等。例如：

（12）若说他那湖的地势，曲折连环，周围有十数里宽大。(清《施公案》第二八六回)

（13）堂前有一块玲珑紫石，高约二丈多，围圆有七八尺宽。(清《绮楼重梦》第二十六回)

（14）只见小监提着水晶笼，约径尺宽阔。(清《海国春秋》第十回)

（15）（九曲黄河）环绕九千里阔。(清《说岳全传》第一回)

例（12）和例（13）均为周长，例（14）为直径，例（15）指曲线长度。

偶有面积表达式出现两个标指的，后标指为"宽大"或"阔"

等，前标指为"周围""地方"等。例如：

（16）原来这丛葬处周围约有三十余亩宽大。（清《雪月梅》第十三回）

（17）地方约有二三十亩阔。（清《绿野仙踪》第六十二回）

以上两例都有面积量词"亩"，后标指因而表示面积大小。

数量词居于两个标指之后的结构是"前标指+（插入成分）+后标指+数量"。多用插入成分，插入成分为"将""可""约"等。后标指一般为直径标指和正方形边长标指"径"，前标指可为周长标指"广围""细""大""圆"，及直径标指"对心"、正方形边长标指"方"等。例如：

（18）遇一巨材，径将袤丈，其长百余尺，正中其选。（宋《太平广记》卷八十四）

（19）（方印）大径寸。（宋《夷坚丁志》卷第七）

（20）罗汉松在陆家巷，广围可径丈。（明《紫隄村志》卷三）

（21）粗可径尺，细可径六七寸。（明《练兵实纪·杂纪卷五》）

（22）令寻石壁陷低处，方可径尺，黏糊垩涂于上。（清《海国春秋》第三十九回）

（23）（石）对心约径二里。（清《海国春秋》第十五回）

（24）南乐有火光，圆可径尺，飞向西南。（民国《清史稿》卷四十一）

例（18）的前标指为"径"，后标指为"袤"，该例也表示直径大小。例（19）至例（24）的后标指都为"径"，这些例子一般表示直径大小或正方形边长长短。

三 标指前置于名词

标指一般不会前置于名词，不会出现"标指+名词+数量"结构。如有"山高三丈"，无"高山三丈"。但"水深三尺"却有同义的"深水三尺"，为"标指+名词+数量"结构。例如：

（1）浚濠深水三丈。（宋《大宋宣和遗事》元集）
（2）有放水入围田上，深水一二尺，不见形迹。（元《水利集》卷五）
（3）大风雨挟海潮奄至平地，深水六七尺。（明《苏平仲文集》卷十二）
（4）澳内深水二丈有余，可泊大商艘数百。（清《东溟文集》文后集卷四）
（5）本年微湖之水，自伏秋汛增长至七月中间极盛时，共深二丈五尺六寸，而现在测量只深水二丈一尺四寸。（清《阿文成公年谱》卷二十六）

中间三例都有水深的语境义，"深水"同时表示水的深度。例（1）的"深水"为水深度的客观描述，不表示对深浅的评价。例（5）的"深水"前加副词"只"，表示水不深义。

四 双量词

空间量构式可以出现两个量词。结构为"（标指）+前量词+数+后量词"，用例较少。例如：

（1）（地）其广袤亩三十有七顷。（明《永乐大典·算法》）
（2）地亩八千余顷，估银八百万两。（清《庸庵笔记》卷三）
（3）按照耆英所估，用见方尺二千二百四十尺有零。（《清宣

宗成皇帝实录》卷九十一）

(4) 地基面积方尺八千九百四十六尺六寸五分。（民国《续纂泰州志》卷五）

(5) 船底两帮并铺面，计折见方丈二十六丈二尺五寸七分。（《清高宗纯皇帝实录上》卷二百四十一）

(6) （砌海墁）折方丈一千九百十二丈三尺七寸。（清乾隆年间《赤城县志》卷二）

例（1）和例（2）的前量词"亩"，都为土地面积量词，这两例的后量词却为"顷"，同例内两个量词不一致，用法非常独特。例（3）的"见方尺"、例（4）的"方尺"、例（5）和例（6）的"方丈"，都是"见方一尺""方一尺"或"方一丈"的缩略，它们作为测量面积的标准而演变成面积量词。例（3）至例（6）的第一个后量词都是前量词的重复，如例（4）的前量词为"方尺"，第一个后量词"尺"即为前量词的重复，第二后量词"寸"和第三后量词"分"都是以"方尺"计量之后的余数，也都是面积量词，意为"方寸"和"方分"。例（6）的"海墁"指大面积用砖铺装地面，"折方丈"是折合面积之义。该例"折方丈"中的"丈"是一个约定代表单位，这个数中的"三尺七寸"为"零余"；如果以"尺"为单位，就是"折方尺"，其后的数仍不变，零余为"七寸"。

第四节　起点与终点

距离为两个物体或位置的空间相隔长度，因需标明两端点，距离构式不同于一般空间量构式的结构。李宇明曾分别出静态距离和动态距离、有向距离和无向距离、时间计算距离、距离的比较等形式。据此，汉语中主要的距离表达形式可整理为表 5-18：

表 5-18　　　　　　　　汉语距离表达形式

类型		结构	例句
a 式：静态距离		a_1 式：X 去/距/离/隔/距离/至/到 Y+长度数量词	家离学校 2 里
		a_2 式：X 和 Y 相去/距/离/隔/+数量词	家与学校相距 2 里
		a_3 式：X 在 Y+方位词+长度数量词	家在学校北 2 里
		a_4 式：X 向/朝/往+方位词+长度数量词+有/到/是+Y	家往南 2 里是学校
		a_5 式：从 X 至/到 Y+长度数量词	从家到学校 2 里
		a_6 式：（从）X 至/到 Y+长度数量词+远/遥/远近	（从）家到学校 2 里远
		a_7 式：（从）X 至/到 Y 远有+长度数量词	（从）家到学校远有 2 里
b 式：动态距离	位移长度表距离	b_1 式：（从）X+（向/朝/往/有/是/到+方位词）+位移动词+长度数量词+Y	家（向南）走 2 里到学校
		b_2 式：（从）X+至/到 Y，（向/朝/往+方位词）+位移动词+长度数量词	家到学校，（往南）走 2 里
	位移时长表距离	b_3 式：X 离/距/到 Y+（移动动词短语）+时间数量词+（的）路程/车程/距离	家离学校（骑车）2 分钟的距离
		b_4 式：X 离/距/到 Y+路程/车程/距离+（移动动词短语）+时间数量词	家到学校的路程是（骑车）2 分钟
c 式：距离的比较		X 比 Y+远/近+长度数量词	家比学校远 2 里
d 式：各种杂糅式		结构不一，无法穷尽。例如： 相去远万万里。（汉《太平经·乙部》） 去郡远百里。（唐《宣室志》） 于是会稽东不远七十里，有大泽曰虞江。（《唐文拾遗》卷三十） 相远数百步。（宋《太平广记》卷三九四） 远且百步。（宋《新唐书》卷二百二十一） 周瑜的楼船已离了十数里远。（元末明初《三国演义》第四十五回） 九龙山在菊花村西五里之遥。（清《三侠剑》第六回） 走了有四五里远近。（清《施公案续》第四八四回） 两人骑行的距离，虽隔着半里多。（清《孽海花》第三十三回）	

"去""距""离""隔""距离""至""到"等一般带终点宾语后，才表示两处所静态距离。其宾语表示起点、间隔，还是终点成了语义表达的关键。

去，徐中舒《甲骨文字典》："疑'去'象人跨越坎陷，以会违离之意。"引申为一般意义的动词"离开"义，其后宾语为离开的起点，后续句可为到达某地。结构分别为"有生主语+去+起点""有生主语+去+起点+位移动词'适''之'等+终点"，"去"的宾语也可省略。例如：

(1) 逝将去女，适彼乐土。(《诗经·硕鼠》)
(2) 欲去秦而之楚。(《战国策·秦策》)
(3) 楚师将去宋。(《左传·宣公十五年》)
(4) 鸟乃去矣，后稷呱矣。(《诗经·生民》)

前三例的"去"后都有起点宾语，前两例后续句有位移动词"适""之"及其终点宾语。例（4）起点宾语省略。

战国早期时，"有生主语+去+起点"结构之后可加上长度数量词以表示离开起点的长度。这是一次重要的变化，给"去"的位移距离赋以可量化的结构特征。例如：

(5) 去郭百步，墙垣、树木小大尽伐除之。(《墨子·号令》)
(6) 去国五十里而为之关。(《管子·大匡》)

例（5）的"郭"为"去"的起点，"百步"为离开的距离。例（6）的"去国五十里"结构与此同。两例"去"的主语优选人而不是物。下例的主语则相反：

(7) 裾城外，去城十尺，裾厚十尺。(《墨子·备梯》)

该例的"十尺"指"裾"与"城"之间的距离，但"裾"仍是未完成物，需要人先行测量出十尺之距。因而该例"去"的主语虽然优选物，但仍可选人。此前的"去"都是位移动词。

战国早期"去"之后也可以带终点宾语。此种"去"不再是动态的位移动词，而是表示距离的静态动词。其后的数量词也不是位移的长度，而是两点间尚未位移通过的距离。例如：

（8）敌去邑百里以上。（《墨子·号令》）
（9）既陈，去晋军一里。（《国语·吴语》）

以上两例"去"的宾语都是有生主语位移的终点，这应视为"去"功能的扩展，功能扩展带来了句法和语义的变化。

如果主语是无生的，"去"又带终点宾语，那么数量词表示两静物之间的静态距离，这种用法相对后起。例如：

（10）弩轴去下筐三尺五寸。（《墨子·备高临》）
（11）晋国之去梁也，千里有余。（《战国策·魏策》）

如果不考虑起点和终点，仅指两静物或两处所之间距离，可以用"相去"。例如：

（12）弋长二寸，见一寸，相去七寸。（《墨子·备城门》）
（13）地之相去也，千有余里。（《孟子·离娄》）

"相去"也可指单向距离。例如：

（14）南郢之于郑，相去数千里。（《公羊传·宣公十二年》）

上例"郑"为终点，"郢"为起点。说话者从楚国视角出发讨论两地距离。

距，《六书故》："鸡爪也。斗则用距。"引申为到达，其后为终点宾语。《正字通》："距，违也。"因而"距"也引申为离开义，与

"去"义同。《国语·周语》卷一:"距今九日。"韦昭注:"距,去也。"例如:

(1) 予决九川,距四海。(《尚书·益稷》)
(2) 距国门以外,穷四竟之内。(《管子·乘马》)

例(1)孔传:"距,至也。决九州名川通之至海。""至"为到达义,"四海"为终点宾语。例(2)的"距"为离开义,"国门"为起点宾语。"距"字句与"去"字句相比,用法少、起源晚、用例少,因而"距"字句应是"去"字句类推出来的句式。例如:

(3) 距封十里而为一坛。(《管子·地数》)
(4) 去国五十里而为之关。(《管子·大匡》)

以上两例同出于《管子》,两例结构完全平行,"去""距"互文,后带起点宾语,数量词为离开的长度,主语优选人而不是物。带起点宾语的静态距离用法起源较晚。例如:

(5) 则天子迎春于东堂,距邦八里。(三国魏《皇览》)
(6) 僰道县,在南安东四百里,距郡百里,高后六年城之。(晋《华阳国志》卷三)

例(5)的"邦"为起点,"东堂"为终点。例(6)的"县"为终点,"郡"为起点。数量词都表示两处所之间的静态距离。

战国中后期起,"距+终点"结构后能加上长度数量词,用以指到终点的距离。这种用法极有可能是受了《战国策》"去"字距离句的影响。原因有:一、这种用法较早出现在《战国策》中;二、《战国纵横家书》书中"去"字句与"距"字句对文。例如:

（7）晋国之去梁也，千里有余。（《战国策·魏策》）

（8）今燕尽齐之河南，距莎丘、巨鹿之围三百里。秦尽韩、魏之上党，则地与王布属壤芥者七百里。秦以强弩坐羊肠之道，则地去邯郸百廿里。（《战国纵横家书》）

例（7）是《战国策》中以"去"字句表示一处所与另一处所之间静态距离的用例，"去"后是终点宾语。例（8）《战国纵横家书》中以"距"字句与"去"字句对文，语义同例（7）。这种用法是"距"字句的主要用法，沿用至今。例如：

（9）此皆距周七千八百里。（《管子·地数》）

（10）进军，距寿州三十里，寿人闭壁不出。（后晋《旧唐书》卷二十四）

（11）王龁大军已到，距金门山十里下寨。（明《东周列国志》第九十八回）

以上三例都指某处所至终点的距离，前一例的起点为静态地点，后两例指位移驻停之处。

"相距"出现的比"相去"晚。例如：

（12）地之相距，动数千里。（晋《华阳国志》卷十二）

在近代汉语中，"距"渐渐发展出表示高度和深度的新兴用法。例如：

（13）正月，阳气距地面八寸而止。（宋《梦溪笔谈》卷七）

（14）就见洞顶上有一天孔，距地有一丈来高。（清《三侠剑》第五回）

（15）水距井口一丈三四尺深。（清《三侠剑》第三回）

例（13）和例（14）指高度，例（15）指深度。

"距""相距"与"远近""隔""远"等在《三侠剑》中形成了一些杂糅式。例如：

（16）林士佩追到距胜三爷有一丈远近。（清《三侠剑》第七回）

（17）贺家堡距八月庙一水之隔。（清《三侠剑》第六回）

（18）要相距十丈二十丈远。（清《三侠剑》第一回）

离，徐中舒《甲骨文字典》："与'罗'为以网捕鸟之义相类。"但上古多用于心理域的隔离义。如《尚书·仲虺之诰》"九族乃离"，《左传》"离散我兄弟"。这种心理离散义蕴含了空间域的离开义。纯空间域离开义起源较晚。如《楚辞》"首身离兮心不惩"。

用于对距离的测量，起源于汉代。例如：

（1）佛子离吾数千里，忆念吾戒，必得道果。（汉《佛说四十二章经》）

（2）船已离岸数十步。（宋《太平广记》卷一零三）

（3）这里离行在有二千余里了，料得无事。（明《警世通言》第八卷）

以上三例的"离"都有位移义，其宾语表起点。表示两处所静态距离的明代才有出现。例如：

（4）大国长安一座县，唤做咸阳县，离长安四十五里。（明《喻世明言》第三十五卷）

（5）妾家离城五里，地名莲塘。（明《龙图公案》第二十二则）

以上两例"离"后带的也是起点宾语。

"离"从汉代开始带终点宾语。例如：

（6）有仙人数人，将我上天，离月数里而止。（汉《论衡》卷七）

（7）离镜一、二寸，光聚为一点。（宋《梦溪笔谈》卷三）

（8）将诏赦领兵奔兖州来，前离兖州十余里，下寨。（明《三国志平话》卷三）

表示两处所静态距离的以明代以后为多。例如：

（9）居宅离水七八十步，夏时诣水中澡洒手足。（晋《三国志》卷十一）

（10）小沛离徐州只四五十里，上马便到。（元末明初《三国演义》第十四回）

以上两例"离"带的是终点宾语。例（9）的用法虽早，但在明代以前并不多见。

"离"也可表示高度和深度。例如：

（11）一步步攀缘而上，约莫离地丈许。（明《喻世明言》第二十一卷）

（12）沉香辇下四脚离地二尺许高。（明《封神演义》第五十回）

（13）起在半空，离地约有三百步高下。（明《西游记》第八十八回）

（14）离着三二丈深。（清《小五义》第三十九回）

"离"字句在明代形成了一些杂糅式。例如：

(15) 离轿仅有一里之遥。(明《西游记》第七十六回)

(16) 其夜有一妖精,离城只有七十里远近。(明《西游记》第八十八回)

(17) 出城,离三二里之远守伏。(明《纪效新书》卷十七)

"相离"在先秦也是心理域概念。如《礼记》"思相离"。汉代时可用于空间域,表相互距离。例如:

(18) 星宿昏时出东方,其间甚疏,相离丈余。(汉《新论·离事》)

(19) 两壁岸相离十里有余。(明《三国志平话》卷下)

后也表示单向距离。例如:

(20) 前至虎牢关,相离大寨五七里下帐。(明《三国志平话》卷上)

上例是位移方到达大寨五七里处,大寨未发生位移。

"距离"清代以前极少,清代小说《三侠剑》中用例较多,杂糅式为主。例如:

(21) 莲花湖距离贾柳村二百余里的旱路。(清《三侠剑》第一回)

(22) 金头虎追至距离五六尺远。(清《三侠剑》第一回)

(23) 江宁府距离侯家集四十里之遥。(清《三侠剑》第二回)

隔,《说文解字》:"隔,塞也。"本应是两物或两处所之间的隔障。例如:

（1）秦无韩魏之隔，祸中于赵矣。(《战国策·赵策》）

晋以后"隔"带数量词，表示隔障的长度，隔障一般表现为模糊的空间长距离，主观上有厌烦空间距离过长的语用义。这与"去""距""离"不同，后三者仅倾向于关注两方所之间客观距离的多少。例如：

（2）渐苒历载，遂与京畿攸隔万里。(晋《三国志》卷三十三）

（3）隔千里，犹恐不足以远烦劳之攻。(晋《抱朴子》卷十二）

（4）美人迈兮音尘阙，隔千里兮共明月。(南北朝《谢庄集》）

以上三例强调两方所之间空间隔障过长，并表现出厌烦空间过长的语用义。

唐宋时"隔"之后可以出现隔障物，这个隔障物不是起点与终点，而是途经地，数量词有的是两方所之间的空间长度，有的是隔障物长度与两方所空间长度相统一。例如：

（5）东至信都郡一百六十里。东南到信都，隔河相去一百六十五里。(唐《通典》卷一百七十八）

（6）南康郡，东南到潮阳郡界一千五百六十五里。西南到始兴郡，隔大庾岭七百里。(唐《通典》卷一百八十一）

（7）城北隔真珠江二十里，有神。(唐《酉阳杂俎》卷十）

（8）蓬莱隔弱水三十万里，非舟楫可行，非飞仙无以到。(宋《太平广记》卷二十一）

以上四例"隔"后分别有阻隔物大河和山岭。例（5）的信都郡为今河北冀州，此处无宽阔一百多里的大河，因而"一百六十五"是两方所之间的空间距离，而非河的宽度。例（6）与例（7）的"七百里"与"二十里"是两方所之间空间距离，但也可能是隔障物的长度。例（8）的"非舟楫可行"，表明"三十万里"是弱水的宽度，隔障物与两方所之间空间距离相等。

宋代时隔障物也出现在"隔"前或数量词后。例如：

（9）杳杳烟波隔千里，白苹香散东风起。（宋《忠愍集》卷上）

（10）须是隔丈来地。（宋《朱子语类》卷八十一）

以上两例的隔障物分别为烟波和地面，二者分别置于"隔"前和数量词后。隔障物长度与两方所之间空间距离一致。

明代时偶有数量词可表示隔障物长度，但不一定是两地的空间距离的用法。例如：

（11）况兼南朝来到西洋，隔了八百里软水洋，隔了五百里吸铁岭。（明《三宝太监西洋记通俗演义》第二十六回）

"隔"在唐代时已用于对静态距离的描写。例如：

（12）隔三四步皆有小井池无数，名为龙池。（唐《入唐求法巡礼行记》卷第三）

（13）那瓜州到南京，只隔十来里江面。（明《警世通言》第二十二卷）

（14）三河隔庐郡五六十里。（清《李秀成供状》）

（15）军到徐家汇，隔上海十八里屯扎。离上海九里处所，扎有清朝营寨四个。（清《太平天国战记》）

以上各例均为两静态处所距离。例（12）起点、终点和阻隔物不明。例（13）的南京为终点，江面为阻隔物。例（14）和例（15）的"隔"与"离"的用法完全一致，这可能是南京、上海等地的方言用法。

"隔"后接终点宾语的，起于明代，与"去"字句、"距"字句语义结构相同。例如：

（16）壁于悬钩，去长安二百里。（唐《晋书》卷三十七）

（17）壁于悬钩，隔长安二百里。（明《两晋秘史》第二百零九回）

（18）进次悬钩，距长安约二百余里。（民国《两晋演义》第五十二回）

以上三例用于对同一事件的叙述，长安都是终点。数量短语是尚未行经的距离。这种用法的后续也可为小句。例如：

（19）直至平城东，隔五十里下寨。（明《两晋秘史》第二四七回）

"悬（县）隔"起源很早，与数量词组合表示离终点的距离。例如：

（20）秦形胜之国，带河山之险，县隔千里。（汉《史记》卷八）

（21）曰今天子出征远在辽外，地去幽州，悬隔千里。（唐《隋书》卷七十）

例（20）指秦距中原的距离，例（21）指辽外至幽州的距离。两例都有遥远之义。

"相隔"与"悬隔"语义相近。例如:

(22) 道相隔着几万里。(元《迷青琐倩女离魂》第三折)
(23) 这里与莱阳县相隔四五十里,他那县里未便知得。(明《初刻拍案惊奇卷》卷三十一)

例(22)以大数量表明遥远,例(23)以后续句表明遥远。明以后产生了各种杂糅句式。例如:

(24) 百里之隔。(明《醒世恒言》第七卷)
(25) 与后面人马只隔着二十来里远近。(元末明初《水浒传》第四十一回)
(26) 南船距操寨,只隔二里水面。(元末明初《三国演义》第四十九回)
(27) 离隔不过三里。(明《东周列国志》第七回)
(28) 只隔二三十丈远。(清《三侠剑》第一回)
(29) 远隔数千里。(清《野叟曝言》第四十二回)
(30) 离此只隔二十里地。(清《隋唐演义》第三十八回)
(31) 相隔一尺来宽的档子。(清《三侠剑》第六回)
(32) 小船离大船相隔一丈来往。(清《三侠剑》第三回)
(33) 手机信号基站离与我们只隔一面180mm厚的墙。(110法律咨询)
(34) 隔着34千米宽的琼州海峡。(CCL语料库)

至、到,二者为终点标指,早期与起点标指"自""从"等配套使用。"自"表起点,"至"表终点的结构在甲骨文中已产生,率先使用于时间域。春秋战国时期能与数量词组合表示空间距离。例如:

(1) 自今五日至乙丑雨?(《甲骨文合集》20919)

（2）自南河至于江，千里而近。自江至于衡山，千里而遥。（《礼记·王制》）

例（1）用于时间域，由起点时间与终点时间构成时间段。例（2）用于空间域，起点处所与终点处所组合表示空间中的一条线段。战国时起，表示起点的"自"就可以隐含或被替代。例如：

（3）今燕尽韩之河南，距沙丘，而至钜鹿之界三百里；距于捍关，至于榆中千五百里。（《战国策·赵策》）

（4）引渭穿渠，起长安，并南山下，至河三百余里。（汉《史记》卷二十九）

例（3）"至"与"至于"对文，二者等值，都带终点宾语与距离数量词。例（4）的"起"表示起点，"河"为"至"的终点宾语。

"从"由"随行"义演变为起点介词，战国时期所在句式可带距离数量词。例如：

（5）从郑至梁，不过百里。（《战国策·魏策》）

"到"在东汉时已作距离标指。例如：

（6）（西夜国）王号子合王，治呼犍谷。去长安万二百五十里，户三百五十，口四千，胜兵千人。东北到都护治所五千四十六里。（汉《汉书》卷九十六）

（7）（邑中径）从阊门到娄门九里七十二步。陆道广二十三步。平门到蛇门十里七十五步，陆道广三十三步。（汉《越绝书》卷二）

例（6）的"到+数量词"与"去+数量词"对文，"到""去"

作距离标指。例（7）的"从+起点+到+终点"，与"起点+到+终点"对文，可见后者是前者省略了起点标指"从"的产物。后者在唐宋以后很常见，这种句式与"去""距""离""隔"表静态距离的用法是一致的，可以互换。例如：

（8）安西府东至焉耆镇守军八百里，去交河郡七百里。（唐《通典》卷一百七十四）

（9）镐至丰邑止二十五里。（宋《朱子语类》卷八十一）

以"未"为否定词或带将来时副词"欲"的动态句中，动词"至""到"之后带终点宾语与数量词时，数量词表示所到之处与终点之间的距离。例如：

（10）桓公北伐孤竹，未至卑耳之溪十里，闟然止。（《管子·小问》）

（11）前未到匈奴陈二里所，止。（汉《史记》卷一百九）

（12）子胥兵马欲至郑国三十余里，先遣健儿看郑国有几许兵马。（唐五代《敦煌变文·伍子胥变文》）

（13）太子欲到国数十里于路上诈为盲乞人座。（唐五代《敦煌变文·双恩记》）

第五节　时长表距离[①]

空间距离为两点之间的直线长度，是长度的一种。现代汉语距离表达式主要有两种：（一）以长度数量短语表示距离长短，如"家到单位三公里"；（二）以行经两地的时长与位移速度的乘积表示距离长

[①] 该节发表于《中国语文》2017年第4期，得到了匿名专家的指正，谨致谢忱。

短，位移速度为已知信息，一般不出现，语言表层仅以时长表示距离。例如：

（1）周末坐火车，不远，两个小时的路程。（CCL语料库）
（2）我们之间的路程骑车15分钟。（育儿论坛）
（3）亚兰镇约在萨克森村以南步行十天的距离。（CCL语料库）

以上三例都是以位移时长表示距离的例子。因为其中的"路程""距离"是表示距离的名词，类似名词还有"车程""行程"等。例（1）的"两个小时的路程"回应"不远"，也说明"两个小时的路程"表示距离。该例与例（3）的结构为"移动动词短语（坐火车/步行）+时间数量词（两个小时/十天）+（的）路程/距离"。例（2）的结构为"路程+移动动词短语（骑车）+时间数量词（15分钟）"。两种句法格式的相同之处在于"移动动词短语"总在"时间数量词"之前，区别在于表示距离的"路程""距离"相对于"移动动词短语+时间数量词"的位置不同。

以时长表示距离的结构以杂糅式为主。例如：

（4）而这些城市离莱比锡都只有一两个小时的车程。（CCL语料库）
（5）瑞士的巴塞尔紧邻德法两国，仅相距5分钟车程。（CCL语料库）
（6）你要是说我住的地方，不是太远吧，骑车十几分钟。（CCL语料库）
（7）牯岭到九江市，不过三小时的路程。（CCL语料库）
（8）主赛区距此仅一水之隔千米之遥；但远者则需半小时的车程。（CCL语料库）
（9）似乎两个小时路程之远的北京渐渐变得模糊了。（《你对

北京不够真诚》)

这种表达假定位移速度为常数，如果位移速度有变，那么时间会成为变量。例如：

（10）本来半个小时的车程，愣是走了一个半小时。(太平洋汽车论坛)

这种表达多为模糊量。例如：

（11）介绍物业不说方位，含糊其辞来个"距某处车程"。(CCL语料库)

文献中尚缺少对以时长表距离式来源的深入探讨，作为距离表达式的主要类型之一，有必要进行讨论。

一 中土文献中的"日行"

"日行"本为计量距离的单位词[①]。例如：

（1）婆利国，在广州东南海中洲上。去广州二月日行。国界东西五十日行，南北二十日行。(唐《梁书》卷五十四)
（2）陀洹国，在林邑西南大海中。东南与堕和罗接，去交趾三月余日行。(后晋《旧唐书》卷一百九十七)

[①] 刘丹青先后指出，汉语量词包括用于计量的单位词和用于分类的分类词两类，计量单位词包括表示度量衡单位的单位词。参见刘丹青《汉语量词的宏观分析》，《汉语学习》1988年第4期；刘丹青《汉语的若干显赫范畴：语言库藏类型学视角》，《世界汉语教学》2012年第3期。

例（1）和例（2）都出现有"起点+去+终点+数词+月+日行"结构的距离表达式。"数词+月+日行"结构为"（数词+月）+日行"，不可能为"数词+（月+日行）"，后者不可理解，故"日行"是一个语言单位。例（1）描述国界长度用"数词+日行"结构，故"日行"是计量距离的单位词，原因在于：（一）该句是静态句，描述静态距离而非位移长度；（二）"日行"可与长度单位词"里""由延"等平行分布，见下文例（3）和第二小节例（13）。"日行"作为距离单位词，最早出现在《汉书》中。例如：

（3）大月氏国，东至都护治所四千七百四十里，西至安息四十九日行，南与罽宾接。（汉《汉书》卷九十六）

（4）乌弋山离国，东北至都护治所六十日行。东与罽宾、北与扑挑、西与犁靬、条支接。（汉《汉书》卷九十六）

例（3）和例（4）分别描写大月氏国和乌弋山离国的四至距离，均有"起点+方位词+至+终点+数词+日行"的结构出现，并与"起点+方位词+至+终点+数词+里"结构平行，可见，"日行"是与"里"相对待的单位词。《汉书》对"日行"的长度有明确定义。例如：

（5）臣闻古者师日行三十里，吉行五十里。（汉《汉书》卷七十二）

例（5）的"吉行"是词，《汉语大词典》有收录，可知"日行"也应是词。该例在时长为一日的情况下，可表示长度兼速度，是歧义句，这种歧义结构是嗣后"日行"发生逆语法化的原因之一。

从《汉书》至宋代《新唐书》的十部正史中，"日行"的用法绵绵不绝。一般用于对我国东北、西南及西域、中东、东南亚、南亚等偏远区域的描述，新的表达式不断出现。如果把"起点+（方位词)+至+终点+数词+日行"结构命名为Ⅰ型,"处所+(方位词)+数词+日行"结构命名为Ⅱ型,"(起点)+(方位词)+去/距/离+终点+数词+日行"命名为Ⅲ型,"(由/自/从)+起点+(方位词)+数词+日行+终点"命名为Ⅳ型,"起点+至+终点+交通方式+数词+日行"命名为Ⅴ型,那么,例(3)"西至安息四十九日行"和例(4)"东北至都护治所六十日行"为Ⅰ型,例(1)"国界东西五十日行,南北二十日行"为Ⅱ型,例(1)"去广州二月日行"和例(2)"去交趾三月余日行"为Ⅲ型。其他类型例子如:

(6)由焉耆西北七日行,得南庭;北八日行,得北庭。(宋《新唐书》卷二百一十五)

(7)阿热牙至回鹘牙所,橐它四十日行。(宋《新唐书》卷二百一十七)

例(6)的"由焉耆西北七日行"和"北八日行"为Ⅳ型,后者省略了介词与其起点宾语。例(7)为Ⅴ型,该例中的"橐它"为交通工具骆驼,其他交通形式有"马行""海行""水行""陆行"等。

十部正史中"日行"使用情况如表5-19所示。

表5-19　　　　　　"日行"在十部正史中使用情况

书名	朝代	类型与数量					总数	区域
		Ⅰ	Ⅱ	Ⅲ	Ⅳ	Ⅴ		
汉书	汉	5					5	西域
后汉书	南北朝	1	1				2	西域
魏书	南北朝		1	1			2	西域、东北
梁书	唐		4	2			6	东南亚
晋书	唐			2			2	东北
隋书	唐		2	1	1		4	西域、东南亚
南史	唐		4	2			6	西域、东南亚
北史	唐		3		2		5	西域、东南亚、西南

续表

书名	朝代	类型与数量					总数	区域
		Ⅰ	Ⅱ	Ⅲ	Ⅳ	Ⅴ		
旧唐书	五代	1	5	2	1		9	西域、东南亚
新唐书	宋	23	52	7	8	2	92	西域、南亚、中东、西南

表 5-19 表明,从《汉书》到《新唐书》,"日行"作距离单位词的距离表达类型和数量都有逐渐增加的状态。从区域分布上看,该式主要适用于四周偏远区域。那么在其他类型汉籍中,分布如何呢?

二 汉传佛经中的"日行"

"日行"又见于汉传佛经。例如:

(1) 时瓶沙王闻其奇异,欲与相见,故命令来。计道里十五日行,乘车而来。(三国或魏晋《分别功德论》卷第四)①

(2) 如来住处去此不远,计其道里有三由旬。(晋《增一阿含经》卷第三十二)

(3) 又从摩腊国西北三日行(彼百里为一日行),至契吒国(南印度),周三千余里。(南北朝《释迦方志》卷下)

(4) 十四日说戒,十三日先往,不得宿欲者。计应当日行,至合有一百里。(唐《四分律钞批》卷第四本)

例(1)的"计道里"和例(2)的"计其道里"均为计算路程义,"十五日行"与"三由旬"句法平行,"日行"与"由旬"对文,二者同为距离单位词。例(3)"三日行"描述"摩腊国"和"契吒

---

① 方一新、高列过认为:"这部经的风格和魏晋时期的译经相近,最早也只能是三国时期的译经。"见方一新、高列过《〈分别功德论〉翻译年代初探》,《浙江大学学报》2003 年第 5 期。

国"之间的距离,注文中有对"日行"的释义,即"百里为一日行"。例(4)为唐代对《四分律》的注文,该文中"日行""合计有一百里",也表示距离。因为"十四日"与"十三日"只有一天差距,所以时长为一天,距离为百里。

"由旬"为梵语 yojana 的音译词,也译作"踰缮那""踰阇那""瑜缮那""俞旬""由延"等。例如:

(5)踰缮那,梵语市战反,亦言踰阇那。此云合也、应也,计应合尔许度量,同此方"驿"也。自古圣王一日行也。案,西国膳那亦有大小,或三十里,或四十里,昔来皆取四十里也。(唐《一切经音义》第七卷)

(6)俞旬,庾朱反。梵语讹略不妙也。古曰由延,或曰由旬,或云喻阇那,皆不正也。梵音云踰缮那。《西域记》云:"王军一日行程,三十里也。"(唐《一切经音义》卷第十五)

以上两例都表明"由旬"在古代"西国"语言中的意义为一日行军的行径长度。

(7)从此东下五日行,到犍陀卫国。是阿育王子法益所治处。(晋《法显传》)

(8)顺恒水西下十由延,得一精舍,名旷野。佛所住处。(晋《法显传》)

(9)是时闻海中有僧伽罗国,有明上座部三藏及解瑜伽论者,涉海路七百由旬方可达彼。未去间,逢南印度僧,相劝云:"往师子国者,不须水路。海中多有恶风、药叉、涛波之难,可从南印度东南角水路三日行即到。"(唐《唐大慈恩寺三藏法师传》卷四)

例(7)和例(8)是同一本书中的表达,两例中的"下"均为位移动词,"下"后的"五日行"和"十由延"都表示位移的长度,"日行"与"由延"对文。例(9)"海路七百由旬"与"水路三日行"结构平行,"由旬"与"日行"对文。①

汉传佛经中"日行"用例并不多见,仅有12例。但种类较为齐全。上文例(1)的"十五日行"为Ⅱ型用法,例(3)的"从摩腊国西北三日行"为Ⅳ型用法,例(9)的"从南印度东南角水路三日行"为Ⅴ型用法。再如:

(10)王思投邻国而有两道,一道七日行,一道十四日行。即盛一人七日粮食,入宫呼须阇提抱着膝上。夫人前问:"大王今者似有恐状。"王言:"非卿所知。"夫人白言:"我身与王如鸟两翅,云何而言不相关预。"王报如上。即抱太子便出进路。夫人随后迷荒失心误入十四日道,其路险难无有水草。前行数日,三人共资粮粒已尽,道路犹远。(南北朝《经律异相》卷第三十一)

(11)其奴婢居处,南北三日行,东西五日行。(唐《游方记抄》)

(12)昔在乌场国东南角,有一好山,甚多草木,华果茂盛,离乌场五六日行,此山中有一大地。(南北朝《大智度论疏》卷第十四)

例(10)的"七日行"和"十四日行"都指路途的长度,也即两国之间的距离,因其后续句有"前行数日""道路犹远",点明了

---

① 《中国语文》匿名审稿专家指出:"此段文字不但音译的'由旬'在引文中表现为意译的'日行',而且提到的音译国名'僧伽罗国'也在引文中表现为意译的'师子国'。'僧伽罗'(斯里兰卡)就是狮子国的意思,现在仍用狮子旗。'新加坡'称为狮城同理,也是印度人名'辛格'的来由。这说明文章有意对同样的词在正文多用音译,在引文多用意译。这更有力地说明了'由旬'和'日行'是音译和意译的关系。"对该审稿专家的敏锐观察和不吝赐教表示衷心的感谢!

"日行"表示距离。这两个"日行"为Ⅱ型用法。例（11）为Ⅱ型用法。例（12）为Ⅲ型用法，大藏经"行"字点入下句，有误。

"由旬"表示距离的用法与"日行"是平行的。例（2）的"三由旬"为Ⅱ型用法，例（9）的"海路七百由旬"为Ⅴ型用法。再如：

（13）其国本在洲上，东西五十由延，南北三十由延。（晋《法显传》）

（14）两迹相去十五由延。（晋《法显传》）

（15）去此一百由旬，有城名某。（北魏《大宝积经》卷第八十八）

（16）离十二由旬在娑罗林一树下坐。（后秦《大庄严论经》卷第九）

（17）从兹至彼十二由旬。（宋《佛说众许摩诃帝经》卷第五）

例（13）为Ⅱ型用法，与第一小节例（1）"国界东西五十日行，南北二十日行"和本节例（11）"南北三日行，东西五日行"结构相同。例（14）至例（16）为Ⅲ型用法。例（17）为Ⅳ型用法。

"由旬"在白话小说中偶写作"游巡"。

（18）"从这里到骊山去，有多少路程？"火母道："从此去到骊山，大约有一百二十游巡之路。"王神姑道："一游巡是几里？"火母道："一游巡就是一千二百里。"（明《三宝太监西洋记》第四十二回）

上例的"游巡"，文字、速度和时长都有变化，说明作者已不知"由旬"的本来意义与写法。

综合以上论述，"日行"是梵语 yojana 的意译词之一，与其音译词"由旬""由延"等相对。"日行"反映了早期佛经中特有的"词汇的沉睡"现象,这种现象于早期佛经传入时,一般采用华人所熟知的术语这一传播策略有关。例如,《妙法莲华经》的鸠摩罗什译本,为使华人更易接受,把"此族姓子""正士"分别译为"善男子"和"仁者"等华人更熟悉的语言形式。而后来的译者却多采用前者那些更接近于原著的语言形式,于是早期译词便"沉睡"在佛典之中,而较少为人关注,人们甚至完全忘掉了它们的来源和意义而产生误解。杨同军(2011:93)在考察"浮屠""桑门""伊蒲塞"等东汉明帝时偶尔出现的早期译词后,提出这些"沉睡的译词"是汉梵早期"浅层次、尝试性接触的一种语言现象和文化现象"。① 本文认为"日行"也是"沉睡的译词"之一。

那么"日行"是不是直接从梵文译出的呢?这一条尚无确凿证据。(一)梵文佛经存世极少,很难把汉语佛经具体语句与梵文原文语句一一对勘。(二)根据季羡林(1990:3)的考证,早期佛经传入我国有经大月氏和经中亚新疆小国两条路线,因而早期的汉传佛经可能由大月氏所用的大夏文或西域的吐火罗文、古伊朗语等转译。② 季羡林先生同时指出大月氏在公元前已经流行佛教,这与班固《汉书》所记西域各国使用"日行"的空间和时间都有对应关系。空间上,班固曾出征匈奴,亲自到达过西域的一些地方,自身可能学习过"日行"类的术语;时间上,西域各国在班固著《汉书》之前,有可能已经采用梵语单位词 yojana 类似于"日行"的翻译形式。

三 "日行"的衰落

"日行"集中出现于汉至宋之间的某些史书和佛经中,适用对象为我国境内周边四远之地及域外之地,因而"日行"应是直接或间接

---

① 杨同军:《早期汉梵语言接触与汉译佛经的出现》,《西北师大学报》2011 年第 5 期。

② 季羡林:《再谈浮屠与佛》,《历史研究》1990 年第 2 期。

地来源于梵语的"yojana"。慈怡（1988：2075）："梵语 yojana 乃'附轭'之义，由语根 yuj 而来的名词；即指公牛挂轭行走一日之旅程。"① 这一语源义与佛典中"一日行军距离"的释义有共通之处，即以额定位移速度与一定位移时间的乘积表示距离。② 在《汉书》之前，我们尚未检索到汉语有以时长表示距离的表达方式出现。例如同样记载大月氏和安息的距离，《史记》和《汉书》分别作：

（1）安息在大月氏西可数千里。（汉《史记》卷一百二十三）

（2）大月氏国，西至安息四十九日行。（汉《汉书》卷九十六）

例（1）以"里"，例（2）以"日行"。后者显然比前者在表述精度上是一种进步。

我国先秦文献偶有"日行"出现。例如：

（3）齐、卫之间，不过十日之行。开方为事君，欲适君之故，十五年不归见其父母，此非人情也。（《韩非子·十过》）

（4）开方事君十五年，齐、卫之间，不容数日行，弃其母，久宦不归。（《韩非子·难一》）

以上两例都出自于《韩非子》对同一件事的描述，两句的"数

---

① 慈怡：《佛光大辞典》，佛光出版社 1988 年版。
② 《中国语文》匿名审稿专家指出："因为梵语 yojana 一词本身也有时长表距离的功能，APTE 字典对该词的释义为'A measure of distance equal to four Krośas…'。其中 Krośas 一词本义为'吼叫、叫唤'，亦引申作时间单位，相当于 48 分钟。另外 yojana 还有'道路'的意思，这对'日程'的'程'后来逆语法化出'路程'用法是否也会起到一定作用，或许备一说。"对该审稿专家的渊博学识和不吝赐教表示衷心的感谢！又，"光年"即为时长表距离的单位

词+日"都与时间之久形成对比焦点,强调时间而非空间,例(3)的"之"把"数词+日"与"行"之间作了结构切分。可见,"数词+日"与"行"是两个单位,结构为[(数词+日)之行/行],而非[数词+(日之行/行)]。"行"仍是位移动词,"十日"指行走的时间。但从先秦至西汉,"行"置于"日"后的,仅此两例,频率上不足以有形成新结构的动力。聚合关系上,"日行"在西汉之前没有对应的表距离的"数词+日走/步""数词+里行/步/走"等结构。所以例(3)和例(4)的位移动词"行"后置于数量词是很偶然的修辞现象。

先秦的位移动词与时间数量词的常见组合如下:

(5)子墨子闻之,起于齐,行十日十夜,而至于郢。(《墨子·公输》)

例(5)的"十日十夜"作"行"的补语,强调时间的紧凑与事件的紧迫,不指两地距离,"行"位于时间数量词之前。更常见的表达只有时间数量词,而无须位移动动词"行"。例如:

(6)汉中之甲,乘舟出于巴,乘夏水而下汉,四日而至五渚。(《战国策·燕策》)
(7)上峭石,赴深溪,游川水,犯津关,蹠蒙笼,蹶沙石,跖达膝,曾茧重胝,七日七夜,至于秦庭。(汉《淮南子·修务训》)

游历体语句中"日行"之"行"因此存在歧义现象。例如:

(8)自皮山西南经乌秅,涉悬度,历罽宾,六十余日行,至乌弋山离国,地方数千里。(南朝宋《后汉书》卷八十八)

例（8）中的"行"处于重新分析之中，既可看作距离单位词"日行"中的语素，也可看作位移动词。但"行"如果作位移动词，应位于数量词"六十余日"之前，一来符合汉语动词与时量补语的惯常顺序，二来与上下文动词与其后接成分句法平行。由于距离单位词"日行"用法不大为人所知，"行"被理解为位移动词的还是占了多数，这造成了"日行"语义的分化和衰落。表现在几个方面：

（一）"行"被视为动词，可移位，可带补语。"数词+日行"结构，在《汉书》中就与"行+数词+日"有变换关系，如第一小节例（4），同句中既有"东北至都护治所六十日行"，也有"行可百余日"。第二小节例（7）"日行"为距离单位词，但其后续句接着有"自此东行七日""复东行二日"的结构，"行"又作了位移动词。

中古中后期"行"后可追加补语。例如：

（9）朱驹波国，其国疆界可五日行遍。（南北朝《洛阳伽蓝记》卷五）

（10）建志城，即印度南海之口。向僧伽罗国，水路三日行到。（唐《大唐大慈恩寺三藏法师传》卷四）

（11）十一月初入波斯国，境土甚狭，七日行过。（后晋《旧唐书》卷一百九十七）

例（9）至例（11）"行"后都可追加补语，但仍可指静态距离长度。

这是一种特殊的逆语法化过程，即

数词+距离单位词"日行" → （数词+日）+位移动词"行" →
　　　　　　　　　　　　　位移动词"行"+（数词+日）
　　　　　　　　　　　↘（数词+日）+（位移动词
　　　　　　　　　　　　　"行"+补语）

即便如此，位移动词与位移时长组合的用例仍十分有限，口语性较强的语料中多为位移动词与长度数量词的组合。例如：

（12）于此东行三十里，当有丘陵林树，状若社庙。（晋《搜神后记》卷二）

（13）初极狭，才通人。复行数十步，豁然开朗。（晋《桃花源记》）

（二）"日"可以脱落，发生于唐代。例如：

（14）涅满国西至大食国两月行，南至大食国一月行，北至岐兰国二十日行。沙兰国南至大食国二十五日行，北至涅满国二十五日行。石国东至拔汗那国百里，西南至东米国五百里。（宋《新唐书》卷四十三）

（15）其国东境接唐西南，有诸蛮獠于彼朝贡云。可两月行，便入蜀之西界。从此南行千三百里，至三摩呾吒国。（唐《释迦方志》卷下）

例（14）有两个"月行"、三个"日行"，与两个"里"对文。例（15）"月行"与"里"对文。字面上"月行"为词，实处于"（数词+月）+日行"结构之中。一方面，"月行"的长度不是额定的，不存在"月行"的距离单位；另一方面，有人明确指出"月行"仍以"日行"计长，见第五小节例（3）。

（三）"行"可以脱落，发生于"日行"流行时段的下限期。例如：

（16）骨利干，又西十三日行，至都播部落，又北六七日，至坚昆部落，有牢山、剑水。（宋《新唐书》卷四十三）

（17）又云耽摩去莫诃有十日。（宋《佛祖统记》卷第三十）

例（16）的"六七日"承前"十三日行"省略"行"。例（17）"十日"也应为"十日行"的省略。

（四）"日行"最终被距离单位词"程""驿"等替换，导致了距离单位词"日行"的消失。这一过程主要发生在唐宋。例如：

（18）此寺则南望王城，才三十里。鹫峰竹苑皆在城傍。西南向大觉，正南尊足山，并可七驿。（唐《大唐西域求法高僧传》卷上）

（19）去劫比罗城可一驿许。（唐《根本说一切有部毗奈耶杂事》卷第二十）

（20）又西二程有宝阶故基。又西至波罗奈国，两城相去五里。南临洹河。又西北十许里至鹿野苑。（唐《游方记抄》）

（21）贰师泉去沙城东三程。（唐五代《敦煌录》）

例（18）的"三十里"与"七驿"对文，例（20）的"西二程"与"西北十许里"对文，例（19）和例（21）用了标志距离的词"去"，因而其中的"驿"和"程"都是距离单位词。这些例句均出自佛经文献，佛经中有相关注解。例如：

（22）逾缮那，梵之量名也。乃是轮王巡狩，一亭之舍也。同此方"驿"。（唐《四分律钞批》卷第四本）

（23）言踰膳那者，当三十里，是此"一驿"。（唐《根本说一切有部尼陀那》卷第一）

（24）瑜缮那者，限量义。《西域记》说"往昔军行之'一程'也。"（唐《仁王护国般若经疏法衡抄》卷第三）

（25）踰缮那，旧云由旬，或云踰阇那。此无正翻，义翻"一程"也，即自古圣王军行"一日程"也。（辽《续一切经音义》卷第七）

例（22）和例（23）把由旬译为"驿"，例（24）和例（25）把由旬译为"程"。二者作为单位词都表示一天行军的长度之量。再如：

（26）逾阇那，此云"量"也，合也，一似此方古之王者"一日行量"也。或十六里，四十里等，如诸文辨。（宋《天台三大部补注》卷第五）

例（26）很明确地把由旬解释为"一日行量"，例（22）"梵之量名"、例（24）"限量"均指由旬表量的意义。

"驿"和"程"取代"日行"，更加符合汉语语法结构的要求。"日行"虽为意译单位词，但不符合汉语单位词的结构要求，人们总是倾向于把其中的"行"理解为动词。动词与名词相比，名词与单位词关系更近。① 因而名词性的"驿"或"程"作由旬的意译词更为合适。

《说文解字》段注："程者，权衡丈尺斗斛之平法也。""程"指度量衡总名。东汉时已可表示距离。《说文解字》："驿，置骑也。""驿"与"驿马""驿站"等相关。例如：

（27）六万里之程，难以得运行之实也。（汉《论衡》卷十一）

（28）时有献千里马者。诏曰："鸾旗在前，属车在后。师行三十里为程，骑行五十里为程。"（汉《前汉纪》卷第二十一）

（29）皆路逾九驿，途遥万里。（南北朝《全梁文》卷五十三）

（30）凡三十里一驿，天下驿凡一千六百三十九。（后晋《旧

---

① 王力指出："汉语中有一种特殊的名词，叫做单位词（或称量词）。"见王力《汉语史稿》，中华书局2005年版。

唐书》卷四十三）

例（27）的"程"在"之"之后，是作中心语的名词。该句以长度数量词"六万里"表示距离。例（28）"师行三十里""骑行五十里"与由旬的长度和额定速度一致，该例处在"献千里马"的语境中，与西域相关。例（29）把"九驿"与"万里"对文，"九"表虚数，并不确知驿之间的具体距离。例（30）明确记录了驿之间的距离，与由旬长度相近。例（28）和例（30）标明了"程"和"驿"的长度，是二者能意译由旬的原因。

四 "日程"的发展

"日程"在初唐出现，与"日行"分布相同，最初也是单位词，由译词"程"蕴含的"日"浮现而形成，原因在于：（一）以"程"译"由旬"，义中本有"日"；（二）"日程"与"日行"对文，仅表示距离单位，"日"可自由隐现，以出现为常。例如：

（1）此国稍大，南北五日程，东西一日行，土地即尽。（唐《游方记抄》）

（2）隔山十五日程，即是大勃律国。（唐《游方记抄》）

例（1）"日程""日行"对文，为Ⅱ型距离表达式。例（2）为Ⅲ型距离表达式，与"日行"的用法完全一致。"日行""驿""程"和"日程"的替换出现在唐宋之间，过程如表5-20所示。

表5-20　　"日行""驿""程"与"日程"的替换

书名	朝代	日行	程	日程	驿	区域
释迦方志	唐	2				西域、南亚
大唐西域求法高僧传	唐				13	西域、南亚
根本说一切有部毗奈耶杂事	唐				7	西域、南亚

书名	朝代	日行	程	日程	驿	区域
游方记抄	唐	3	1	8		西域、南亚
蛮书	唐		1	40		西南
旧唐书	宋	9		2		西北
宋史	元			4		西北

《大唐西域求法高僧传》和《根本说一切有部毗奈耶杂事》为三大译师之一的义净著译，义净明确指出"言驿者，即当一逾缮那也"（《大唐西域求法高僧传》卷上）。但"驿"的这种用法没有人继续使用。《蛮书》记录西南地理状况，其中的"日程"有距离表达式的全部五个类型，标志着"日程"的全面兴盛。《旧唐书》中"日行""日程"同现，前者多于后者，表明二者在正史中也处于替换之中。《宋史》只余下"日程"，"日行"此后退出正史。

隋唐初期数词或时间数量词之后的"程"是官方为公事设的时限义。例如：

（3）我儿征辽东，饿死青山下。今我挽龙舟，又困隋堤道。方今天下饥，路粮无些小。前去三十程，此身安可保。（《全隋诗》卷八）

（4）假有人流二千里，合四十日程。四十日限前已至配所，而遇恩赦者，亦免。（唐《唐律疏议》卷三）

（5）公案：小事五日程，中事十日程，大事二十日程。及公使各有行程，如此之类，是为有程期者。（唐《唐律疏议》卷三）

例（3）为官方役使的时限，该诗为隋炀帝龙舟纤夫之歌，例中"数词+程"是现有语料库中检得"数词"与"程"的最早组合。明代小说《隋炀帝艳史》作"三千程"，《隋炀帝挽舟者歌》引作"三千里"，均不确。因为把"十"改为"千"首先出了文字上的大错误，其次"数词+程"这种结构此前未检出过，为新兴结构。这种结构不是"数+里+程"的省略，因为后者此时仍罕见，同时作"里程"解，"三十里"数量太小。该例应为时限义，句中指拉纤的时限。例（4）和例（5）把"程"与"限""程期"对文，强调时间，用于安排公务的时间表，与距离无关。例（4）和（5）可证例（3）的"三十程"为官方使役的日期。按例（4）日程五十里计，"三十程"是一千五百里；按例（5）"大事二十日程"比较，"三十日程"超过"大事"一半时间。这都超出了衰老饥民的耐受极限，这样理解符合语境。

唐代中前期诗歌中，"日程"可引申为非官方的、日常的时间期限，"程"为"行程"义。例如：

（6）少年一日程，衰叟十日奔。（孟郊《出东门》）
（7）二升酸醋瓦瓶盛，请得姑嫜十日程……想得到家相见后，父娘由唤小时名。（张祜《戏赠村妇》）

例（6）强调时间对比，而非强调空间距离。例（7）叙述请十天假回娘家的事，也无关距离。

唐诗中常以"日程"表示距离的作者，是对口语化有自觉追求的著名诗人白居易。例如：

（8）荆州又非远，驿路半月程。（白居易《和思归乐》）
（9）相去幸非远，走马一日程。（白居易《寄李十一建》）
（10）相去半日程，不得同游遨。（白居易《权摄昭应，早秋书事，寄元拾遗兼呈李司录》）
（11）由驿路至山门，曾无半日程。（白居易《游大林寺》）

白居易诗文中"日程"的出现频率居于唐代诗人之首。例（8）和例（9）"数词+日程"与"远"相对，为Ⅱ型距离式。例（10）

与距离标志词"去"组合,为Ⅲ型距离式。例(11)用在"由至"句中,为Ⅳ型距离式。这四例都表距离意义。结构上,例(8)的"月程"、例(9)的"日程"与"非远"韵律对应,例(10)和例(11)的"日程"分别与"游邀""山门"韵律对应,因而其中的"月程""日程"是一个韵律单位。

"程"与数词组合,在白诗中有指时限与距离两可的例子:

(12)莫道岐州三日程,其如风雪一身行。与君况是经年别,暂到城来又出城。(白居易《送元八归凤翔》)

(13)从陕至东京,山低路渐平。风光四百里,车马十三程。(白居易《从陕至东京》)

例(12)的语境为快,"三日程"可为正常时限,也可理解为距离。例(13)从西安至洛阳路途颠簸,诗人一边赶路一边欣赏沿途风光,走了十三天,每天三十里强,这即驿站之间的距离,与由句意义相当。

唐代始终年为618—907年,使用"驿"翻译由旬的义净法师生卒年为635—713年,使用"日程"翻译由旬的《游方记抄》编撰于800年左右,《蛮书》编撰于862—864年之间。白居易生卒年为772—846年。白居易深受佛教影响,对"程"和"日程"的使用,很可能受了《游方记抄》等佛典的影响。《蛮书》参考过《后汉书》,《后汉书》沿用了《汉书》的"日行",《蛮书》改成唐中后期流行的"日程"。

唐代已有人把"程"理解为名词"路程","数词+日"表示时长,这个过程经历了"数词+距离单位词'日程'"到短语"(数词+日)+名词'路程'"的逆语法化演变。例如:

(14)石渠金谷中间路,轩骑翩翩十日程。(白居易《送河南尹冯学士赴任》)

（15）谢飓国去个失蜜国一千五百里，个失蜜国去吐蕃金城公主居处七日路程。(《全唐文》卷九百九十九)

例（14）"中间"与"十日"对文，"程"与"路"对文。"十日程"已可念为"十日+程"。例（15）讨论对象为中东和南亚，"七日路程"的用法与现代汉语以时长表距离式已基本没有区别。

五 余论

有作者谈起过"日行""日程"的使用区域。例如：

（1）倭国在百济、新罗东南，水陆三千里，于大海中依山岛而居，魏时译通中国三十余国，皆称子。夷人不知里数，但计以"日"。国境东西五月行，南北三月行。(唐《隋书》卷八十一，又《北史》卷九十四)

（2）从安南府城至蛮王见坐苴咩城，水陆五十二日程。只计"日"，无里数。(唐《蛮书》卷一)

（3）踰缮那，或三十、五十里，随中边山川水草之便。即置，故有三品不同。……此谓中边山川不同致行李不等者。中谓中国，边谓边方。山则高，川则下。如住此山头，望彼山头边道可有十里。若更下山行去至彼山头，长有十五里也。欲明约地高下。故由旬有大小，平地则四十里，山处则六十、八十也。(唐《四分律钞批》卷第四本)

例（1）和例（2）明确指出唐时日本和我国西南以"日（行/程）"计距离。例（1）"计以'日'"，后续句却用"数词+月+行"结构，该结构实为"（数词+月）+（日）行"。例（3）指出由旬出自于"边方"而非"中国"，其长度有多种与山川水草地貌有关。

第六章

特殊标指

本章讨论"见方""厚""粗""衺"等词的来源和意义。"见方"和"衺"的来源是关注很少的话题,研究成果不多。"厚"来源于工程语体,"粗"完全出现在口语中。"粗"的用频并不高,是非常边缘化的空间量标指。"粗"相关的"大""小""大小""细""粗细""粗大"等词作度量名词的用法很少有关注。

第一节 见方

"见方"是个非常特殊的词,很难在其他语言中发现对应的词汇。从语法位置上看,"见方"与数量词组合,有前置、后置和中置三个位置;从词汇意义上看,可以表示正方形或正方体形状、边长,以及以正方形或正方体边长间接表示面积或体积,甚至直接与表示面积或体积的数量词连用等。意义和用法异常复杂。《汉语大词典》认为"见方"后置于数量词,表示以数量词长度为边长的正方形,表约数,这只符合部分语言事实。陆俭明先生敏锐地指出该词"难以处理"[①],本节以此为出发点,着重讨论"见"字计算义的获得,"见方"词化的过程和原因,以期取得某些新的认识。

---

① 陆俭明:《现代汉语语法研究教程》第三版,北京大学出版社2005年版。

一　计算义获得

"见"本为看到义。徐中舒《甲骨文字典》："从人从目，象人目平视有所见之形。"《说文解字》："视也。从目儿。"段注："析言之有视而不见者，听而不闻者。视与见，听与闻，一也。"段注把动作"视""听"与结果"见""闻"分开，非常有见地。"见"引申为"计算出""得出"义，仍是动作加结果的语义结构。看到的对象可以为实物，也可以为计算过程中的抽象数值。例如：

（1）见牛未见羊也。（《孟子·梁惠王》）

（2）方五斜七。见斜求方，五之，七而一。见方求斜，七之，五而一。（魏晋《孙子算经》卷上）

（3）今有句五步，股十二步。问句中容方几何？答曰：方三步十七分步之九。刘徽注：据见句五步而今有之，得中方也。复令句为中率，以并句、股为率，据见股十二步而今有之，则中方又可知。（魏《九章算术》卷九注）

（4）又有积三百步，问为圆周几何？答曰：六十步。李淳风注：是为据见幂以求周。（唐《九章算术》卷四注）

例（1）的"见"为看到义，语义为看的动作加看到的结果。例（2）意为等腰直角三角形的边长为5，斜长为7。以斜长求边长"方"，以5乘，以7除；以边长求斜长，以7乘，以5除。其中的两个"见"是已知的、看到的意思。例（3）题设为已知直角三角形的勾股两边长，求其中容纳下的正方形有多少。李注"见句5步"即题设中的"句五步"，"见股12步"即题设中的"股12步"。因此这两个"见"也是已知、能"看"到的数值。例（4）题意为以圆面积300平方步而求得圆周长，按"周三径一"的比率计算。李淳风注"为据见幂以求周"，"幂"为圆的面积之义，"见幂"则为题设中的数据300，这个数据是已知的，不需要求得的，是能目测即"看"到的。例（2）、例（3）和例（4）中的"见"，都表示数据是能在题设中看到的已知信息。

表示已知信息的"见"可以自由隐现，不影响句义。例如：

（5）据周以求径，则失之长；据径以求周，则失之短。诸据见径以求幂者，皆失之于微少；据周以求幂者，皆失之于微多。（魏《九章算术》卷一注）

例（5）中"径"与"见径"相对，都用在相同的句法环境中。按汉语句法特点，句首的"径"与"见径"都是已知信息，带不带"见"都是一样的。该句中前后有两个"周"也是已知信息，不带"见"字。事实上带"见"字的为少数。

当"见"后的空间量标指是未知信息时，需要计算求得，此时"见"表示求得之义。例如：

（6）又有宛田，下周九十九步，径五十一步。问为田几何？答曰：五亩六十二步四分步之一。李淳风注：此术不验，故推方锥以见其形。假令方锥下方六尺，高四尺。四尺为股，下方之半三尺为句。正面邪为弦，弦五尺也。令句弦相乘，四因之，得六十尺，即方锥四面见者之幂。若令其中容圆锥，圆锥见幂与方锥见幂，其率犹方幂之与圆幂也。按：方锥下六尺，则方周二十四尺。以五尺乘而半之，则亦锥之见幂。故求圆锥之数，折径以乘下周之半，即圆锥之幂也。今宛田上径圆穹，而与圆锥同术，则幂失于少矣。然其术难用，故略举大较，施之大广田也。求圆锥之幂，犹求圆田之幂也。（唐《九章算术》卷一注）

（7）以差减并而半之为句，加差于并而半之为股，其倍弦为广袤合。令句股见者自乘为其实。（魏《周髀算经》卷上注）

例（6）为求"宛田"即方锥形田地面积的题目，已知其下周长与径长，面积为未知信息。注语"见者之幂"中，"见"用在"者"之前为动词，与"得"字对文为"求得"义。以下三个"见幂"，为偏正结构，"见"为动词作定语，"见幂"即"求得之幂"义，下文"求圆锥之幂""求圆田之幂"与其语义相似。例（7）的"见者"与例（6）的相同，该例中的勾股有计算过程，所以"见"也是计算出之义。这两例为计算出面积义。下例为计算出体积义：

（8）其棋或修短、或广狭、立方不等者，亦割分以为六鳖臑。其形不悉相似。然见数同，积实均也。（魏《九章算术》卷五注）

（9）鳖臑之见数即阳马之半数。（魏《九章算术》卷五注）

例（8）和例（9）的"鳖臑"和"阳马"是对正立方体按一定方法多次分割后形成的形体，前者体积是后者的二分之一。高考几何题中曾出现过这个题目。两例中的两个"见数"，指两者的体积，是未知的、需要计算的数据。其中的"见"也是动词性定语，为求得义。

"见勾"和"见股"可以是动词"见"作定语的偏正式短语。例如：

（10）今有邑方二百步，各中开门。出东门一十五步有木。问出南门几何步而见木？答曰：六百六十六步大半步。李淳风注：此以出东门十五步为句率，东门南至隅一百步为股率，南门东至隅一百步为见句步。欲以见句求股，以为出南门数。正合半邑方自乘者，股率当乘见句，此二者数同也。（魏《九章算术》卷九注）

（11）今有邑东西七里，南北九里，各中开门。出东门一十五里有木。问出南门几何步而见木？答曰：三百一十五步。李淳风注：此以东门南至隅四里半为句率，出东门一十五里为股率，南门东至隅三里半为见股。所问出南门即见股之句。为术之意，

与上同也。(魏《九章算术》卷九注)

以上两例题意相同,从南门到城东南角的距离,例(10)称为"见句",例(11)称为"见股","勾"和"股"是直角三角形的两边,"勾"短"股"长。在以上两题中,勾股两边均不是题干上已知数据,而是通过计算得出的数据。

"见"为计算义动词,可以单独作谓语。例如:

(12)今有牛五,羊二,直金十两;牛二,羊五,直金八两。问牛、羊各直金几何?答曰:牛一直金一两二十一分两之一十三。羊一直金二十一分两之二十。刘徽注:"假令为同齐,头位为牛,当相乘。右行定,更置牛十,羊四,直金二十两;左行:牛十,羊二十五,直金四十两。牛数等同,金多二十两者,羊差二十一使之然也。以少行减多行,则牛数尽,惟羊与直金之数见,可得而知也。"(魏《九章算术》卷八注)

该例是《九章算术》中的方程解法,把牛5、羊2和金10放在右列,牛2、羊5和金8放在左例,于是得出两列数据A。让每列的牛数都乘以相同最小系数使牛数相等,有两列数据B。左列减右列,所得为羊数与羊价,这就是"羊与直金之数见"的意义。"见"为计算出之义。即

牛2	牛5		牛10	牛10		牛0
羊5	羊2	⇨	羊25	羊4	⇨	羊21
金8	金10		金40	金20		金20
A			B			C

"见"在从魏晋到元的古典数学著作中都有计算出义,可单独作谓语,也可作补语。例如:

（13）以句、弦见股，故令句自乘，先见矩幂也。（魏《九章算术》卷九注）

（14）今有田一亩，计税谷三升，问一步合计几何？答曰：一步一勺二抄五撮。术曰：置谷三升，再上十之为三百勺，以二斗为法，除得四十步，计米一斗，以斗法上十之为四百步，即斛法，上田一步计米二合五勺，欲知者，置米六斗，再上十之，以二百四十步除之，见每步之数。（隋《夏侯阳算经》卷中）

（15）今有池方一丈，葭生其中央，出水一尺。引葭赴岸，适与岸齐。问水深、葭长各几何？答曰：水深一丈二尺。葭长一丈三尺。术曰：半池方自乘，以出水一尺自乘，减之。余，倍出水除之，即得水深。加出水数，得葭长。李淳风注：此葭本出水一尺，既见水深，故加出水尺数而得葭长也。（唐《九章算术》卷九注）

（16）余一百四十四即差方一段也，开平方得见差步十二。（宋《杨辉算法》）

（17）以四自乘，见数十六。（元《丁巨算法》）

例（13）的"见"明显是"求"义，以句弦求股，先求矩形面积。例（14）为方程题，"见"带宾语"每步之数"，该例解题的主要过程为各种计量单位的换算。例（15）的"既见"与"即得"对文，"见"即计算出义。"既"表完成，与"见"组配。例（16）的144开平方为12，"得见"同义连用。例（17）表示4的平方为16，"见数"是计算出得数的意思。

计算义的"见"在古典数学著作中很常见，但在语言生活中的应用却不早。例如：

（18）好造化一股金，更不重三钱。三三见九也，直九钱银子。旦：先生不要闲话，快些算来。（明《红梅记》卷上）

上例有三乘以三得出九的计算过程，该例有"算来"二字，说明"三三见九"正是计算过程。

"见"从实义动词"看见"到抽象域的"计算出"，其过程是：

看到实物（看见，本义）→看到算术题目中已知的数据→得到算术题目中需要求出而且已经求出的数据（计算出，引申义）→进入口语

二　成词过程

"见方"最初是动宾短语，有"见方""见方面""折见方丈""折见方尺"等形式，表示正方形边长和面积，或正方体的边长和体积等。例如：

（1）分母分子立方法曰：置积以分母通其全，加内子为实，通分之意，开立方除之。前术得积，多分母子一段，未可便见方面。别置分母，如立方而一为法，母先曾乘而又乘，故如立方而一。除积还源，得立方一面之数。（明《永乐大典·算法》）

（2）开立方，方一丈者，其工价一两一钱，开平方，方一丈而深一尺者，价银一钱一分。每立分见方一尺者，价银一厘一毫，且无论土归何处。（明嘉靖年间《江宁府志》卷之七）

（3）夯筑灰顶，每见方一丈、高五寸，为一步，工价银四钱。（清《永定河志》卷五）

（4）抹饰以长高见方。（清《扬州画舫录》卷十七）

（5）架子吻架，高贰丈以下，每折见方丈肆丈，用搭材匠壹工。（清《工程做法》卷六十八）

（6）买地基一百十有八处，折见方丈七千三百六十余丈。（《大清会典事例》卷六百六十六）

（7）各仓存贮米石，向例以算法二五，核算每多错误。悞乾

隆三年奏准照依《会典》积方之法酌定：二年以内每见方一尺照三斗一升六合之法；三年以外者，每见方一尺照三斗四升之法；其二年以外、三年以内者，每见方一尺照三斗二升八合之法丈算。算铸造铁尺，交户部仓场及各属，嗣后俱照此尺丈量折算，如违参究。(清《钦定户部漕运全书》卷五十五)

(8) 后八年议以所挖土折算，见方五尺，给夫一名。(清光绪年间《顺天府志》卷十五)

例(1)的"见方面"与"得立方一面之数"对文，指得出开立方之后的数即立方体一边长。例(2)的"每立分见方"为正方形一边长，因为"深一尺"是常数。"方一丈而深一尺者"是"方一尺深一尺"的一百倍，所以价银从"一钱一分"到"一厘一毫"刚好是一百倍。例(3)的"每"，说明"见方"是"计算出"义，该例有高的数量，所以"见方"指面积。例(4)的"以长高见方"，长高相乘得出面积，介宾短语"以长高"之后的"见"为计算义动词。例(5)的"每折见方丈"与"每见方"用法一样。例(6)的"折见方丈"也是计算出面积的意义，按韵律"折见"连读，是折合之义。例(5)和例(6)的"方丈"是"方一丈"的缩略，是面积的一种表达形式。例(7)的"每见方"为以边长一尺表达体积一立方尺义，因为后跟容量数量"斗""升""合"等。该例有"俱照此尺丈量折算"一句，指明了"每见方"为"积方之法"中的折算方法。例(8)有"折算"一词，表明整句的折算义。例(2)至例(5)反映了我国中古到近代工程施工中采用的"表面积计工"即以施工面积计算工程量的方法[①]。

"折""计""计见"等词也能与空间量标指组合表示计算过程。例如：

[①] 乔迅翔：《〈营造法式〉大木作工限研究》，见《建筑史》第24辑，清华大学出版社2009年版。

(9)（东夷）其地东西夹（狭），南北长，可折方千里。（南朝宋《后汉书》卷八十五）

(10)是日将暮，逢域于流沙中，计见已行九千余里。（唐《法苑珠林》卷七十六）

(11)古之一亩，以尺计得面方六十尺。（明《农政全书》卷四）

(12)玉石产大石窝，至京城一百四十里，折方估价。（清《食货典》第三百三十二卷）

(13)石料折方规则，今有石一块，长一丈、阔二尺、厚二尺，折方四丈。（明《工部厂库须知》卷四）

(14)青白石做细，每折宽壹尺、长壹丈，用石匠贰工。（清《工程做法》卷六十六）

例（9）的"折方"用于土地面积的计算，把狭长的形状折合为边长一千里的正方形计算。例（10）的"计见"为计算行走长度义。例（11）的"计得面方"把面积"亩"以正方形每边长60尺计算。例（12）和例（13）的"折方"为折算成体积义，因为玉石价格的计算是以体积为单位的。例（14）的"折宽""折长"计算的是面积，是石块精细加工中的用工计算。

在我国古代建筑施工工量工价计算和玉石、黄金等交易中，按长度、面积或体积计量交易对象，这个语言形式往往是"见方"。这些例子中的"折见方丈"，"折见"在韵律上是一个单位；而"每见方"，有［（每见）方］和［每（见方）］两种分析方法，前者的分析方法中，"见"作计算义动词，后者的分析方法中，"见"类似于词头，词义虚化。

"见方"在韵律上处于一个单位，并由其他词承担计算义时，"见"进一步虚化。例如：

(15)苇箔三十二块，各长八尺，阔五尺，折得见方十二丈

第六章 特殊标指　　　　　　　　　　　　　　　　　　　　　301

八尺。(明《工部厂库须知》卷十)

　　(16) 凡转柱顶，以转柱径加倍定见方，如柱径壹尺叁分，得见方贰尺陆分。(清《工程做法》卷十七)

　　(17) (土道) 计折见方一丈，厚一尺。(清《钦定八旗通志》卷一百十三)

例(15)的"折得见方"和例(16)的"定见方""得见方"，韵律上以［折得(见方)］、［定(见方)］、［得(见方)］为佳。其中计算义由"折得""定"和"得"承担，"见"的计算义大为减弱。例(15)的长、阔和苇箔总数相乘，刚好等于"见方"数，"见方"为面积标指，不表示正方形形状和边长。例(16)的转柱顶是转柱径的二倍，"见方"数为正方形边长，不关注转柱截面面积大小。例(17)计算土道用土方的量，后有厚度，所以"见方"指面积。

在动态计算义中，"见方"所指对象一般都不真实存在，而只是计算过程中的折合后的数值。只有在静态描写句中，"见方"所指为实物，有实在的空间量如边长、形体、面积和体积特征。"见"不再有承担计算义的必要性，"见方"就完全成了一个词。此时"见"为词头。这大致发生在明中后期。例如：

　　(18) 钦定成造御宝一颗，见方一尺五寸九分，文曰"奉天承运大明天子宝"。(明《南宫奏议》卷第二十二)

　　(19) 膏药外再用棉布见方八寸四。(明《外科正宗》卷四)

　　(20) 外有套箱一个，约见方四尺。(明代《工部厂库须知》卷九)

例(18)的"见方"指印章的大小，我们一般不计算其面积大小，因其正方形为默认项，所以只关注它的边长。例(19)的"见方"指缚料大小，除关注正方形形状及其边外，也关注其面积大小。例(20)的"见方"，以立方体的边长指套箱体积。

"见方"指面积的，很快发展出不表示形状和边长，而仅表示面积的情况，这时"见方"为面积标指。例如：

（21）楼板九十六片，各长八尺，阔一尺五寸，厚二寸，其长阔必拘，只取见方九百六十二尺。（明《皇明经世文编》卷四百九十二）

（22）地基见方二十亩。（清《品花宝鉴》第三十回）

（23）英国有一盐地，有十一见方英里，盐厚七十尺。（清《出使美日秘国日记》卷五）

例（21）计算地板铺装用料，以长8尺乘以阔1.5，再乘以96，等于1152平方尺，略大于"962尺"的面积数。例（22）的"见方"直接与面积量词"亩"组合。例（23）的"见方英里"也是面积量词。这些句子中的"见方"都是面积标指，不标示对象的形状和边长。

"见方"在清初开始后置于数量词，并进入文学作品。这表明"见方"从工程类语体进入了口语语体。例如：

（24）四寸见方的小夹褥子。（明末清初《醒世姻缘传》第二十六回）

（25）（银模子）都有一尺多长、一寸见方。（清《红楼梦》第三十五回）

例（24）的数量词与"见方"组合作了定语，语法功能上发生了复杂化。该例兼指对象形状、边长和面积。例（25）仍类似于工程类语体，"见方"关注于形状和边长，不关注面积。

现代汉语中的"见方"可以指正方形之一边长或面积，也可指立方体一边长或体积。例如：

（26）兵士们在院子里掘了一个一丈见方的土坑，扬言要把颜真卿活埋在坑里。(CCL 语料库)

（27）我国旧时称主持寺院的和尚为"方丈"，这是由于他住在一丈见方的屋子中的缘故。(CCL 语料库)

（28）取少量染发液，涂抹前臂内侧皮肤，涂抹面积为 2.5 厘米见方。(CCL 语料库)

（29）青年们要赶在开春前将几十块坑坑洼洼的梯田变成每口 2 亩见方的深 1 米以上的鱼塘。(CCL 语料库)

（30）甚至连一平方米见方的厕所都能挤上七八条汉子。(CCL 语料库)

（31）烧开一锅水，将切成 3 厘米见方的豆腐、羊血豆腐倒入。(CCL 语料库)

（32）总长 541 公里，动土石 5303.5 万立方米，相当于用一米见方的土堆绕地球八分之一圈。(CCL 语料库)

例（26）的"一丈见方"关注正方形形状和边长，而不关心面积。例（27）的"一丈见方"关注正方形形状、边长和面积。例（28）的涂抹面和例（29）的梯田很难是正方形，因而这两例只关注面积。例（28）以折合边长表面积，例（29）直接用面积量词"亩"，其中的数量词表示面积，无须折合。例（30）的对象可能是正方形，"一平方米"可能指形状和边长，也可能指面积而不表示形状。例（31）的"3 厘米见方"关注立方体形状和边长，不关心体积。例（32）的"一米见方"指正方体形状、边长和体积。因为地球赤道周长为 40076 千米，5303.5 万米为其一圈多，该例中"八分之一圈"计算少加了一位小数点。

"见"与"长""宽"等维度词的组合，在描写句中也类推成了附加式合成名词。例如：

（33）花鸡一根，长四尺三寸，大一寸见圆。(清《蚕桑萃

编》第七回）

（34）天台公寓门外的两扇三尺见长，九寸五见宽，贼亮贼亮的黄铜招牌。(老舍《赵子曰》第一章)

例（33）的花鸡是纺织机上的一个管状构件，"一寸见圆"中，"见圆"应是周长。例（34）的"见长"和"见宽"分别是长度和宽度。南阳方城县和社旗县等地，装修工还常用"见长"指长度，"见宽"指宽度。

以上两例的"见"处于描写句中，已经看不出有计算出义，而成为一个词头。

"见方"的发展过程为：

数学类语体中表计算义的"见"+"方"→数学和工程类语体中计算义动词"得""定"等+"见方"→数学和工程类语体中无计算义的描写句中"见方"成词，"见"为词头→口语中"见方"后置于数量词→类推出"见长""见圆"等

三 词化原因

我国中古建筑施工中，建材的尺寸是按比例核算的。例如：

（1）造角柱之制：其长视阶高。每长一尺，则方四寸，柱虽加长，至方一尺六寸止。(宋《营造法式》卷三)

（2）码单磉墩，以柱顶石尺寸定见方。如柱径伍寸，得柱顶石见方八寸。(清《工程做法》卷四十六)

例（1）角柱的做法，长随高变，长增加一尺，方增加四寸，柱子可以增加很长，但方只能到一尺六寸为止。其中的"长""方"之间有个精准的比例关系。其中的"方四寸"并不是静态描写句，而是

第六章　特殊标指

动态叙述句，这个动态义由"方"承担。在例（2）中，柱径以柱顶石尺寸按比例计算，"得柱顶石见方八寸"是动态叙述句，"见"的计算义仍未完全失去。

成书于嘉靖年间的造船专著《南船纪》中，这种动态义的"方"与"见方"交替使用，反映出两个词替换的初始状况。例如：

（3）梢亭栏杆，长二丈二尺，方三寸五分。（明《南船纪》卷一）

（4）火柜柱子，长六尺，见方四寸五分。（明《南船纪》卷一）

以上两例的"长"与"方""见方"仍不是定数，因为船有大小之分，不可能所有船只用料都一样大小，随长度的变化，"方"仍在变化。这是动态计算义的"方"被"见方"取代的最初形态。

万历年间的《工部厂部须知》中"见"和"折"表述的动态计算义还体现在料价和用工等方面，也可以只用"方"而不用"见"和"折"。例如：

（5）（黄土）每方价值至十余金。（明《工部厂库须知》卷十二）

（6）（伏云）每见方一尺，准七工。（明《工部厂库须知》卷五）

（7）（苇箔）每见方一丈，银八分。（明《工部厂库须知》卷五）

（8）大石窝白玉石，折方每一寸，准匠一工，给银七分。（明《工部厂库须知》卷四）

例（5）计算料价，仍用"方"，事实上这个"方"是计算出来的体积。例（6）和例（7）用"见方"，分别计算用工和料价，"见"

表示计算出义。例（8）用"折方"，"折"表示计算义，该例既有用工，又有工价。

那么本来用"方"可以表示的"计算出'方'"，为何在明中晚期要用"见方"和"折方"呢？

首先与"见"的发展有关。"见"从《九章算术》刘徽注起到宋元，在古典数学中的"计算出"义的用法已发展完备。在明代的工程类著作中自由地表示"计算出"义。例如：

（9）原木见单板法，计用过板数见银两数目。（明《船政》）

（10）每见缝长壹丈，用铁䤹肆两。（清《工程做法》卷五十一）

例（9）的两个"见"是计算出之义，全句说明用锯出的木板计算原木价格的方法。例（10）表示缝长与用料之间的关系。这些句子中的"见"，也可以用"折"表示，但基于"见"来自于古典数学的优势地位，最终选择了"见"，而不是"折"。

其次是语义浮现的需要。工程类语体如《营造法式》中的用料各维度以及用工、用料、价格都处于一个比例之中，一个维度变化给另一个维度带来相应比例的变化，也会带来用工、用料和价格的变化，有关古建文献专门研究指出"增减之法是比例的形式"[①]，若不深入学习这些文献，很难明白原始文本的意义所指。就所涉及各维度而言，动态的维度词与静态描写句的维度词同形，易引起歧义。在"方""长"等维度词之前加上"见"或"折"，能使"折合"和"计算出"的动态语义更显豁。

最后，是双音化的需要。"方"从汉代始就逐渐出现"方圆""方面""平方"等双音节化形式。而建筑工程类著作，宋末元初的

[①] 乔迅翔：《〈营种造法式〉功限、料例的形式构成研究》，《自然科学史研究》2007年第4期。

《梓人遗制》已开始把《营造法式》中的"方"换成了"方广",明代的《鲁班经》则换成了"方圆"。例如:

(11) 辊轴长随机两身之径广,方广一寸六分。(宋末元初《梓人遗制》)

(12) 高中下半柱,每高三寸四分,其脚方圆一寸三分。(明《鲁班经》卷二)

例(11)的整句句法结构,与《营造法式》中"(角柱)长视阶高,每长一尺,则方四寸"相同。《营造法式》中的"视"在《梓人遗制》中换成了"随","方"换成了"方广"。例(12)的部分句法结构,与《营造法式》中"每长一尺,则方四寸"相同。"方"换成了"方圆"。但麻烦的是,这两个例句仍是与《营造法式》相关句式相同的动态计算义句式,其中的"方广"和"方圆"仍承担动态计算义,而不是静态描写义。所以,"方广"和"方圆"虽然形式上完成了双音化,但语义上仍有歧义。《梓人遗制》和《鲁班经》是民间木工专著,表达不及明代《工部厂库须知》《南船纪》和清代《工程做法》等官方建筑文献用语考究。所以出自于数学和官方建筑文献的"见方"胜出。

第二节 厚

"厚"是引起较多关注的空间量标指之一。Bierwisch(1967)、Clark(1973)、Fillmore(1997)、Vogel(2004)、任永军(2003)、伍莹(2014)[①]等学者都对"薄"的语义进行过研究。本节从历时角

---

① 任永军:《现代汉语空间维度词语义分析》,博士学位论文,延边大学,2000年。伍莹:《汉语维度词"厚、薄"语义特征分析》,《黄冈师范学院学报》2014年第4期。

度对"厚"和"薄"的语义发展和用法演变进行考察，以期有所补益。

一 标指地位

"厚"在人类语言中，是排位较为靠前的核心词之一。"厚"分布在斯瓦迪士（Swadesh）核心词表200词范围内，排在"大 big、小 small、长 long、圆 round、宽 wide"与"短 short、窄 narrow、薄 thin、近 near、远 far"之间。200词范围以内没有"高""深"，表明"厚"是比"高""深"对人类而言更易感知和更"有用"的空间量。"长""短""远""近"居于核心词表中表明人类对一维的重视，"圆""宽""窄"表明人类对二维的重视。"大""小"可以表示三维，但"大""小"并不直接表明对象有多大，不是一个科学的表达方式。例如在综合搜索中分别提问"大苹果有多大""大气球有多大""大轮胎有多大"，得到的回答分别是：

（1）在英国肯特郡的林顿，阿兰·史密斯种植的苹果重达1.67公斤。

（2）该气球呈圆柱形，圆周长为585米，高35米，它至少是迄今为止人类的最大气球之一。

（3）由米其林公司生产的轮胎高4米，厚1.5米，重达5.5吨，据称是世界上最大型号的轮胎。

例（1）以重量表体积大小。例（2）以圆柱形气球的圆周长和高表示体积大小。例（3）以轮胎的直径和厚度表示体积大小，并辅以重量表达法。人们对待上述事物，从几何学上看，例（2）的"高"和例（3）的"厚"是圆柱形的圆底向外延伸的相同维度，二者区别仅在于方向，高为向上，厚为向外。所以，"厚"是三维观测中的重要标指。

但核心词表也留给我们一些不太清楚之处。一、"厚"在各语言中语义并不全同。例如，德语的 dick，可指木板的最短维度、香烟的最短两个维度、苹果的三个维度；英语的 thickness 有厚度和浓度义，thick 有"厚""多""深""粗""浓""重"等义；瑞典语的 tjock 指圆柱最短的两个维度、扁平物的最短维度①。各语言的"厚"是不是在扁平物的最短维度的意义上对应呢？如果是这样，"厚"的其他意义怎么处理？二、从历时角度看，各语言"厚"指扁平物的最短维度的意义都是什么时候获得的，是不是其主要的空间意义？三、核心词表反映口语中词汇的重要性排位，但科技语体中不一定如此。例如，"大""小"位居维度词前两名，原因在于其语用的广泛性和语义的模糊性。例如，二者可指一维（大个儿）、二维（大路）和三维（大苹果），这影响到它们的使用。"厚"也是这样，在汉代《九章算术》、唐代《缉古算经》和元代《四元玉鉴》等数学专著中，"厚"很少见到，原因在于数学计算科学性较强，以长、宽、高三个标指足以表示②。而在宋代的《营造法式》和明代的《工部厂库须知》中，"厚"的用法占了多数，原因在于建筑工程著作比数学著作更具象，更接近于口语。事实上，"厚"多可由"高""宽"等词替代，与它们的语义范围重叠，是一个特殊的标指。我们把相关标指在上述五部书中的频率列表，如表 6-1 所示。

表 6-1　　　　"厚""高""深""宽"的用法统计

	九章算术	缉古算经	四元玉鉴	营造法式	工部厂库须知
厚	2	2	4	671	59
高	68	45	51	521	40
深	38	33	25	143	6
宽	96	45	22	851	92

---

① 伍莹：《汉语维度词"厚、薄"语义特征分析》，《黄冈师范学院学报》2014 年第 4 期。

② 表 6-1 所列前四种著作中的"宽"原文都用"广"作标指，最后一种著作用"阔"作标指。这是词汇替换现象，不影响统计结果。

在表6-1前三种数学著作中,"厚"的频率极小,几乎可以不计。《九章算术》中的两个"厚"分别指"木板厚"和"墙厚",前者指高度,后者指宽度。在后两种建筑工程类著作中,"厚"的频率排到了第二位,仅次于"宽",其中多用于木板、石块和城墙等的厚度。例如:

(4) 造螭子石之制:施之于阶棱钩阑蜀柱卯之下,其长一尺,广四寸,厚七寸。(宋《营造法式》第三卷)

(5) 今来筑墙制度,皆以高九尺,厚三尺为祖。(宋《营造法式·序》)

(6) 殿阁外有副阶者,其内墙下隔减长随墙广,其广六尺至四尺五寸。(宋《营造法式》第十五卷)

例(4)"螭子石"的三维用"长、广、厚"表示,这是《营造法式》中表示木板、石块和城墙等对象维度的主要语言形式。该句中的"厚"相当于"高"。例(5)的"墙厚"相当于"墙宽",在例(6)中就用"墙广"表示,"广"即是"宽"。

所以,"厚"存在的意义在于其强烈的口语性和曾经的工程语体色彩。另外,"厚"能指"高""深""宽"等维度,是一个可被替代的空间量标指。它对空间的划分不是以长、宽、高三维来定的,而是跨越和涵盖了它们的部分范围而形成的特殊标指。

二 语义特征

徐今用[距离、方向、维度]定义空间形容词[①],"厚"的"距离"特征为对象相对两个面之间的垂直封闭长度,这个长度是连续而不是间断的。这个语义特征把德语、瑞典语中指两个维度甚至三个维度的义项排除在外,符合古今汉语的情况。

[①] 徐今:《汉语空间形容词的空间量》,《汉语学报》2015年第1期。

"厚"的方向特征总体为有方向，具体可分以下情况：

  a. 水平方向：a1 山陵、墙体
       a2 石碑、屏风、门窗、玻璃、衣服、窗帘、镜片
       a3 肩膀、嘴唇
  b. 垂直方向：
  上向：b1 云雾、大气、房顶
  下向：b2 冰层、地层、岩层
      b3 灰尘、纸屑、苔藓
      b4 坐垫、地毯、席、鞋底、脚掌
  c. 多种方向：c1 书、纸、硬币、饼、布、肉片
       c2 缸、罐、碗、装甲、管壁、瓶壁、皮肤
       c3 铁锈、茶垢、毛发、肥膘、油漆、脂粉

a 组有三种情况。a1 为不可移动物，对象的维度比较恒定，水平方向较短的一维可为"厚"或"宽"。即如"山厚＝山宽""墙厚＝墙宽"。以"山"为例，如：

（1）按照这样的进度和山的厚度一估算，打通王莽岭起码要用 80 年时间。（CCL 语料库）
（2）喜马拉雅山脉东西长 2400 千米，南北宽 200 多千米。（CCL 语料库）

例（1）的"打通"的对象是山岭的厚度，这一厚度为山宽，即例（2）山体较窄的一面的用法。

a2 的物体在认知中典型形态为竖向，对象的厚度为水平较短维度，但由于我们更关注这一组对象的平面，而不太关注其厚度，尽管几何学中其厚即宽，但口语中二者不同，即"石碑厚≠石碑宽""屏风厚≠屏风宽"等。a3 的"肩膀""嘴唇"的典型形态为横向，有

宽、厚二维度，高度却很模糊。

b组有四种情况。b1的对象一般处于人类上空，其厚度为其自身的内部高度，但"云雾高≠云雾厚""房顶高≠房顶厚"，原因在于这些对象的"高"一般指地平面向上到它们底部的距离，而不是它们本身的高度。b2的对象一般处于人类下方，为不可移动物，维度基本不变。如"冰层厚=冰层深""地层厚=地层深"。例如：

(3) 在极顶附近，冰层厚达30多米。（北方网）
(4) 在冰层深达80厘米，东北风达到六级的黑龙江边。（新华网）
(5) 这个季节的湖面冰层深达数米厚。（新民网）
(6) 冬季在江面厚达数米深的冰层上。（新华网）

例（3）用"厚"、例（4）用"深"，例（5）和例（6）"深"和"厚"混用，表明二者为同义关系。

b3为附着物，一般处在人体下方，其厚度即深度。如"灰尘厚=灰尘深""苔藓厚=苔藓深"。b4也处于人体下方，但不称说深度，仅有厚度。

c组是多向的，即可为多种方向。例如：

(7) 箱子四周全是三分之二英寸厚的铁板。（CCL语料库）

这个"厚"就是多向的。

c1的对象理论上有各种方向，但由于地球引力的作用，它们一般处于水平状态才能稳定，所以"厚"几何意义上为高度，但"书高≠书厚"，因为口语中的高度为其最长边。c2的对象自身是万向的，其厚度随所指的部位而变化，但一般以观测到的面的纵深为厚度，如"缸厚≠缸宽≠缸高"。c3为万向附着物，随附着对象的方向而改变方向。大体上，"厚"被替换的可能性在下面的序列中从左到右依次减弱。

  a1>b2 、b3>a2、b1、b4、c1>a3>c2、c3
  三维凸显 二维凸显   一维凸显

  这个序列从左到右，三维特征越来越不明显。越强调三维，"厚"越能被替换；三维特征越模糊，"厚"越不能被替换。a1是长、宽、高很明确的对象，如墙体以及《营造法式》中的木板，长宽厚用于描写三个维度，木板不是典型的扁平物，"厚"可以被"宽"替换。b2、b3对象有长宽高三个维度，长宽组成的面被当成一个整体，"厚"可以被"深"代替。a2、b1、b4、c1一般关注对象平面，而厚度往往被忽视。a3有宽和厚两个维度，第三个维度不明。c2、c3对象是漫延的平面，没有明确的长和宽。

  简单说，如果物体有两个平行面是最突出的，面越大，可以大到无明显边际，面之间距离越短，可以短到几乎无法测量，用"厚"的可能性就会越大。

  "厚"的使用，与对象厚度超预期有关。例如书上的灰尘，缸中的茶垢，书本的厚度，我们都有一个默认的预期。在预期值内，我们不会使用"厚"来说明，只有超出预期过多的时候，才会用到"厚"。例如我们一般不说"灰厚""茶垢厚""书厚"，而会加上超预期的副词"很"和"太"等，如"灰很厚""灰太厚了""茶垢很厚""茶垢太厚了""书很厚""书本太厚了"；加"是"的，也是表达超预期意义，如"是一本厚书"，这个"是"，除了判断，还有强调的意义。

  那么"厚"所指对象的形体是不是扁平的呢？在上面的序列中，左侧的不易被认为是扁平，越往右去，越易视为扁平。很显然，山体不应被视为扁平的，正常的山体应是摊大饼的形态，高度很难超过宽度，如喜马拉雅山最高峰不到9千米，而宽度超过150千米。如果把山体视为扁平物，那么厚度应是山高而不是山宽。

很多以"厚"表述的对象不宜视为扁平物,两者宽与高的比例相差不大,甚至有厚度不是最短边的用例。例如:

(8) 豆腐切成长 5 厘米、宽 3 厘米、厚 3 厘米的长方块。(CCL 语料库)

(9) 日本伊萨哈亚电子公司最近研制出长 1 毫米、宽 0.5 毫米、厚 0.5 毫米的新型晶体管。(CCL 语料库)

(10) 一条厚逾 15 米的林带。(《CCL 语料库》)

(11) 我还要比明朝永乐皇帝编那本书厚,那本书叫《永乐大典》。(CCL 语料库)

例(8)和例(9)宽、厚等距,前者明确为"长方块"。例(10)的对象"厚"指宽度,林带的高是不是超过宽度不明。再者,林带也不好被认为是扁平物。例(11)厚度超过宽度。

这种情况由来已久。例如:

(12) 鸣石长丈三尺,广厚略等。(汉《前汉纪》卷第二十五)

(13) 小隔城厚六尺,高五尺。(唐《通典》卷第一百五十二)

(14) 牌阔四寸,厚五寸八分。(宋《朱子语类》卷第八十八)

(15) 造螭子石之制:施之于阶棱钩阑蜀柱卯之下,其长一尺,广四寸,厚七寸。(宋《营造法式》第三卷)

例(12)为宽高相等,例(13)至(15)都是厚度大于高度或宽度。

人们印象中的"扁平物",应多为中小尺度对象,大的事物,例如大气、地层,人类置身于其中,不易把握整体形状。这反映到

"厚"的值域上,"厚"在口语中更常用于小尺度事物;大尺度的用频较低。例如,《王朔自选集》中,只有"钞票、油漆、书本、衣服、镜片、口红、奶油、下巴、屋顶、肌肉"等小尺度对象;而《四世同堂》、《骆驼祥子》中,有嘴唇、灰尘、被子等小尺度对象,也有城墙、沙层、云层、大地等中大尺度的对象。但被度量的,只有两例小尺度的:

(16) 地上的土有个铜板厚。(老舍《骆驼祥子》五)
(17) 雪已下了寸多厚。(老舍《骆驼祥子》十一)

一般辞书既然把"厚"界定为"扁平物的短径",那么了解人们如何界定"扁平",即可知道辞书中"厚"的含义。在汽车工程中有专业术语"扁平率",轮胎扁平率用以说明轮胎扁平的程度,这个比值由轮胎横切面的高和宽相除而得,现在常见的有0.5—0.8等类型,20世纪80年代以前有1.1—1.0的扁平率[1],后者数据反映的实物事实上不是"扁"的;汽车液力变矩器扁平率指椭圆形变矩器短轴与长轴的比,比值从0.21到0.9[2]。道路工程中也有"扁平率"术语,隧道扁平率为隧道高和宽的比值,一般为0.53到0.61[3]。尽管受具体实物形态的制约,但仍可大至看出,工程中对于"扁平率"的规定在0.2到0.9。在口语中,雪、灰尘的扁平率都极小,因而我们可以大致认为扁平率在0.9以下的物体都可以认定为"扁平",其短径是典型的"厚"。

有一种观点认为"厚"只能指固体物,反例也很多。例如:

---

[1] 韦增红:《扁平率对轮胎性能的影响》,《橡胶参考资料》2007年第4期。
[2] 刘春宝、朱喜林、马文星:《轿车液力变矩器扁平率研究》,《农业机械学报》2010年第10期。
[3] 陈卫忠、王辉、田洪铭:《浅埋破碎岩体中大跨隧道断面扁平率优化研究》,《岩石力学与工程学报》2011年第7期。

（18）大连港海面浮油厚1米。（华商论坛）

（19）早已冒起寸把厚的积水来。（CCL语料库）

三　历时演变

厚，与墙有关。徐中舒《甲骨文字典》："会垣墉之厚意。"能度量的厚度，由墙厚到山厚、兵厚。例如：

（1）高垣丈四尺，厚四尺。（《墨子·备城门》）

（2）城内作土山，厚二十余丈。（唐《梁书》卷十）

（3）（太行）在燕厚数十百里，势则连山巨阪。（明《广志绎》卷二）

（4）闻其始下京城时，围兵厚百里。（唐《沈下贤文集》卷第十）

（5）北兵二三十万，约厚二十里。（元《金史》卷一百十一）

例（1）为墙厚，例（2）和例（3）为山厚，例（4）和例（5）为兵厚。例（2）积土成山，可视为从墙到山的过渡形态。例（3）的太行山形似连在一起的"巨阪"，可见，以"厚"度量，是把山看为一个整体的结果。兵厚即军队排列的宽度，这与墙、山的形状有相似之处。上文现代汉语的林带厚度也属这一类，都为纵深。

木板厚度随工程语体出现，附着物的"雪"厚出现在汉代，地层厚度出现在唐代，漆的厚度出现在清代。大体上，越是典型的扁平物厚度义越是后起的。例如：

（6）木板厚二寸，前后三尺。（《墨子·备蛾傅》）

（7）雪平地，厚五尺。（汉《汉书》卷二十七）

（8）地厚六万八千由旬。（唐《法苑珠林》卷第三）

（9）木质粉漆厚寸许。（清《学行典》第一百十二卷）

元代始，"厚"才后置于数量词。例如：

（10）楼上灰尘三寸厚。（《元代话本选集》第二十八卷）

四 相关标指

薄，与树林有关。偶作厚度标指。例如：

（1）（答）末薄半寸。（汉《汉书》卷二十三）
（2）或即是时赝作尔碑，薄仅三寸。（清《潇湘听雨录》卷六）

厚薄，也可作度量名词，但起源不早。例如：

远近火把有十里厚薄。（元末明初《水浒传》第八十四回）

第三节 粗

本节讨论"粗""大""细""小""巨""大小""粗细""粗大"等词作为度量名词的意义、演化以及它们之间的关系。

一 标指地位

"粗"和"细"为汉语特有的标指词。在斯瓦迪士（Swadesh）核心词表 200 词范围内，没有"粗""细"二词。英语的"粗""细"一般分别用"thick""thin"表示，但 thick 又有"浓""厚"等义，thin 又有"薄""瘦""微弱"等义，很难一一对应。韩语的"粗"

"细"一般分别用"굵다""가늘다"表示，但前者又表示长形物宽度较宽，球形物形体过大；后者又可表示薄或窄①。几种语言的"粗"和"细"语域不同，并不等值。词频上，汉语和韩语的"粗""细"都是频率较低的空间维度词。在国家语委语料库在线古代汉语语料库中，"粗"和"细"空间量标指的用法仅 64 例。传统的数学书《九章算术》、《缉古算经》和《四元玉鉴》以及工程专著《营造法式》和《工部厂库须知》中，"粗"和"细"作空间量标指的用法均为零例。《营造法式》中有"粗麻""粗墨"等用法，前者可指线条宽，后者可指颗粒大，仍都有粗糙的意义。空间量标指"粗"先秦已经出现，唐诗中才得以较多地使用，数量却仅有 11 例，唐代以后的兵法书和明清小说之中各有一些使用。这些都反映了"粗""细"在空间量标指系统中属于边缘角色的地位。

二 标指意义

按权美玲（2005）的界定，空间量标指"粗""细"有两个方面的意义：一指像瓶子、手指、木桶等条形、圆柱形，或须发等细长条对象的横剖面大小，一指沙土、面粉等颗粒物形体大小。所以有［+断面性］或［+粒子性］语义特征，有断面性语义时无整体性，有粒子性语义时有整体性，后者是前者的引申用法②。

但"横剖面大"是什么意义呢？查考对"粗"的度量可以看出。例如：

（1）内有一株两抱多粗的古桑。（CCL 语料库）
（2）我还看见载运直径一米多粗圆木的卡车队。（CCL 语料库）

---

① 权美玲：《汉韩空间维度词对比——以"粗/细"和"굵다/가늘다"为中心》，硕士学位论文，延边大学，2015 年。
② 同上。

例（1）前者"粗"的尺度为"两抱多"，为周长。例（2）的尺度为"直径一米多"，为直径。可见"粗"既可为周长标指，又可为直径标指。

"粗"作周长标指时，可与"围粗"互用。例如：

（3）高18.2米、粗12.54米的"二将军柏"就成了中国现存最古最大的柏树。（CCL语料库）

（4）二将军柏树高18.2米，围粗12.54米。（《河南书院的历史》）

上例两句话是对同一棵树的描述，后者用"围粗"表示周长，与前者的"粗"所指相同。

"粗"作直径标指时，可与"直径""宽"等互用。例如：

（5）仅食指就长达2.44米，直径1米多。（《自由女神像》）

（6）仅仅手的食指就长达2.44米，粗为1米多。（CCL语料库）

（7）仅食指就长2.5米，宽1米。（《普利策筹款安放自由女神像》）

上例三句话是对同一座雕像食指的描述，以例（5）语义最为清晰，后两句的"粗"和"宽"都指圆柱体的直径。

"径粗""粗径"和"粗围径（经）"是直径标指。例如：

（8）截粗径二寸竹。（明《火龙神器阵法》）

（9）（蚺蛇）粗围经尺而已。（清《乡曲枝辞》）

（10）一条长300米，径粗3.5米的五彩巨龙昂起10米高的龙头。（《龙腾灯耀夜香江》）

以上三句话的"径粗""粗径""粗围经"都指圆柱体截面的直径长度。首句又见于明代《纪效新书》,可视为兵书中的专用词语。次句的"粗围经尺",在《本草纲目》"蚺蛇"条作"大者径尺,长丈许,若蛇而粗短"。可见,"大"与"粗"都指直径。

在没有参照性文字,也无"围""径"等词语时,"粗"会产生歧义。例如:

(11) 半米粗的巨木漂来。(CCL 语料库)

上例的"粗"并不确知为周长还是直径。

"粗"所指为小尺度事物,搭配的量词为"把""围""抱""搂"①"尺""分""寸""毫米""厘米""分米""米"等,以"围""毫米""厘米"为常,极少为"丈""千米",绝无"里",更无以步行丈量的"步"。

三 历时演变

粗,与米之精粗有关,本指糙米,引申为"大",又引申为"粗细"之粗,又作度量名词。《说文解字》:"粗,疏也。"段注:"疏者,通也。引申之犹大也。故粗米曰疏。凡物不精者皆谓之粗。"文献中"粗"的基本意义是粗糙义,而非空间标指义。"粗"的空间标指义在先秦已经出现,但在唐以前用例都较少。例如:

(1) 其器高以粗。(《礼记·月令》)

上例郑注:"粗,犹大也。"以"大"释"粗",因为文中有垂直维度"高",所以这个"大"不指体积,又因"器"无法也无须切个

---

① "把"为拇指和中指张开之后的最大长度,"围""抱""搂"为双臂展开的最大长度,四者为约量词。

剖面以观其大小，因而也不指面积，而是指周长较长。

汉代以后"粗"逐渐用于圆柱形的植物茎干周长、人体腰围的周长、圆环形物体和毛发的截面周长，以及球形体的周长。例如：

（2）菲似䔉，茎粗叶厚。（晋《毛诗草木鸟兽虫鱼疏》卷上）

（3）出生女宝，不短不长，不粗不细。（南北朝《起世因本经》卷二）

（4）以粗竹，长一丈。（唐《卫公后法辑本》卷下）

（5）我作粗铁环。（唐《卫公后法辑本》卷下）

（6）粗毛刺破花。（《全唐诗》卷零三九一）

（7）眉粗眼竖发如锥。（《全唐诗》卷零七六一）

（8）疏忧雨点粗。（《全唐诗》卷零七零一）

例（7）中的"眉粗"，有单根眉毛周长较长和把眉毛看成一个圆柱形整体而周长较长的双重意义。例（8）中的"雨点"为球体，"粗"直接指其周长较长，间接指其球体体积大。

对"粗"计量，最早用比喻句，这符合"粗"的口语性和模糊性语义特征。后又发展出数种新的比喻句式。例如：

（9）本体+粗+喻词+喻体：箭粗殆如今之长笛。（北齐《魏书》卷七十三）

（10）本体+喻词+喻体+粗：爱说蟠桃似瓮粗。（《全唐诗》卷零八三七）

（11）本体+有+喻体+粗：他腰围有箩来粗。（元《布袋和尚忍字记》第一折）

（12）喻体+粗+的+本体：就是碗粗的棕缆，也只好当秋风！（明《西游记》第二十五回）

唐代始用"数词+量词'围'"表示，这种用法虽较比喻句在表量方面更为精确，但仍是一个模糊的量。例如：

(13) 社榆粗十围。(《全唐诗》卷零二七八)

(14) (大蛇) 粗可数围。(五代《玉堂闲话》卷四)

(15) 往常时吃的两围来粗，十分得胖。(元《天宝遗事诸宫调》)

例(14)的"粗"后有"可"与数量词分开，说明"粗"是名词性标指。该例同书同卷的原文中，有描写树干"大可数围"的用法，说明"大"与"粗"都是名词性周长标指。例(15)"粗"指腰围，后置于数量词，该例出现的时间与比喻句式中"粗"的后置时间一致。

明代兵书中，"粗"与"径"组合表直径长度，数量为确量。例如：

(16) 灯笼三盏，白纸糊，务要粗径一尺五寸，长三尺。(明《武备志》卷一百十)

(17) (飞剑箭) 药筒长八寸，径粗一寸二分。(明《武备志》卷一百二十六)

(18) (炮石) 粗可径尺，细可径六七寸。(明《练兵实纪·杂纪卷五》)

以上三例分别用"粗径""径粗""粗可径"来表示直径。例(16)在《练兵实纪》中也有出现，说明这些兵书之间语言风格具有一致性。

在此同一批书中，"径"可省略掉，"粗"便直接表示直径。例如：

（19）（熟铁炮）长二尺，腹内粗二寸余。(明《练兵实纪·杂纪卷五》)

（20）（大筒火箭）头长七寸，粗可二寸。(明《武备志》卷一百二十六)

（21）（锐钯）柄长八尺，粗可寸半。(明《练兵实纪·杂纪卷五》)

例（19）数据符合出土的明代铁炮规制，其中的"粗"为直径。例（20）"大筒火箭"与例（17）"飞剑箭"同为火箭类，尺寸相近，所以"粗"也为直径。例（21）描述戟形武器规制，"粗"为直径，否则周长一寸半不便握持，与出土文物也不符。

清代兵书中仍有这种用法。例如：

（22）（铁丝灯笼）右局用白油纸，方形，高二尺，横四寸；后局用墨油纸，圆形，高二尺，粗四寸。(清《中西兵略指掌》卷七)

上例描述军用灯笼制度，"右局"的方灯"横四寸"，即方形一边长为四寸，对应的，"后局"圆灯"粗四寸"便是直径。

四　相关标指

细，用于空间域，与"粗"相对，偶作周长标指。

（1）脍不厌细。(《论语·乡党》)

（2）腹大如瓮，咽细如针孔。(汉《佛说鬼问目连经》)

（3）那宝贝就短了几尺，细了一围。(明《西游记》第三回)

（4）瞧瞧那马，自头至尾足够一丈，自蹄至背足够六尺，细七寸大蹄碗。(清《彭公案》第六十八回)

例（1）"细"为形容词用法。例（2）为形容词的比喻式用法。例（3）与约量词"围"组合，表示少了的周长。例（4）与"大"组合，是周长标指。

粗细，"粗"的双音词，口语中常作周长标指，多以比喻句表示约量。明以后后置。例如：

（1）柱有高下，弦有粗细。（北齐《魏书》卷一百九）
（2）本体+粗细+如+喻体：绳粗细如指，五十尺。（宋《太平广记》卷一九三）
（3）本体+有+喻体+粗细：耳朵内取出棒来，晃一晃，有吊桶粗细，二丈长短。（明《西游记》第九十回）
（4）本体+大+做+喻体+粗细：即又大做斗来粗细，二丈长短。（明《西游记》第三回）

例（1）"粗细"为形容词用法。后三例为形容词的比喻式用法。例（2）中有长度"五十尺"，所以"粗细"指周长。

对"粗细"的精确尺寸的表述，一般要组合"围""围圆""周围"等周长标指使用。例如：

（5）故辀之伏兔之处，粗细之围有一尺四寸五分寸之二，与相应也。（唐《周礼注疏》卷四十）
（6）晃一晃叫"粗"，就有八丈围圆粗细。（明《西游记》第七十四回）
（7）（瓷罐）约有三尺半高下，周围尺半粗细。（清《绿野仙踪》第三十六回）
（8）蛇腹部之粗，亦有几丈周围。（民国《上古秘史》第一百二十四回）

大，对"大"的测量，以测周长为主，即在"大"为周长标指时的用法。这种用法在古代汉语中很普遍，现汉中很难见到。例如：

（1）梃长二尺，大六寸，索长二尺。（《墨子·备蛾傅》）
（2）（胃）长二尺六寸，大一尺五寸，径五寸。（《黄帝八十一难经》）
（3）有奇士，长丈，大十围。（汉《汉书》卷九十九）
（4）得一蛇，大二围，长五六尺。（南北朝《齐谐记》）
（5）轴木大七尺围方妙。（明《天工开物·甘嗜》）

以上前四例的"大"与"长"对文，是周长标指。例（1）"梃"是一种带拉绳的棍棒投掷器，"大六寸"为其周长，便于握持，这与上文"镜钯，柄长八尺，粗可寸半"句式和语义结构相同。后者"粗"只有指直径的情况下，才与本例"大六寸"相接近。例（2）"胃大"的尺寸与"径"成周三径一的比例，所以是周长。例（3）、例（4）和例（5）"大"与周长量词"围"组合，指周长无疑。

以比喻句表示整体外部大小的也有出现。例如：

（6）苗长三四尺，根大如鸭卵。（唐《酉阳杂俎》卷十八）

"大"也指长度、方之一边长、直径、周长、高度等。例如：

（7）圭大尺二寸谓之介。（《尔雅》卷四）
（8）得古锡趺，大数尺。（南朝梁《南齐书》卷五十六）
（9）花大可径一尺余。（唐《胎藏金刚菩提心义略问答》）
（10）其山周大十里，高三十里。（宋《册府元龟》卷二十六）
（11）其宝大九寸。（宋《云麓漫钞》卷十五）

(12) 行者变做五寸来大的胡孙。(元《朴通事》下)

例(7)"圭"的尺寸符合出土玉圭的长度,孔疏"长、大,一也",即"大"为长度。例(8)"锡跋大数尺"应为方形一边的长度,否则太小。例(9)"花大"中有"径"表示圆形的直径,这种用法类似于"粗"指直径的用法。例(10)"山周大"实为"山周长",此为以周长表面积。例(11)"其宝大九寸"为印章的一边的长度。例(12)"五寸来大的胡孙"指高度,该句的用法"大"后置于数量词语。

对面积的测量,有时以"大"为标指,起源较晚,现代汉语仍有使用。例如:

(13) 家中有搭半亩大的空园。(明末清初《醒世姻缘传》第九回)

(14) 漏湖大数十里。(清《檐曝杂记》卷四)

上例"半亩大"为面积无疑,"大数十里"以长度表面积,但不确定为一边长或周长。

"大"和"粗"在表示周长的意义上为同义词。所以《乡曲枝辞》的"粗围经尺",在《本草纲目》中又作"大者径尺";《玉堂闲话》的"粗可数围",同卷中又作"大可数围";《彭公案》中有"细七寸大"的糅合式表述。故而双音词"粗大"是并列式合成词,为周长标指。"粗大"的逆序词"大粗"只是形容词,未作度量名词。"大"甚至能与"粗""粗细"组合使用。例如:

(15) (白鳗)约有五丈余长,十围粗大。(清《东度记》第八回)

(16) 手持着一根许大粗的铁棒,要他师父哩。(明《西游记》第二十回)

(17) 那禁子拿了一副大粗的夹棍。（明末清初《醒世姻缘传》第十二回）

(18) 石卵长不满尺，碗大粗细。（清《说唐后传》第三十回）

小，偶作长度标指。例如：

(1) 露金莲三寸小。（明《警世通言》第三十八卷）

(2) 辜负了我的金莲三寸大。（清《白雪遗音》卷一）

(3) 膝腕半围团，金莲三寸窄。（明《西游记》第七十二回）

(4) 三寸窄小的金莲。（清《小五义》第六十三回）

(5) 足下弓鞋窄窄约三寸。（清《续济公传》第一百十五回）

例（1）"三寸小"和例（2）"三寸大"同义，"小"和"大"更适合看作表示长度的名词。例（3）的"半围团"与"三寸窄"对举，"围"与"寸"都是量词；"团"是表示周长的度量名词，所以"窄"是表示长度的度量名词。例（4）"窄小"和例（5）"窄窄"与"大""小"用法一致。

大小，可以表示宽度、周长、面积、方之一边长长度、高度、体积等意义，多后置。例如：

(1) 宋季铜钱牌或长三寸有奇，阔一寸大小。（元《至正直记》卷一）

(2) 孔大小径寸许。（明《农政全书》卷四十一）

(3) 小碟周围约三尺大小，须臾化为数亩大小。（清《绿野仙踪》第九十三回）

(4) 每字有三尺大小。（清《绿野仙踪》第九十四回）

（5）葫芦约有三寸大小。（清《康熙侠义传》第一八一回）

（6）35立方英寸大小的包裹。（CCL语料库）

例（1）"阔"与"大小"组合，"大小"指宽度。例（2）"大小"与"径"组合，指直径。例（3）"周围"与"大小"组合，"大小"指周长。因第二个"大小"与"亩"组合，所以第一个"大小"以周长表面积。例（4）"大小"用于方块汉字，指方之一边长长度。例（5）"大小"用于葫芦，指高度。例（6）"大小"与"立方"组合，表示体积。

巨，《说文解字》："巨，规巨也。"即作矩形的器具。引申为"大"，《小尔雅》："巨，大也。"用于空间量，指体积、容积、周长和面积等比较大，偶作表示周长的度量名词。例如：

（1）体积：乃命禺强使巨鳌十五举首而戴之。（《庄子·大宗师》）

（2）容积：于是使力士举巨囊。（《公羊传·哀公六年》）

（3）周长：古者桀纣长巨姣美，天下之杰也。筋力越劲，百人之敌也。（《荀子·非相》）

（4）面积：故国广巨，兵强富，未必安也。（《吕氏春秋·王道》）

"粗巨"是并列结构的双音形容词，可指周长较长，后也指体积较大。例如：

（5）自井中出来，腰肢粗巨，无复往时姿态。（唐《隋遗录》卷上）

（6）凤尾蕉其木粗巨，叶长四五尺。（明《五杂俎》卷十）

例（5）"腰肢粗巨"指腰围长，例（6）"木粗巨"指树体积大。

对"巨"的度量，以测周长为主，用例较少。例如：

（7）龟生三百岁，大如钱，游于莲叶之上；三千岁，青边缘，巨尺二寸。（汉《论衡》卷十四）

（8）（蚺蛇）其长至丈，巨盈尺。（清《广东新语》卷二十四）

上例（7）中"大如钱"以周长表示面积，与"巨尺二寸"对文，所以"巨尺二寸"表周长，兼表面积。例（8）中"长"与"巨"对文，"巨"表示周长，该句句式与说明蛇大小时"粗"的用法一致。

"粗""大""巨"是口语中可表周长的度量名词。从时间上看，"大"从先秦到明清都使用，"巨"从汉代到清代偶有使用，"粗"从唐代到现代都有使用。三者表周长的用法是口语性的，比较边缘的用法，频率都不高。"粗"在明代兵书中发展出表直径的度量名词的用法，沿用至现代口语。"大"作为度量名词，表周长的用法在先秦时已很常见，唐代时即可表示直径，但表示直径的用法并不重要，一因用频较低，二因从汉代以后"大"的语义发展很快，可表示长度、方之一边长、高度等。"细"偶作周长标指，"小"偶作长度标指，二者只分别对应于"粗"和"大"的一部分用法。"大小"可以表示宽度、周长、面积、方之一边长长度、高度、体积等意义，与"大"的意义相当。"粗细"只作周长标指，相当于"粗"的意义的一部分。以上标指作为度量名词的，可列简表如表 6-2 所示。

表 6-2　　　　"大""巨""粗"等标指的意义

	周长	直径	长度	方的边长	高度	宽度	面积	体积
大	先秦（确量、约量）	唐（确量）	●	●	●		●	●
巨	汉							
粗	唐（约量）	明（确量）						

续表

	周长	直径	长度	方的边长	高度	宽度	面积	体积
细	（极少）							
小			●					
大小	●			●	●	●	●	●
粗细	●							
粗大	●							

第四节　袤

"袤"的意义和用法见第二章，本节对其语源作出尝试性分析。

"袤"，依方位说，南北为长、又可称袤。《说文解字》："衣带以上，从衣矛声。一曰南北曰袤，东西曰广。"引申为一般的长度，如东西方向的长度、周长等。《广雅》《四声篇海》《类篇》《字汇》："袤，长也。"《广雅疏证》："对文则横长谓之广，纵长谓之袤。散文则横长亦谓之袤。周长亦谓之袤。"也指上下的长度。《周礼》贾疏："广即据横而言，袤即据上下而说也。"周长是无方向的，所以"袤"语义的演变也经过与东西方向绑定，扩展到南北方向、上下方向，又到无方向的长度的过程。

"袤"本与衣服相关，文献中却少有实例。段玉裁注："此古义也，少得其证，今则后义行而古义废矣。""袤"表示长，多与布帛相关。例如：

（1）布袤八尺，福（幅）广二尺二寸。（秦简《金布律》）
（2）缯幅广廿二寸，袤十寸。（张家山汉简《算术书》）

清王煦《小尔雅疏》："袤，与布帛同义，故凡言地之长皆曰袤。"从织物演变而来的空间量标指还有"经纬""裔"和"幂"字。《说文解字》："裔，衣裙也。"段注："玄应书卷十四曰'以子孙为苗裔者，取下垂义也'。按衣裙谓下裙，故《方言》、《离骚》注皆曰'裔，末也'。《方言》又曰'裔，祖也'，亦谓其远也。《方言》又曰'裔，夷狄之总名'。郭云'边地为裔'。按《左传》卫侯卜繇曰'裔焉大国'，言边于大国也。裔之义如此，言衣裙得以通之。"因而可知，"裔"由下裙引申为远、末、边之义。"裔"作为一个语素，存在于"圆裔"之中，"圆裔"为极罕见的周长标指。"圆裔"犹"圆边"，故能成为周长标指。例如：

(3)（山）圆裔几乎数里。(《全唐文》卷一百八十五)

与"裔"有关的另一个双音节词是"延袤"，《一切经音义》卷十二认为"延袤"为"延裔"之误。

"幂"也来自于织物，《说文解字》："冖，覆也。"徐注："今俗作'幂'。"本是一种祭祀时覆盖尊器的方巾，有覆盖和方巾二义。《周礼·天官》"祭祀，以疏布巾幂八尊"，此为覆盖义。《仪礼·大射礼》注"幂，覆尊巾也"，此为方巾义。江陵凤凰山一六七号汉墓出土器物中，凡尊器都用方绢巾覆盖，绢巾 25 厘米见方[①]。其中有两个瓮，有盖和方绢巾封口；五个罐，两个无盖，其他有盖，都有方绢巾封口。另有黄色方绢巾 2 块[②]。后来穿戴的方巾也叫"幂"。《小尔雅·广诂》："大巾谓之幂。"南北朝到唐宋就有一种大方巾叫"幂篱"，由西域流入[③]。"幂"因其方形义而引申为空间量标指。

[①] 吉林大学历史系考古专业七三级工农兵学员：《凤凰山一六七号墓所见汉初地主阶级丧葬礼俗》，《文物》1976 年第 10 期。

[②] 凤凰山一六七号汉墓发掘整理小组：《江陵凤凰山一六七号汉墓发掘简报》，《文物》1976 年第 10 期。

[③] 刘晓刚：《中国古代服装设计方法研究》，《中国纺织大学学报》1998 年第 2 期。

"裒"在收俗字较多的《龙龛手鉴》收有"衣地"和"死人衣"二义,据"裔""幂"的引申路径看,"裒"完全有可能引申为空间量标指。《龙龛手鉴》:"裒,今音牟,延裒也,广也。《玉篇》:'又衣地也。'去声,又都聊反,死人衣也。"该字又音、词义与《说文解字》"裯"相近。《说文解字》:"裯,棺中缣裏。从衣、弔。读若雕。都僚切。"棺中"缣裏"即死人衣,为覆盖棺底之物。《广韵》:"裯,死人衣。都聊切。"则与《龙龛手鉴》"裒,死人衣也""都聊反"音义同。"裯"与"裒"字形有联系。《隶辨》引汉代《何君阁道碑》"阁裒五十五丈","裒"字形作"衷",原图作"";《说文解字》"籀文'裒'从'掬'",《汉隶字源》引《魏公卿上尊号奏》作"掬"。因而"裒"似又从"弔"。《说文解字》:"弔,问终也。古之葬者,厚衣之以薪。从人持弓,会殴禽。多啸切。""弔""裯"均与丧葬有关,《集韵》、《篇海》"裯"又作"衷","衷"与"裒"形近,则"裯"与"裒"更像是结构不同的异体字。《说文解字》中"醵""幪""赗"音近义通,应为同源词。"醵,籀生衣也。从西冢聲。""幪,盖衣也。从巾冢聲。""赗,赠死者。从贝从冒。冒者,衣衾覆冒之意。"段注:"今人冢、冒皆用蒙字为之。"这些字义都与表示覆盖的"冒""衣"有关,与"裒"相通。"裯"与"鸼"中古音都为"都僚切",与"裒"又音"都聊反"相同,义也相近。《说文解字》:"鸼,短衣也。从衣鸟声。《春秋传》曰:'有空鸼。'"因而"裯"与"鸼"也应是同源字。那么,"裯"是会意字,"裒"是形声字,二者像是为同一个词用不同造字法造出的字。在广西省富川县的桂北方言中,端母字声母可以读作鼻音[m][n][l][v],发生次浊化现象①。古代从"龙"得声的"襱"声或读[d],"厐"声读为[m]②。由此可见,"裯"具备与"裒"音同的语音基础。《类篇》和

---

① 王莉宁:《桂北方言帮、端母的次浊化现象》,《桂林师范高等专科学校学报》2007年第12期。

② 尉迟治平:《说"龙"》,《语言研究》1993年第2期。

《字汇补》又有"长衣"义项。《类篇》:"袤,迷浮切,长衣。"《字汇补》:"袤,《说文解字》:'衣带以上为袤。'又迷浮切,音谋,长衣。""袤"表"长衣"应为其引申义,表"长"应为再引申义。"袤"表长很有可能来源于先秦的匠人用语,可能由葬制发展到工程领域,再到数学领域,再到地理领域。即

  葬制相关(裯、袤)→长衣(袤)→长(工程、数学、地理)

跋

在远阔深高的视界中展现汉语空间量标指演变

——言意象及其象思维的反思和正思

最近，在读两本书：一本是英国人尼古拉斯·奥斯特勒所写的《语言帝国——世界语言史》（上海人民出版社2016年3月版），一本是河南大学刘永华教授所写的《汉语空间量标指演变研究》（待刊稿本）。

尼古拉斯·奥斯特勒在该书《致谢》中说："在我们的国家，语言教学常常被误解为是一份乏味无聊的苦差事，如果真要去学习一门语言的话，又往往被看作是一项不可能完成的任务。学无坦途，但途中总能寻到意想不到的金子。对我而言，这就是自己确信可以到达理想背后世界的最佳途径。"

语言观察和研究者的视界，决定了如何观察语言以及如何研究语言，决定了观察语言以及研究语言的远度、阔度、深度、高度、长度、维度和信度，这几乎就是一个同步而行的相辅相成的过程。英国人尼古拉斯·奥斯特勒之所以能够写出《语言帝国——世界语言史》，是因为他既是双料博士（牛津大学博士、麻省理工学院博士），更是一位拥有26国语言学知识的具有国际视界的语言学家。

河南大学刘永华教授，以苦为乐，把语言教学这份"乏味无聊的苦差事"始终当作一份其乐无穷的事，因而从容获得河南省社科一等奖、河南大学教学质量工程奖、河南大学优秀毕业论文指导教师等荣誉。

河南大学刘永华教授，为中国人民大学文学院古代汉语方向博士，继而又入河南大学汉语言文学博士后流动站，成为河南省高校科技创新人才。在中国语言学史、近代汉语语法、古代汉语、汉字文化等领域卓有建树，"总能寻到意想不到的金子！"其所出专著《〈马氏文通〉研究》、《〈广雅疏义〉校注》便是那闪闪发光的令人意想不到的金子。余于吾师徐复先生《广雅诂林》中初见《广雅疏义》，20世纪80年代曾又闻有学者校点《疏义》而至今未见。而刘永华教授，敢于攻坚克难，独力完成既易于阅读而又颇具创新精神的古籍校本《〈广雅疏义〉校注》，厥功甚伟，似可拓来铭史！

　　汉语空间量标指词语的研究是一个有一定现代语法和现代语义学意义的选题，自20世纪末至今研究者不乏其人，然而，其研究大都往往似乎都局限在某一个或某一些有限的语义范畴和语形组合的范围或范式之内，缺乏总体的理论的全面的认识。而刘永华教授以其远阔深高的视界，展开对汉语空间量标指演变的全面而深入的研究，终于"寻到意想不到的金子"，为汉语语法学和汉语语义学的古今融合研究开筑了一条富有导引意义的坦途！

　　河南大学刘永华教授所写的《汉语空间量标指演变研究》，以其远阔深高的视界，用英汉对比的方式，展现了汉语空间量标指和英语空间量标指的源域与拓展域的异同和关联。在考察汉语标指源域时，其考察对象是十一个核心空间量标指和十个非核心空间量标指，依据其语词产生的时间顺序大致排列为——人体源域、器物源域、建筑物源域、农耕源域、自然物源域、行为源域；在考察汉语标指拓展域时，其考察对象是《汉语大词典》《现代汉语词典》《北京大学CCL语料库》和《国家语委语料库在线》等素材。依据其语义发展和发展的理据，并且参照英语相关标指拓展域而大致排列为十四个域，该考察研究举一得三：一是可以展现古人空间观念由无维标指而至一维标指、二维标指、三维标指的发展全貌、二是可以改善人们对汉语语义系统的整体认识、三是可以改进汉语辞书编纂的宏观思路和具体方法。作者对《汉语大词典》的批评有三条：第一，把不同语域的概念放在一起，无法对词义进行精确区分，从而造成义项与例句不能对应的现象的产生。第二，把不同语域的引申义混在一起，无法讲清语义的引申链条及其来源。第三，把同一语域的概念分散解说，造成各义项之间逻辑混乱与例句重复。其批评言之凿凿，入木三分，若被批评者取其一分，则会是一件嘉惠学林、功德无量的大好事！

《汉语空间量标指演变研究》具有远阔深高的视界，其远者，由己及人，由此及彼也；其阔者，由古及今，由洋及中也；其深者，由静及动，由时及空也；其高者，由形及义，由义及形也。凡此种种，循环往复，所论无不惬心贵当，鞭辟入里，令人叹服！

在考察空间量标指动态义时，作者则比较集中地讨论了"绵""短""矮""低""窄""近""延""绵历"等一维标指；在考察空间量标指静态义时，作者则比较集中地讨论了"修""袤""峻""连绵""长亘""径过"等一维标指，从而明确指出，在语言空间中，标指在动态句中一般为动态义，在静态描写句中一般为静态义，有时也可以呈现动态义与静态义模糊两可的状态，有助于人们理解认知空间、物理空间、语言空间之间的相互关系。

在考察空间量标指的低维和高维时，作者选取"方""积""见方"三个标指与数量词组合来表示长度、面积、体积，展示其由一维而向二维、三维发展演变的状态，其中对其所涉及的相关的"见方""立方/立圆""方圆""方面"等标指所作的分析，精彩纷呈，随处可见。如说："见方，也有一维、二维到三维的发展过程，这是由'方'的词义决定的，'方'的本身有从一维、二维到三维的发展过程。'见'，《说文解字》：'视也。从目儿。'段注：'析言之，有视而不见者，听而不闻者。视与见，听与闻，一也。'段注把动作'视、听'与结果'见、闻'分开，非常有见地。'见'又引申为'计算出''得出'义，仍是动作加结果的语义结构。"又如说："方圆，为'方'和'圆'的并列式组合。两者有相互关系，如张家山汉简《算数书》'方材之一面即圆材之径也'，即方形之边长等于圆形直径的长度。两者组合后，意义有时侧重于'方'，有时侧重于'圆'，成为偏义复词。"

在考察空间量标指语词的语形时，作者不仅讨论了常序词、逆序词，而且讨论了三音节词、四音节词，从而指出在空间量标指词的聚合中，数量最多的是双音节词，其次是多音节词，最后才是单音节词，逆双音化现象比较少见。在考察空间量标指语词的聚合与组合时，作者通过对替换与补充、后置与前置、起点与终点、时长与距离等一系列涵容语法、语义、语用等现象的详尽周密的分析，揭示了汉语空间量标指自汉代之后逐步出现的构式复杂化面貌和复杂化程度的原因。而最后一章的"特殊标指"，则是一种学术"留白"，或者说是一种学术启迪，所论则有"见方""厚""粗""衺"寥寥数词，然而意味悠远，可深长思之。

我曾经说过：在世纪之交，我在对中国人文社会科学研究百年的正思和反思之后认为，一切似乎都回复到了原点和起点，人们开始纷纷向传统寻求理念、寻求方法、寻求出路、寻求真谛，反映了100多年以后中国人文社会科学认识的理性回归，回复到原点和起点，是一种历史的代价，也是一种科学发展的代价！其中最为重要的，就是对言意象及其象思维的反思和正思。言意象及其象思维的反思和正思，是汉语和汉语史研究有所突破的唯一道路，而非常遗憾的是，直至今天中国语言学界还不知"象"为何物，"象思维"为何物！

我在读英国人尼古拉斯·奥斯特勒所写的《语言帝国——世界语言史》之四《旺盛繁衍力带来的胜利：埃及语和汉语》时，初看标题，以为他走到了"象"和"象思维"的边缘，或许会有什么惊天动地的内容，结果大失所望，现在想起来实在不能苛求苛责英国人，因为英语中根本就没有汉语的"象"概念，更不用说什么"象思维"了。

河南大学刘永华教授所写的《汉语空间量标指演变研究》，在很多时候已经走到了"象"和"象思维"的门口，如"方"的标指的发展演变其实就是"象"的观象、立象、取象的问题，可惜未能登堂入室。欲穷千里目，更上一层楼，我期待着这一天！

中国人民大学　韩陈其

2016年8月16日星期二

于北京育新花园

索　引

A

矮 1，2，5，78—80，235，336

B

半径 2，14，128，145，193，202，246

博 2，24，25，45，84，87—89，94，98，99，106，109，110，127，184，200，224，229，234，235，237，238，281，307，334，335

薄 13，15，19，24，34，35，37，38，43，48，50，51，56，58，59，66，69，70，307—309，317，318

C

崇 2，11，17，44，46—48，67，89，97，98，146，198，205，207，235，249

穿径 2，194，195，202

穿心 3，195，203，207，208

穿心径 3，206，207，222

粗 2，4，12，13，15，16，19—21，26，37，38，52—54，59，65，67，69—71，91，154，203，221，227，239，253，255，292，309，317—330，337

粗径 3，193，194，202，319，320，322

粗细 1—3，54，203，222，239，253，254，292，317，320，324，326，327，329，330

长 1—3，7，9，11—14，19—24，26—33，36，39，41，42，44，47，50，52，53，57，58，60，62，63，65，67，69—81，84—92，94—104，106，109—113，115—127，129—137，139—158，162—164，168—171，173，175—198，200—206，208—

210，212—224，226—229，231—246，249，252—261，263，266—268，270—274，277—279，281，283，284，286，287，290—315，318—330，333，334，336，337

长短 3，14，22，29，33，48，75，76，79，188—192，203，239，243，255，271，324

长亘 3，91，203，222，233，336

长广 3，199，200，204

长径 3，186，194，202

长袤 3，86，158，175，176，187，222，232

长围周亘 3，219，220，223

D

大 1，2，4，6—30，32，33，35—44，46，47，49—58，60，63—65，69，70，72，77，79，80，82，85，87，89，92—95，97—100，103—110，112，115，118—125，127，128，130—135，137—140，142—144，146—148，151—153，157—163，166，167，169，172—185，190—197，199，201，203，205—210，212—222，224，225，227—229，232—245，247，248，251—259，261—263，265—267，269，273，274，276—281，283—289，291，292，294，295，298—303，305，307—309，311—331，334—338

大径 3，193，194，202，253，255

大小 1—4，12，19，21，22，53—55，70，75，77，81，84，85，87，105，118，119，123，130，133，134，136—138，140，141，143，144，148，149，151，153，155—159，161，162，165—174，177，179，180，183—185，187，189—191，193，194，200，201，206，208，209，212，214，215，217—219，222，224，225，231，239，245，246，252，255，277，291，292，301，305，308，317，318，321，325，327—330

到 2，5—11，16，21，22，24，25，27—30，32，33，43，49，50，62，64，68，73—

75，77，78，80—82，85，
87，89，90，95—99，105，
106，108，110—113，115，
117—119，121，123，124，
127，130，133—138，141，
143，144，156，161，166，
169，185，187，208，210，
227—229，231，233，234，
237，238，240，241，243—
245，247，248，251，253，
258—267，269—272，276—
281，283，289，290，293，
294，296，298，299，304，
306，308—310，312—316，
325，329—331，333—337

低 2，4，8，9，11，13，15，
16，19，25，36，37，39，
40，44，48，53，57—59，
63—67，69—71，77—81，
84，96，117—119，121，
123，125，127，129，131，
133，135，137，139，141，
143，145，147，149，151，
153，155，157，159，161，
163，165—167，169，171，
173，175，177，179，181，
183，185，231，232，235，
238，255，290，315，318，
329，336

地方 2，27，94，118，120，
134，165，171，175，181，
185，202，248，252，255，
272，280，282

度 1，2，4，5，8，9，11—13，
17，20—24，26，27，29，
30，34—36，42，44，51，
52，55，56，58，62，67—
70，72—104，106—113，
115，117—124，127，133—
141，144，146，148—154，
157，158，161，162，164，
167—170，173—194，197—
206，208，209，212—219，
221—226，228—230，232—
236，239—241，245，246，
249，251—254，256—264，
266，267，271—274，276—
279，281—284，286，287，
291，292，300，301，303—
320，322—330，334，336，337

短 1，9，11—14，19，22，23，
25，28，29，31，33，34，
42，65，69，70，73，74，
76，78—82，87，92，96，
102，113，141，179，181，
190，191，207，215，232，
234，240，245，258，268，
271，272，290，294—296，

298, 299, 308, 309, 311, 313—315, 320, 321, 323, 332, 336

短短 2, 188—191, 202

对径 2, 135, 193, 202, 239, 240

对心 2, 195, 196, 202, 255

F

方 1—4, 7, 8, 10—15, 17—19, 22, 23, 25, 27, 28, 32, 35, 36, 38, 42, 43, 45—47, 52, 53, 59—61, 63—67, 69—74, 76, 84, 85, 87, 92, 94, 98, 102, 109—111, 113—115, 117—136, 139, 140, 142—156, 159, 162—164, 169—172, 175, 177, 179—182, 184—198, 200—202, 204—219, 221, 222, 224, 227, 228, 230, 231, 236—238, 242—255, 257, 258, 265—268, 273—278, 281, 284—308, 310—312, 314, 323, 325—332, 335—337

方广 2, 4, 119, 143, 144, 151, 187, 204, 205, 230, 241, 242, 252, 307

方广径 3, 205, 222

方广周 3, 204, 205, 209, 223

方幂 2, 132, 133, 144, 155, 186, 209, 294

方面 2, 4, 5, 12, 21, 36, 43, 50, 61, 76, 132, 134, 144—147, 157, 186, 227, 230—232, 283, 284, 298, 299, 305, 306, 318, 322, 336

方围 3, 4, 174, 196, 197, 202, 222

方围宽阔 3, 219, 220, 222, 223

方圆 2—4, 14, 119, 136—138, 140, 152, 153, 167, 187, 188, 206, 210, 215—218, 221, 230, 231, 237, 238, 243, 244, 248, 250—254, 306, 307, 336

方圆大 3, 211

方圆方阔 3, 219, 220, 223, 250

方圆径 3, 136, 205, 206, 222

方圆纵广 3, 219—221, 223

幅员 3, 4, 132, 167—170, 176, 180, 181, 187, 188, 215, 219, 241, 242, 245, 250, 252

幅员面积 3, 219, 221—223

索　引

幅员纵横 3，219，223

G

高 1，2，4，5，9—15，17，19，20，22，23，25—30，34—36，39，40，43，44，46，48，51—53，55，57，58，62—64，67，69—71，74，76，77，79—81，84，86—90，94—99，106，110，111，115，117—119，121—125，127，129—133，135，137，139—143，145，147，149—151，153—155，157，161，163，165—169，171—173，175，177，179—181，183，185—188，190，191，195，197—205，208，209，211，212，214—216，220—223，227，228，235，236，238，242，243，245，250，254，256，257，260—264，276，285，287，288，291，292，294，295，298，299，304，307—310，312—316，319，320，323，325—330，332，334—337

高矮 3，190，191，203，239

高低 3，16，39，75，190，191，203

高经（径）3，201，204

高耸 3，190，191，203

高下 3，44，122，168，190，191，203，221，239，254，264，291，324

高下周旋 3，219，221，223

高圆 3，198，199，203

隔 1，2，15，28，77，107，137，257，258，263，265—269，271，272，287，310，314

亘 2，100，101，114，115，157，164，175，187，221，232，233

亘长 3，201，202，204，233

广 2，9，11，15，16，24，43，46，50，72，73，76—78，82，83，85—88，90，91，94，95，101，105—110，119，120，130，131，133，139—143，148，150—152，154，155，158，160，163，167，168，170，172—174，179—181，187，188，192，193，196，200，202—205，209，211，216，217，219，221，224—226，228，229，234—237，244，245，248—

252，255，258，263，266，270，273，275，294，309，310，314，316，324，328—332，335

广长 3，150，151，187，214，251

广长周匝 3，214，223

广方 2，199，200，204

广亘 2，91，101，102，115，203，233

广径 2，193，194，202

广宽 2，199—201，204

广阔 1，2，174，187，221，224—226，239，240

广轮 2，86，87，138—140，187，215

广轮延袤 3，215，223

广袤 2，4，73，78，85，136，140—142，151，156，167，187，211，213，217，218，248，250，252，256，294

广袤方圆 3，170，217，218，223，251，252

广袤圆方 3，218，223，252

广袤周轮 3，213，214，223

广围 2，172—174，187，239，255

广狭 3，83，153，167，187，295

广延 3，79，188，189，203，234

广衍 3，154，155，186，222

广衍横纵 3，219，220，222，223

广圆 3，167，187，196，197，203，209，224—226

广圆方 3，209，223

广运 3，142，143，168，187

广周 3，199，200，204

广纵 3，199，200，204，222

过心 3，195，196，203

H

横亘 3，100，101，115，175，202，233

横经 3，192，202

横径 3，192，202

横阔 3，150，176，189，202

横纵 73，199，200，204，222

横纵广衍 3，219，221—223

厚 11，13—15，19，24，34，35，42，43，50—52，56，58，60，62，66，69，70，76，77，87，94，109，144，155，160，161，202—204，207，216，236，239，259，269，292，300—302，307—317，321，332，337

厚薄 3，15，203，317

环 2, 17, 75, 76, 90, 112—
　114, 125, 157, 162, 164,
　170, 171, 177, 178, 195,
　224, 294, 321, 336
环地 3, 171, 172, 186
环亘 3, 197, 203
环绕 3, 45, 197, 202, 254
回 2, 7, 12, 23, 24, 26, 31,
　36—38, 42, 48, 50, 51,
　66, 68, 71, 73, 76, 80,
　81, 83, 91—93, 96, 102,
　105, 106, 108, 110, 114—
　116, 120, 131, 137, 149,
　150, 153, 155—157, 159,
　163, 164, 174, 182, 185,
　189—192, 194—202, 212,
　213, 217, 220, 221, 229,
　235, 236, 239, 240, 243,
　248, 253—255, 258, 262—
　265, 267—269, 272, 275,
　279, 289, 302, 304, 308,
　317, 321, 323, 324, 326—
　328, 337
回环 3, 184, 185, 187
回圆 3, 196, 197, 203

J

积 1—4, 9, 13, 16, 18—22,
　32, 38, 39, 46, 49, 57,
　60—63, 68, 69, 71, 99,
　112, 115, 117—119, 121—
　126, 128—135, 145, 148,
　155, 160, 164, 174, 177,
　178, 181, 186, 200, 210—
　212, 220, 222, 223, 243,
　244, 249, 252, 271, 279,
　281, 293, 295, 298, 299,
　316, 328, 336
积方里 3, 155, 210, 211, 223
见方 1, 3, 4, 15, 76, 117,
　123—125, 131, 136, 155,
　187, 188, 230, 231, 239,
　240, 243—248, 252, 256,
　257, 276, 292, 293, 298—
　307, 331, 336, 337
见宽 3, 203, 304
见圆 3, 27, 125, 128—131,
　145, 166, 186, 200, 203,
　210, 248, 303, 304, 336
见长 3, 23, 203, 304
进深 3, 111, 191, 192, 202,
　205, 235
近 2, 9, 11, 13, 15, 16, 19,
　20, 24, 25, 30, 32, 35,
　39, 40, 43, 48—51, 54,
　57, 59, 66, 67, 69—71,
　78, 81—83, 104, 105, 107,
　109, 114, 116, 122, 128,

129, 134, 138, 142, 151, 152, 157, 162, 168, 171, 177, 205, 208, 213, 215, 218, 228, 233, 234, 246, 248, 258, 262, 263, 265, 269, 270, 276, 280, 286, 287, 299, 308, 309, 312, 314, 317, 323, 325, 332, 334—336

经纬 3, 73, 153, 154, 167, 187, 331

径 2, 4, 7, 13, 14, 19, 27, 31, 32, 38, 45, 52, 53, 60, 61, 64, 69, 71, 72, 76, 91—93, 96, 97, 105, 106, 113, 114, 119, 128, 130, 135, 136, 139, 146, 153, 154, 157, 159, 161, 166, 167, 172, 184, 190, 192, 193, 195, 197, 199, 201—208, 210, 212, 225, 239, 240, 254, 255, 270, 277, 293—295, 301, 304, 305, 315, 319, 320, 322, 325—328, 332, 334, 336

径方 3, 199, 204

径高 3, 190, 191, 203

径广 3, 106, 199, 204, 307

径过 3, 83, 92, 202, 336

径阔 3, 152, 153, 239

径围 3, 196, 203

径心 3, 199, 204

径圆 3, 199, 204, 239, 240, 294

巨 2, 21, 120, 173, 177, 255, 262, 297, 316, 317, 319, 320, 328, 329

距 1, 2, 11, 20, 24, 30, 35, 43, 50, 51, 76, 77, 88, 140, 149, 158, 178, 236, 246, 258—263, 266, 268—273, 275, 277, 314

距离 1, 3, 11, 14, 16, 23—26, 28, 35, 42—44, 76, 77, 81, 82, 92, 97—99, 104, 105, 107, 110, 115, 116, 134, 184, 215, 257—274, 276—279, 281—291, 296, 310, 312, 313, 337

峻 2, 83, 84, 89, 90, 154, 220, 235, 336

K

开方 3, 128, 133, 144—146, 155, 156, 187, 209—211, 245, 246, 281

开广 3, 189, 190, 203, 222, 234

开阔 3，189，190，203
开立方 3，128，134，135，144，145，155，209，210，223，298，299
开立幂 3，121，132，209，210，223
开立圆 3，128，209，210，223
开平方 3，118，122，126，128，144，145，155，156，209，210，223，297，298
开平幂 3，121，132，209，210，223
开平圆 3，128，209，210，223
口径 3，202，239，240
宽 3，11，13—15，19，23，24，34，42，47，50，62，69—71，73，79，81，82，87—89，91，100，101，105—110，123，133，134，136，139，141，142，150，153，158，167—169，174，175，178—183，188—190，192，200，202—205，212，219，222，225—227，229，230，233—235，238—240，246，252，254，255，267，269，300，303，304，308—316，318，319，327—330
宽广 3，4，34，109，178，179，187，222，252
宽广长袤 3，219，220，223
宽广面积 4，219，221，223
宽阔 3，23，24，109，174，175，187，222，254，267
宽细 3，189，203，234
宽圆 3，153，187，196，203
宽窄 3，189，203，234
阔 2，73，76，77，82，107—110，119—123，130，142，149，152，161，168，176，181，182，186，187，197，201，208，217—219，224—226，229，234，237，239，243，246，250，254，255，300—302，309，314，327，328，334—337
阔广 3，189，190，203
阔径 3，199，204，222
阔狭 3，83，107，122，189，190，203，225，226

L

离 1，2，7，8，11，17，18，27，38，43，59，74—77，82，105，107，116，117，151，194，239，258—261，263—269，271，272，274，275，278，279，282，331

立方积 3, 133, 145, 210, 211, 222
立方面 3, 145, 146, 210, 222
立方体 3, 118, 125, 126, 129, 131, 135, 222, 243, 295, 299, 301—303
立幂 3, 125, 132, 133, 186, 210
立圆 3
立圆积 3, 210, 211, 222
立圆径 3, 129, 145, 210, 222
连亘 3, 101, 115, 164, 180, 202
连环 3, 197, 202, 222, 254
连袤 3, 185, 186
连绵 3, 78, 83, 90, 202, 228, 233, 336
连延 3, 79, 95, 102, 103, 202, 221, 234
轮广 3, 199, 200, 204

M

蔓延 3, 79, 103, 202, 234
袤 2, 72, 83—87, 98, 133, 140, 141, 157, 158, 167, 168, 189, 191, 203, 219, 232, 234—236, 252, 255, 292, 330, 332, 333, 336, 337

袤长 3, 176, 177, 187
袤亘 3, 177, 187, 233
袤广 3, 199, 200, 204
袤延 3, 79, 201, 204, 215, 216, 222, 234, 252
袤延方圆 3, 215, 216, 223, 252
袤延广纵 3, 219, 221, 223
袤延圆方 3, 216, 217, 223, 252
袤纵 3, 188, 189, 203
弥亘 3, 4, 100, 115, 202, 232, 233
幂 2, 3, 121, 125, 132, 133, 145, 186, 210, 293—296, 331, 332
绵 2, 78, 89, 177, 232, 233, 274, 336
绵长 3, 78, 91, 203, 233
绵地 3, 177, 178, 186
绵亘 3, 78, 102, 175, 203, 233, 238
绵历 3, 4, 78, 79, 184, 203, 221, 233, 336
绵历围绕 3, 219—221, 223
绵延 3, 78, 90, 91, 150, 203, 232, 233
面方 3, 199, 200, 204, 231, 232, 300

面积 1—3，9，12，14，18，21，22，26，63，71，76，82，87，106，109，117—129，131—138，140—144，146，148—191，193，194，196，200—206，208—219，221—226，231，237，243，244，246—255，257，292—295，297—303，321，326—330，336

面积方 3，134，201，212，223，252，257

面积方里 3，212，213，223

面径 3，193，202

面幂 3，132，133，135，186

P

盘亘 3，197，202

平方 1，3，4，118，121，123—129，131，133，138，145，155，156，159，161，175，186，192，198，210，221，230，231，244，248，251，252，293，297，302，303，306，311

平方积 3，125，133，145，210，211，222

平方幂 3，132，133

平方面 3，125，126，145，146，210，222

平方面积 3，125，126

平面 1，3，15，21，25，27，112，117，125—128，144，166，168，174，179，181，240，245，311—313

平圆 3，27，125，127—129，186，210

平圆积 3，127，128，210，211，222

平圆径 3，128，210，222

平圆面积 3，127，128

Q

浅 2，4，11—13，15，16，19，25，26，31，33，35，37，45，52—57，59，67，69—71，75，83，105，112，159，235，280，315

浅深 3，16，26，201，204，235

去 2，30，36，37，62，64，65，72—74，76，77，82，96，104，105，120，126，146，158，201，258—262，266，268，270，271，273—277，279，284，285，288—291，305，313，332，334

全径 3，193，202

R

日程 281，285，287—291
日行 3，152，273—288，290，291

S

深 2，4—6，9，11—13，15—17，19，25，26，30，31，37，42，44，45，48—56，59，66，67，69—71，83，84，86，87，89，100，105，106，108，110，111，119，123，125，130，132，133，136，167，175，179，181—183，189—192，201—204，225，227，234—237，239，244，250，256，262—264，273，282，290，297—299，303，306，308—310，312，313，316，334—337
深峻 3，191，203
深浅 3，4，16，31，54，191，203，235，256
矢 2，14，77，79，80，95
竖 2，23，80，90，133，139，235，311，321
四围 3，172，196，199，202
四转 3，197，202

耸高 3，201，204

T

体积 1—3，9，12，18，21，22，26，63，68，71，76，117—126，128—131，133—136，145，146，186—188，210，237，244，246—248，254，292，295，298—303，305，308，320，321，327—330，336
通径 3，192，193，202
团围 3，196，203
椭圆 3，192，194，196，202，315

W

围 2，4，8—10，12，18，20—22，26，27，42，55，56，64，68，74，81，91，93，105，112—114，118，119，124，130—132，134，136，142，147，150，154，157—159，161—165，173，194，195，202，211，212，221，229，231，238，242，249，253，254，256，308—310，316，317，319—327，335
围大 3，113，196，197，203

索　引

围方 3, 4, 199, 204, 253, 325
围亘 3, 114, 197, 203
围径 3, 193, 202, 319
围圆 3, 199, 204, 222, 254, 324
围圆粗细 3, 219, 221, 223, 239, 324
围长 3, 196, 197, 202, 328

X

细 2, 4, 9, 12, 13, 15, 16, 19, 20, 26, 31, 33, 38, 40, 52, 54, 55, 59, 60, 65, 69, 71, 74, 87, 89, 133, 156, 168, 189, 216, 235, 237, 246, 255, 292, 300, 317, 318, 321—324, 326, 329, 330
狭 2, 9, 15, 24, 33, 34, 47, 66, 81—83, 105—107, 110, 175—179, 183, 196, 234, 235, 283, 284, 300
弦 2, 52, 53, 77, 95, 156, 294, 296, 297, 324
小 1, 4, 8, 9, 11—19, 22—26, 28, 31—33, 35, 38, 39, 41—43, 45—47, 49, 50, 52—54, 56, 57, 63, 65, 66, 69—72, 81—85, 87, 89, 91, 93, 98, 102, 105, 106, 108, 114—116, 120, 130, 132—134, 141—144, 146, 148, 149, 151, 156, 159, 160, 163, 166, 170, 171, 174, 181, 188, 189, 191, 194, 195, 197, 199, 209, 214, 216—219, 227—229, 231—235, 239, 247, 248, 251, 254, 259, 264, 265, 267—269, 271—274, 279, 280, 283, 284, 288, 289, 292, 296, 302, 303, 308—310, 314, 315, 317, 318, 320, 326—331
斜 2, 95, 118, 126, 148, 211, 293
心径 3, 195, 196, 202
修 1, 2, 6, 22, 39, 57, 70, 83—85, 98, 158, 160, 166, 183, 185, 207, 212, 221, 228, 229, 232, 234, 237, 241, 245, 247, 282, 295, 304, 336
修径 3, 194, 202

Y

延 2, 26, 27, 78, 79, 85,

103，104，115，152，154，
215，220，232—234，252，
274，277—280，307，308，
313，318，331，336

延长 3，78，79，99，103，
203，232，234

延亘 3，99，100，115，203，
221，232，233

延亘周围 4，219—221，223

延广 3，176—178，187

延袤 3，79，103，104，175，
183，187，203，213，215，
217，222，234，250，252，
331，332

延袤长亘 3，219，221—223

延袤方圆 3，217，223，252

延袤横直 3，219，221—223

延袤周遭 3，213，223

遥 2，22，23，28，61，92，
105，115，116，153，258，
265，268—270，272，286

遥亘 3，188，189，203

员幅 3，199，200，204

垣周 3，199，204

圆 3，4，13，14，17，19，25，
27，30，35，36，38，48，
51，53，59，60，63，66，
69，71，77，83，93—95，
105，111—114，122，127—

129，132，133，136，137，
142，145，146，152，153，
156，157，160—162，164，
166—170，172—174，187，
188，192—198，203，204，
206—208，210，213，215—
218，239，240，244，252，
253，255，293—295，308，
309，318—321，323，326，
331，336，337

圆大 3，166，196，203

圆高 3，66，199，204

圆广 3，199，204

圆径 3，93，144，145，193，
194，202，206，239，240

圆阔 3，193，194，202

圆袤 3，153，187

圆幂 3，93，132，133，186，
294

圆围 3，196，203

圆周 3，38，40，62，67，93，
128，130，133，199，204，
206，293，308

远 1，11，13，14，16，19，
20，22—25，27—30，35，
39，40，43，51，54，59，
65，66，69，71，75，82，
95，99，104，105，107，
115，116，131，137，158，

169, 181, 218, 219, 239, 243, 245, 258, 263, 265, 266, 268, 269, 272, 274, 276, 278, 280, 289, 290, 308, 317, 331, 334—337

Z

匝围 3, 196, 197, 203

窄 9, 13, 15, 19, 24, 34, 47, 48, 62, 65, 66, 69, 70, 78, 81, 107, 110, 178, 179, 232, 234, 308, 311, 318, 327, 336

窄小 3, 11, 26, 71, 188, 189, 203, 327

窄窄 3, 34, 188, 189, 202, 327

直径 3, 14, 26, 27, 52, 63, 92, 94, 128—130, 135—137, 139, 152—154, 161, 166, 167, 186—188, 192—196, 198—200, 202—204, 206, 207, 210, 212—214, 217, 219, 221—223, 225, 254, 255, 308, 318—320, 322, 323, 325, 326, 328—330, 336

至 2, 11, 13, 15, 16, 24, 29, 32, 40, 80, 83, 87, 89, 95, 96, 117, 119, 142, 144, 148, 151, 169, 176, 178, 179, 181, 183, 184, 192, 195, 200, 208, 209, 214, 215, 229, 231, 239, 242, 245, 246, 248, 251, 255—258, 261, 262, 265, 266, 268—271, 274—276, 279—285, 288—292, 295, 299, 300, 303—305, 308, 310, 314, 315, 323, 326, 327, 329, 335, 337

周 2—4, 8, 9, 13, 15, 19, 22, 24, 26, 27, 30, 31, 33, 35—40, 42—47, 49—51, 54, 57—59, 61—64, 69, 71, 72, 77, 84—88, 90—93, 98, 105, 106, 110—114, 117, 119, 122, 130, 135, 136, 139, 141, 150, 153—169, 172, 175, 183, 187, 193, 195, 200, 202—208, 221—225, 229, 235, 236, 238, 244, 249, 258, 261, 262, 269, 272, 276, 280, 293, 294, 312, 324—326, 330, 331, 337

周长 2—4, 9, 12, 15, 18, 21, 22, 26, 27, 63, 67,

77，81，85，93，97，112，114，118，119，128，134，136，138，151，155，157—175，183，185—188，196—199，201—209，212—214，217—219，221—226，252—255，294，303，304，319—331

周递 3，165，186

周广 3，163，164，187

周环 3，76，77，162，187

周回 3，119，158—160，166，167，175，187，214，221

周回连延 3，219—222

周回纵广 3，214，223

周径 3，193，194，196，202，239，240

周阔 3，161，162，187

周轮 3，160，203，213

周袤 3，156，157，187

周围 3，26，27，45，92，119，155，157，160，162，163，174，175，180，187，190，195，207，208，212，221，222，252—255，324，327，328

周围方里 3，252

周围宽广 3，219，221—223

周围阔 3，208，209，223

周围阔长 3，219，221—223

周围阔径 3，219，220，223

周围连环 3，219，220，222，223

周旋 3，183，184，187，188，221

周垣 3，164，186

周圆 3，196，203

周圆大 211，223

周匝 3，160，161，187，214，217

周匝广长 3，214，223

周匝纵广 3，214，215，223

周遭 3，164，165，187，212，213

周遭径 3，211，212，223

纵广 3，4，148，150—152，187，214，221，238，241，242，250，253

纵广方圆 3，219—221，223

纵广高下 3，219—221，223

纵横 3，4，94，136，147—150，187，204，212，219，222，261，262

纵横径 3，118，119，150，211，212，222

纵横开广 4，219，220，222，223

纵横袤亘 4，219，220，222，

223
纵经 3，192，202
纵径 3，192，202

纵阔 3，150，189，202
纵衰 3，202，204